系図でたどる
日本の名家・名門

かみゆ歴史編集部 編

宝島
SUGOI
文庫

宝島社

まえがき

決して隠しているわけではないだろうが、日本にも各名家・名門が存在している。あまり、表にははっきりと見えないが、一般庶民とはどこか違う人たちだ。

東京駅の丸の内側の出口を通り抜けると、真正面に皇居が見える。そしてその間に数々の高層ビルが立ち並ぶ。その高層ビル街には三菱の文字が至るところで目に入るはずだ。

丸の内を開発し、日本屈指のビジネス街にしたのは、三菱財閥の2代・岩崎弥之助である。日本四大財閥のひとつ、三菱をつくり上げた人物だ。彼は明治政府から丸の内の土地を買い上げ開発した。いまでも丸の内の3分の1は三菱が所有している。

この街にある高層ビルに足を踏み入れると、他の街の高層ビルとは明らかに雰囲気が違う。できれば、麻布台に行って、2023年にできた麻布台ヒルズと比べてほしい。麻布台ヒルズの方が、華やかで賑やかで、非常に盛り上がっている。そして高級店も多くある。

しかし、夏であれば、アロハシャツに短パンという姿で、丸の内の高層ビルのレストランにはなかなか入りづらい。麻布台ヒルズなら、なんとなく行けそうだ（それでも、少しためらわれるが……）。

やはり、名家・名門の場所には、厳かな雰囲気が漂っている。皇居はもちろん、その東京駅側の丸の内にもそのような雰囲気があるのだ。

私たちが住んでいる街とは明らかに違う。

ちなみに、東京駅の反対側の日本橋に行けば、そこは三井村である。三井不動産の本社や三越がある。三井不動産が建てた「コレド日本橋」もある。三井も日本四大財閥のひとつだ。

日本にも、三菱、三井をはじめいくつかの名家・名門がある。それは財閥だけでなく、元公爵、政治家、歌舞伎などの芸能にも名家・名門はある。

この本ではそれらの名家・名門を系図とともに紹介する。どのように名家・名門は生まれ、引き継がれてきたのか。考察しよう。

編集部

第二章 大富豪一族の家系図 45

第三章 現在にも残る武家の系譜

第四章

近代の天皇家と宮家

第五章

宮廷文化を伝える明治貴族

第六章

受け継がれる伝統と名跡

第一章

安倍家、小泉家、鳩山家、麻生家……

系図でたどる政界の主役たち

戦後の日本を動かしてきた歴代の総理大臣たち
彼らの系図からは、意外なつながりが見えてくる

岸田家

「宮澤王国」の一端にすぎなかった岸田家だが……
岸田文雄と〝エリート一族〟宮澤家の関係をたどる

――従兄弟関係である岸田文雄と宮澤洋一

安倍晋三総理の辞任を受けて実施された2020(令和2)年の自民党総裁選では菅義偉に敗れるも、翌年の総裁選では決選投票の末に河野太郎を下し、区切りとなる第100代総理大臣となった岸田文雄。首相秘書官に起用した長男・翔太郎の不祥事などもあって支持率が低迷し、厳しい政権運営が続いている。

文雄の政界キャリアも父の秘書からスタート。文雄は3世議員であり、祖父の正記、父の文武はともに、広島市を地盤として衆議院議員を務めた。父・文武は麻生太郎や亀井静香らと同期議員で、政務次官などを歴任。秘書として政治のイロハを学んだ文雄は、父の死去を受けてその地盤を受け継ぎ、1993年の総選挙で初当選した。

この岸田家の地盤も含まれる広島県は、長らく「宮澤王国」として知られている。

総理大臣を務めた宮澤喜一の父・裕は農家の出自ながら、苦労して東京帝国大学を卒業。鉄道大臣であった小川平吉の次女・ことと婚姻を縁として政界に進出し戦前、6期にわたり議員に選出された。この裕とことの息子に総理大臣となった喜一、法務大臣や広島県知事などを歴任した弘、外交官となった泰がいる。喜一と弘は父と同様、東京大学出身のエリートであり、弘は8年間にわたり広島県知事の職務をまっとうしたことで地元における宮澤家の名声は盤石なものになった。

この弘に嫁いだのが、岸田正記の長女であり、文雄の叔母にあたる玲子だ。ここにおいて岸田家は宮澤家の一族として名を連ねるわけだが、「岸田家は宮澤家の親族の一つにすぎない」というのが地元政界の見方だった。地元の期待は、弘と玲子の長男であり、喜一の地盤を継いで衆議院議員となった洋一に注がれていたからだ。しかし洋一は、民主党政権成立の契機となった2009（平成21）年の総選挙で敗北し（のちの参院選で国政復帰）、その後もSMバーへの政治活動費支出問題などの不祥事が相次ぎ、政界レースで完全に岸田文雄の後塵を拝することになった。

なお、宮澤喜一の孫にタレントの宮澤エマがいる。竹下登の孫・DAIGOとともに、元総理大臣の孫タレントとして一世を風靡した。

家系図

岸田家・宮澤家・小川家系図

始祖 岸田幾太郎
現当主 岸田文雄

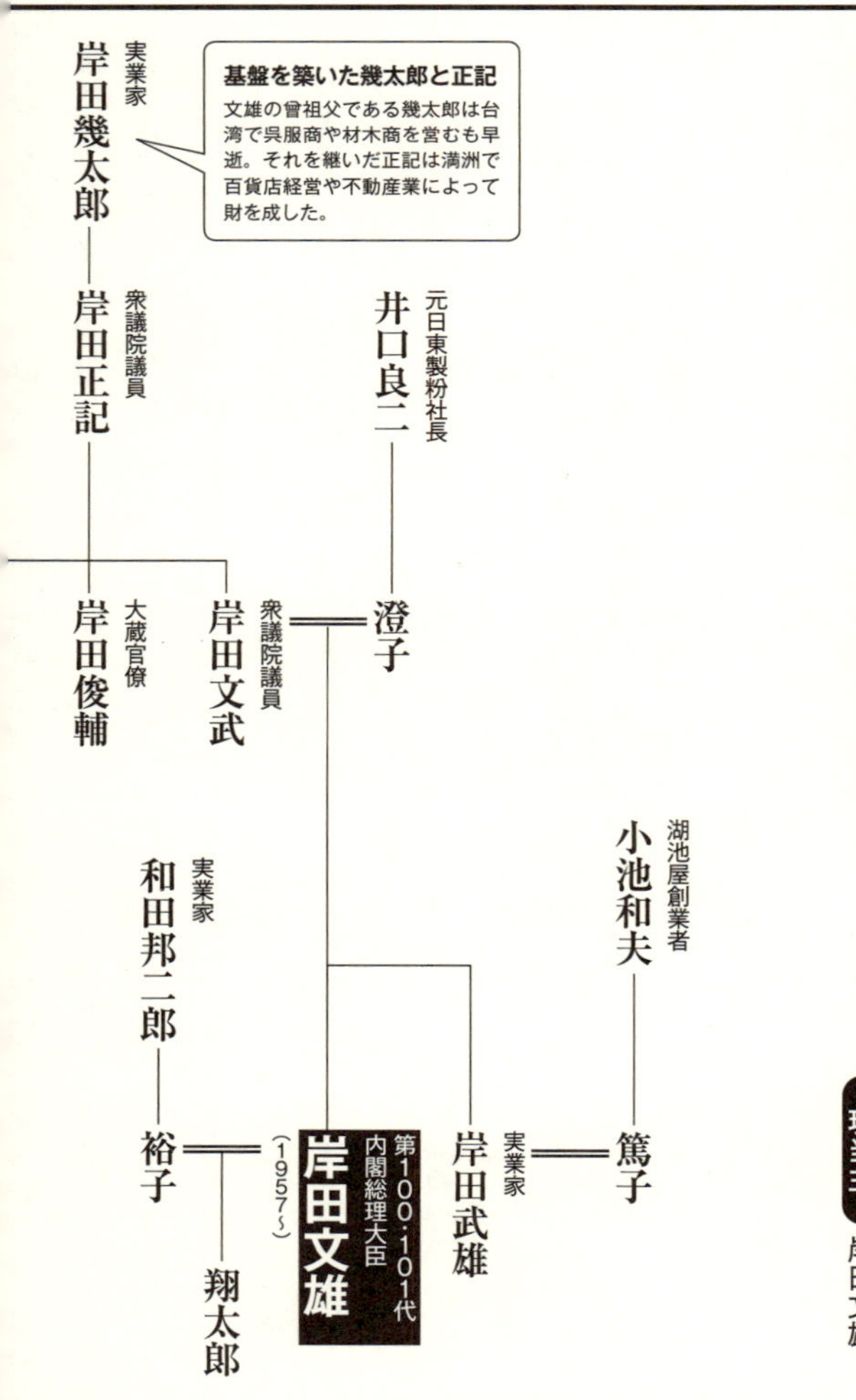
基盤を築いた幾太郎と正記
文雄の曾祖父である幾太郎は台湾で呉服商や材木商を営むも早逝。それを継いだ正記は満洲で百貨店経営や不動産業によって財を成した。
実業家 岸田幾太郎
衆議院議員 岸田正記
元日東製粉社長 井口良二
衆議院議員 岸田文武
澄子
大蔵官僚 岸田俊輔
湖池屋創業者 小池和夫
実業家 和田邦二郎
第100・101代内閣総理大臣 岸田文雄 (1957〜)
実業家 岸田武雄
篤子
裕子
翔太郎

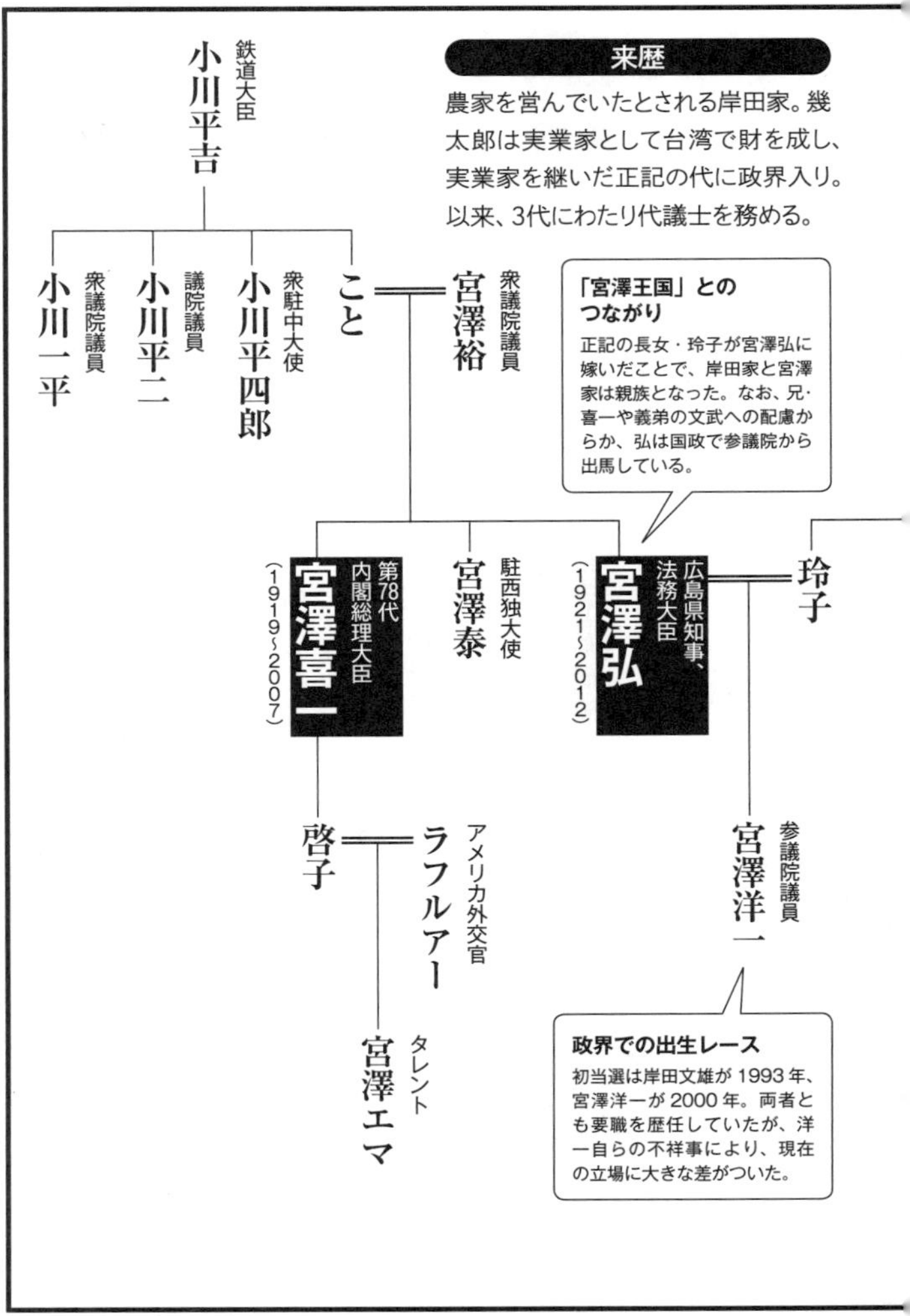
来歴
農家を営んでいたとされる岸田家。幾太郎は実業家として台湾で財を成し、実業家を継いだ正記の代に政界入り。以来、3代にわたり代議士を務める。
鉄道大臣
小川平吉
こと
小川平四郎
衆駐中大使
小川平二
議院議員
小川一平
衆議院議員
宮澤裕
衆議院議員
「宮澤王国」とのつながり
正記の長女・玲子が宮澤弘に嫁いだことで、岸田家と宮澤家は親族となった。なお、兄・喜一や義弟の文武への配慮からか、弘は国政で参議院から出馬している。
玲子
宮澤弘
広島県知事、法務大臣
（1921〜2012）
宮澤泰
駐西独大使
宮澤喜一
第78代内閣総理大臣
（1919〜2007）
啓子
ラフルアー
アメリカ外交官
宮澤エマ
タレント
宮澤洋一
参議院議員
政界での出生レース
初当選は岸田文雄が1993年、宮澤洋一が2000年。両者とも要職を歴任していたが、洋一自らの不祥事により、現在の立場に大きな差がついた。

安倍家

戦後の日本を牽引する政界の名家

安倍晋三とつながる3人の歴代首相たち

――安倍首相が受け継いだ宰相としてのDNA

２０１２（平成24）年12月、安倍晋三率いる自由民主党は衆院選で劇的な大勝利を収め、安倍は5年ぶりに総理大臣へと返り咲いた。２度目の任期では強いリーダーシップを発揮し、歴代最長政権を樹立。しかしコロナ禍にあって持病の悪化により辞任し、２０２２（令和４）年7月に兇弾に斃れた。彼について語る上で外すことのできない要素が、３人の首相を輩出した名門政治家一族の血脈である。

安倍晋三の父、晋太郎は自民党の有力な衆議院議員として外務大臣などを歴任、次期首相の座は確実といわれた。しかし１９９１（平成３）年、志半ばで病に倒れ死去。その遺志を継いで出馬したことが、晋三の政治家としてのキャリアのはじまりである。

安倍家はもともと、長州藩で醸造業を営み、大庄屋（数か村以上の庄屋・名主の上に立ち、行政を行う有力者）も務めた富豪であった。晋太郎の父、寛も衆議院議員を務めている。そうした名家に生まれた晋太郎が娶《めと》ったのが、岸信介の娘・洋子であった。信介が首相に就任した際、晋太郎は秘書官となって政界への道を踏み出したのである。

岸家は長州藩において代官を務めた家柄であるという。信介は農商務省の官僚を経て、東条英機内閣で初入閣、政治家に転身した。戦後は公職追放を受けるが、解除されてからは自由党に入党。保守合同に尽力し、自由民主党の初代幹事長となる。

そして１９５７（昭和32）年、信介は石橋湛山内閣の総辞職を受けて首相に就任、日米安保条約の改定に取り組んだ。安保闘争のデモ隊が連日国会を取り巻く中、信介は新安保条約批准を強行採決、成立を見届けて辞任した。

岸信介の実弟にあたるのが、やはり首相を務め、7年8か月という長期政権を維持した佐藤栄作である。兄弟の苗字が異なるのは、岸信介が父の実家の養子になったからだ。佐藤家は長州藩士の家柄で、栄作の祖父・信彦は県議会議員である。

栄作はその長い任期中、日韓国交正常化や沖縄返還協定の締結などの成果を残し、非核三原則の外交などによってノーベル平和賞を授与された。

家系図

安倍家・岸家・佐藤家系図

始祖 安倍《あべ》宗任《むねとう》

現当主 安倍《あべ》昭恵《あきえ》

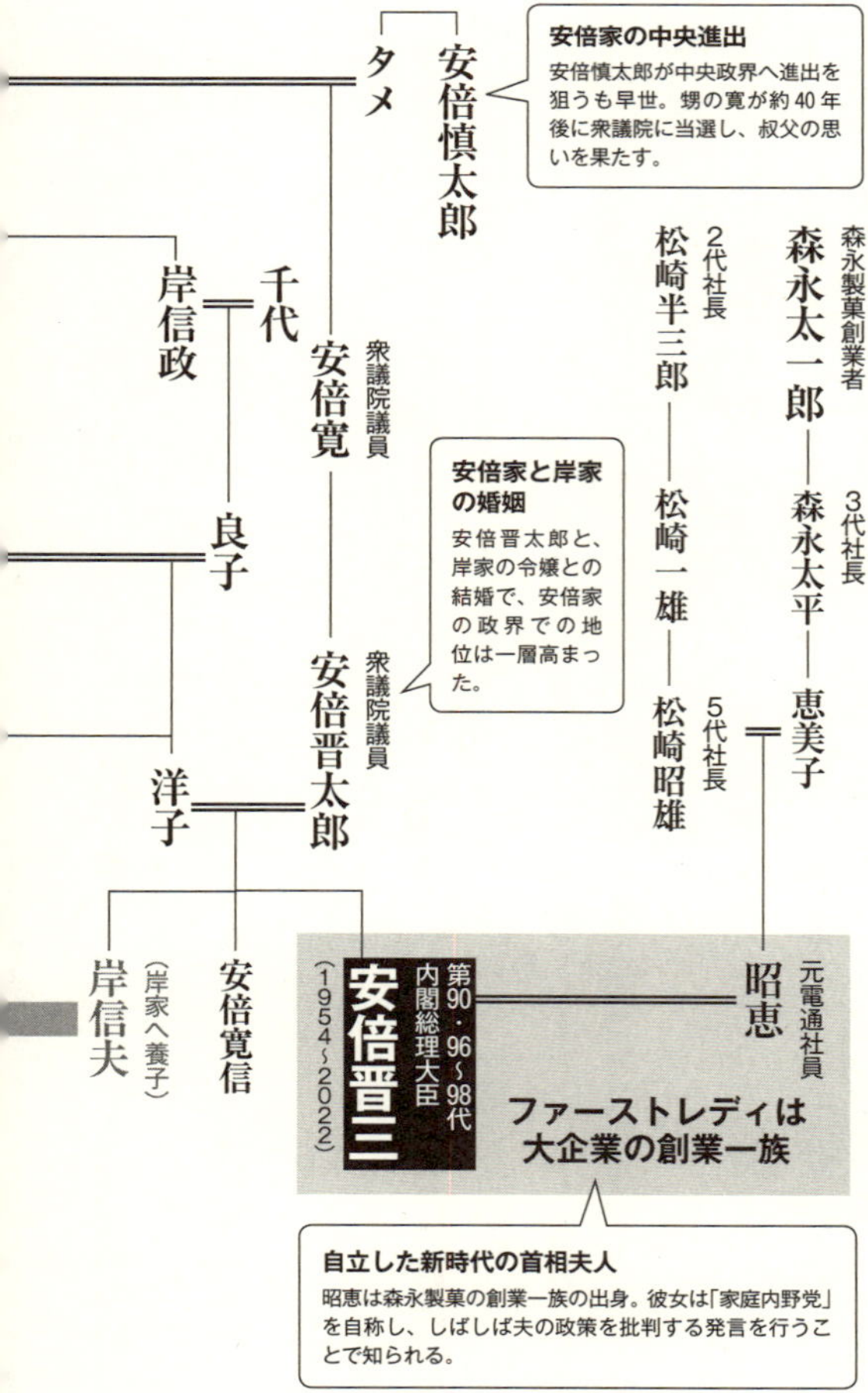

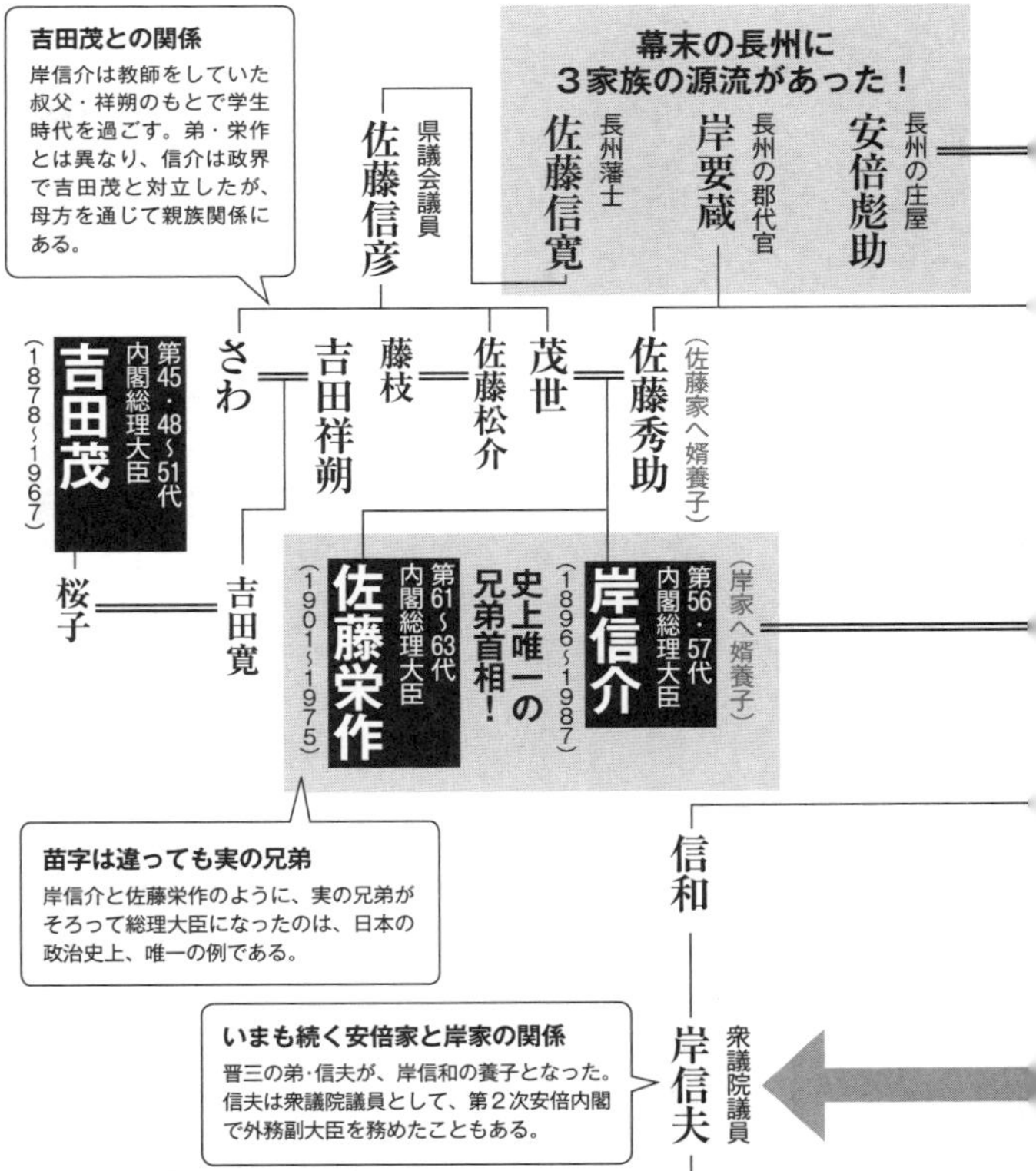
幕末の長州に
3家族の源流があった！
長州の庄屋
安倍彪助
長州の郡代官
岸要蔵
長州藩士
佐藤信寛
県議会議員
佐藤信彦
吉田茂との関係
岸信介は教師をしていた叔父・祥朔のもとで学生時代を過ごす。弟・栄作とは異なり、信介は政界で吉田茂と対立したが、母方を通じて親族関係にある。
（佐藤家へ婿養子）
佐藤秀助
茂世
佐藤松介
藤枝
吉田祥朔
さわ
第45・48～51代
内閣総理大臣
吉田茂
（1878～1967）
（岸家へ婿養子）
第56・57代
内閣総理大臣
岸信介
（1896～1987）
史上唯一の
兄弟首相！
第61～63代
内閣総理大臣
佐藤栄作
（1901～1975）
吉田寛
桜子
苗字は違っても実の兄弟
岸信介と佐藤栄作のように、実の兄弟がそろって総理大臣になったのは、日本の政治史上、唯一の例である。
信和
衆議院議員
岸信夫
いまも続く安倍家と岸家の関係
晋三の弟・信夫が、岸信和の養子となった。信夫は衆議院議員として、第２次安倍内閣で外務副大臣を務めたこともある。
衆議院議員
岸信千代

来歴

平安時代の陸奥（岩手県）の安倍氏にまでさかのぼるとされる。また、近代には山口県大津郡（長門市）の名家として知られ、安倍慎太郎が中興の祖とされる。

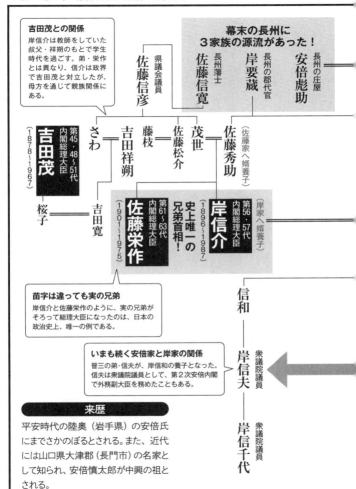

小泉家

人気政治家を結ぶ縁
小泉家と石原家の意外な遠戚関係

――強い個性を放つ小泉家三代、波乱に満ちたその歩み

2005(平成17)年9月、郵政民営化の賛否などを問うた衆議院議員選挙は、小泉純一郎率いる自由民主党の圧勝に終わった。マスメディアを最大限に利用する「劇場型政治」の真骨頂であった。小泉政権の評価は分かれるが、純一郎が時流を読む力とパフォーマンスの能力に秀でていたことは確かである。彼の父・純也は防衛庁長官、祖父・又次郎は逓信大臣を務めた人物だ。純一郎は「政界の変人」と呼ばれたが、父や祖父も、ユニークな経歴や逸話を持っている。

祖父・又次郎はとび職の息子として横浜に生まれ、軍人になるのを夢見た。しかし兄の死去によって家業を継がなくてはならなくなり、軍人への夢を諦めるために背中に刺青を彫った。後年「刺青の又さん」と呼ばれるようになる由縁であった。彼は家

業を拡大させた後に政界入り。任侠肌と評された豪快な人柄であった。

一方、鹿児島に生まれた父・純也（旧姓鮫島）は、実家が事業に失敗し、丁稚をしながら夜学に通う苦学生だった。同郷の代議士の書生をしながら日本大学の夜学に通っていた頃、又次郎の長女芳江と恋に落ちる。又次郎は結婚に猛反対するが、ふたりは駆け落ち同然で同棲生活をはじめてしまった。又次郎の「代議士になれたら結婚を許す」という言葉で、純也は小泉家に婿入りして政界を目指す。タカ派政治家として知られたこの父の存在は、純一郎が靖国神社参拝に強い信念を持っていたことと無関係ではないだろう。

純也は池田内閣、佐藤内閣で防衛庁長官を務めるも、65歳で急死。ロンドン留学中だった純一郎が帰国し、父の後を継いで政治家となった。純一郎はすでに政界を引退しているが、次男の進次郎は衆議院議員となって環境大臣を務めるなど、小泉一族の政治家としての血脈は現在も受け継がれている。

こうした小泉家の一族であるが、意外なところである有名一族とつながっている。元東京都知事の石原慎太郎ら、政界や芸能界に人材を輩出している石原家である。小泉家とは、慎太郎の妻・典子と、純一郎の弟の妻が従姉妹にあたる。

家系図

小泉家・石原家系図

始祖　小泉由兵衛《こいずみよしべえ》

現当主　小泉純一郎《こいずみじゅんいちろう》

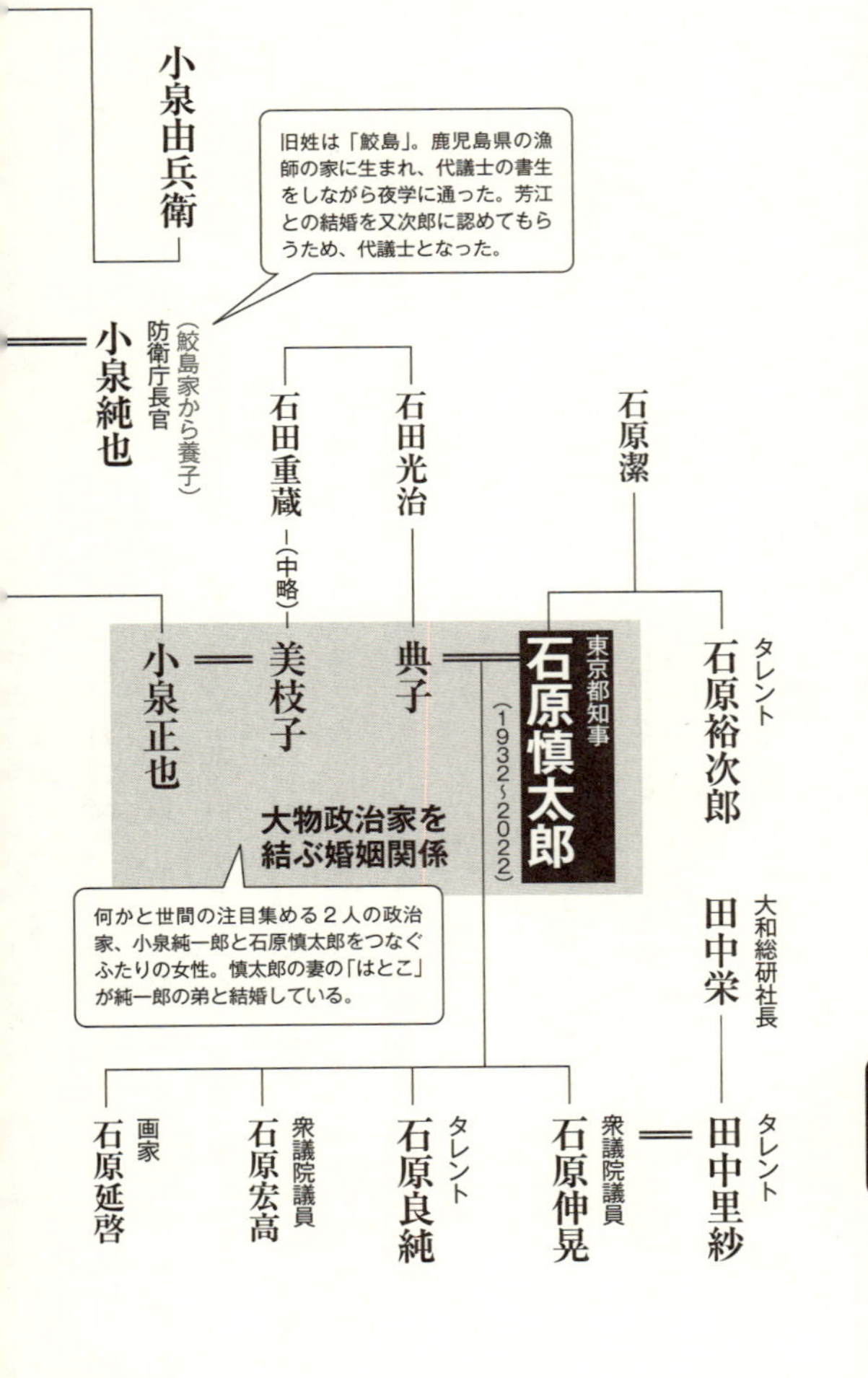

小泉由兵衛
旧姓は「鮫島」。鹿児島県の漁師の家に生まれ、代議士の書生をしながら夜学に通った。芳江との結婚を又次郎に認めてもらうため、代議士となった。
小泉純也
防衛庁長官
（鮫島家から養子）
石原潔
石田光治
石田重蔵
（中略）
タレント
石原裕次郎
東京都知事
石原慎太郎
（1932～2022）
典子
美枝子
小泉正也
大物政治家を結ぶ婚姻関係
何かと世間の注目集める２人の政治家、小泉純一郎と石原慎太郎をつなぐふたりの女性。慎太郎の妻の「はとこ」が純一郎の弟と結婚している。
大和総研社長
田中栄
タレント
田中里紗
衆議院議員
石原伸晃
タレント
石原良純
衆議院議員
石原宏高
画家
石原延啓

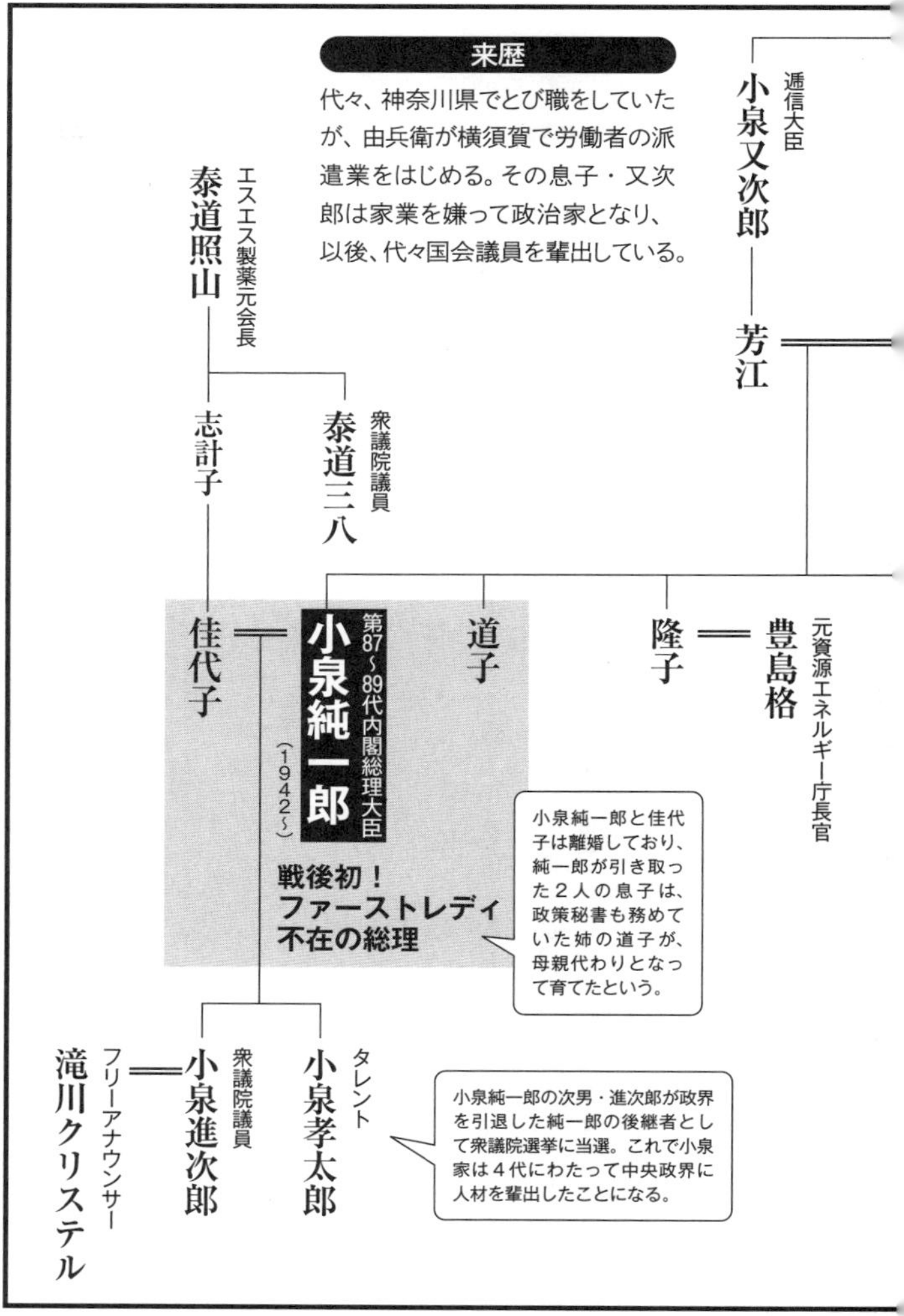
来歴
代々、神奈川県でとび職をしていたが、由兵衛が横須賀で労働者の派遣業をはじめる。その息子・又次郎は家業を嫌って政治家となり、以後、代々国会議員を輩出している。
逓信大臣
小泉又次郎
芳江
エスエス製薬元会長
泰道照山
志計子
衆議院議員
泰道三八
佳代子
第87～89代内閣総理大臣
小泉純一郎
（1942～）
戦後初！
ファーストレディ
不在の総理
道子
隆子
豊島格
元資源エネルギー庁長官
小泉純一郎と佳代子は離婚しており、純一郎が引き取った２人の息子は、政策秘書も務めていた姉の道子が、母親代わりとなって育てたという。
タレント
小泉孝太郎
衆議院議員
小泉進次郎
フリーアナウンサー
滝川クリステル
小泉純一郎の次男・進次郎が政界を引退した純一郎の後継者として衆議院選挙に当選。これで小泉家は４代にわたって中央政界に人材を輩出したことになる。

鳩山家

政界に名を連ねる名門・鳩山一族

4代にわたって政治家を輩出

――一族の華々しい経歴とそれを支える母の愛

東京都文京区の高台には、豪壮な洋館「音羽御殿」の通称で呼ばれる館（鳩山会館）が建っている。その主が鳩山ファミリーだ。

元総理大臣・鳩山由紀夫の曽祖父である鳩山和夫は戦前、第6代衆議院議長に就任した人物。祖父の鳩山一郎は戦後、吉田茂の後を継いで首相の座に就き、日ソ国交樹立と国連加盟を果たした。また父・鳩山威一郎が福田赳夫内閣の外相となっている。さらに弟・鳩山邦夫も宮澤喜一内閣の文相と羽田孜内閣の労相に就任と、直系の4代がみな政府の要職に就いている。

鳩山一族を代表する顔はもうひとつある。学者としての顔だ。鳩山和夫は日本における弁護士の草分け的存在でもあり、早稲田大学の前身である東京専門学校の校長も務めた。また和夫の妻・春子は共立女子大学の創設者である。春子は進取の気性に富み、非常に教育熱心な女性として有名だった。息子を午前3時半に起こしては毎日2時間、勉強の面倒を見たという。こうした「春子のスパルタ式教育法」は受け継がれ、和夫から数えると、由起夫、邦夫まで4代続けて東大に進学している。

また閨閥《けいばつ》で注目されるのが威一郎の妻・安子である。ブリヂストンタイヤ創業者・石橋正二郎の長女にあたり、鳩山家に莫大な財力をもたらした。ブリヂストン株を中心とする鳩山家の資産は約400億円にのぼるともいわれ、一族の政治活動を支える。

また、威一郎と安子の長男である由紀夫も、長らく学界に身を置いていたが、39歳で政界に転身。このとき、彼の政界入りを後押ししたのも母・安子だった。米国留学から帰国した由紀夫が「政治家になりたい」と言い出したとき、父・威一郎は反対した。このとき安子は息子のために自ら選挙事務所を借り、夫・威一郎には「由紀夫は自費で事務所まで借りた。もう引き返せません」と説得したという。由紀夫の弟・邦夫が政治家になったのも母・安子がきっかけだった。安子が田中角栄邸に邦夫を連れていき、「秘書にしてほしい」と角栄本人に頼んだのがはじまりだった。華々しい経歴を刻んできた鳩山一族だが、その功績の陰には母たちの大いなる愛があったのだ。

家系図

鳩山家・石橋家系図

始祖
鳩山《はとやま》和夫《かずお》

現当主
鳩山《はとやま》由紀夫《ゆきお》

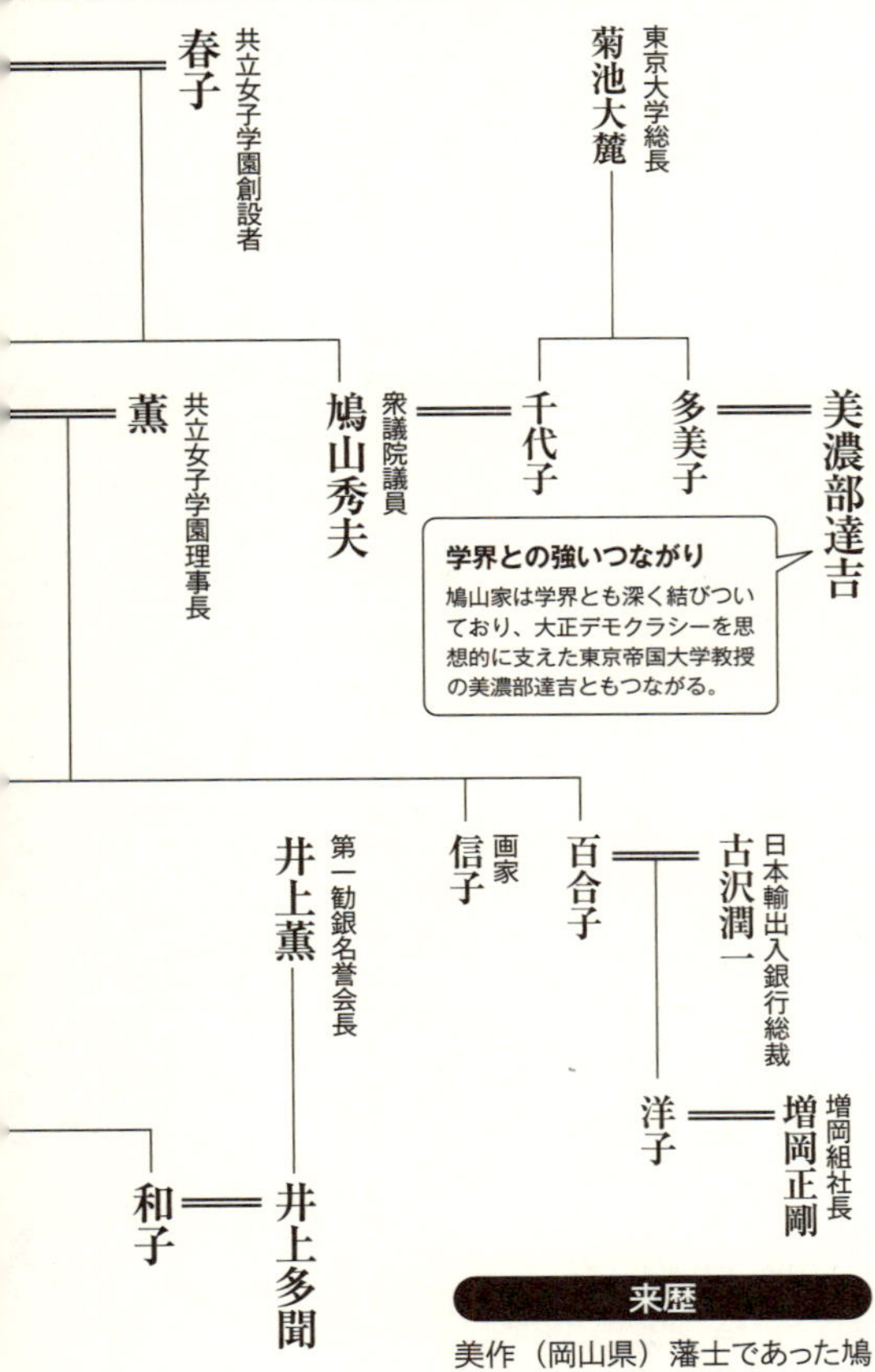
東京大学総長
菊池大麓
美濃部達吉
多美子
千代子
衆議院議員
鳩山秀夫
共立女子学園創設者
春子
共立女子学園理事長
薫
学界との強いつながり
鳩山家は学界とも深く結びついており、大正デモクラシーを思想的に支えた東京帝国大学教授の美濃部達吉ともつながる。
日本輸出入銀行総裁
古沢潤一
百合子
画家
信子
第一勧銀名誉会長
井上薫
増岡組社長
増岡正剛
洋子
井上多聞
和子

来歴

美作（岡山県）藩士であった鳩山十右衛門博房の四男として生まれた鳩山和夫が衆議院議員に当選して以来、4代にわたって政治家を輩出している。

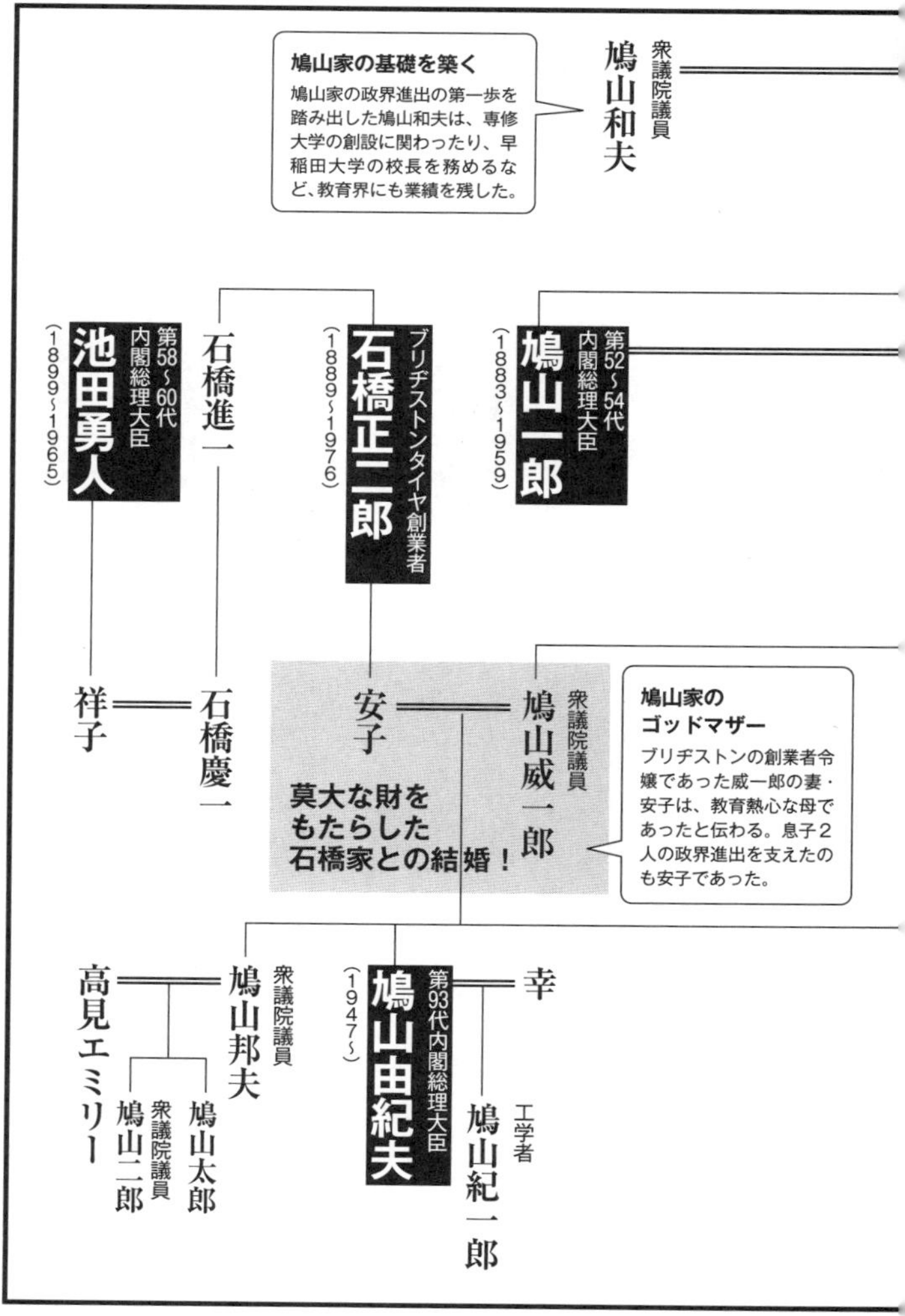
衆議院議員
鳩山和夫
鳩山家の基礎を築く
鳩山家の政界進出の第一歩を踏み出した鳩山和夫は、専修大学の創設に関わったり、早稲田大学の校長を務めるなど、教育界にも業績を残した。
第52～54代内閣総理大臣
鳩山一郎
(1883～1959)
ブリヂストンタイヤ創業者
石橋正二郎
(1889～1976)
石橋進一
第58～60代内閣総理大臣
池田勇人
(1899～1965)
衆議院議員
鳩山威一郎
安子
莫大な財をもたらした石橋家との結婚！
石橋慶一
祥子
鳩山家のゴッドマザー
ブリヂストンの創業者令嬢であった威一郎の妻・安子は、教育熱心な母であったと伝わる。息子2人の政界進出を支えたのも安子であった。
幸
第93代内閣総理大臣
鳩山由紀夫
(1947～)
工学者
鳩山紀一郎
衆議院議員
鳩山邦夫
高見エミリー
鳩山太郎
衆議院議員
鳩山二郎

麻生家

皇室・財界に広がる麻生家の婚姻関係

吉田茂を祖父に持つ政界のサラブレッド

――明治維新の立役者にまでさかのぼる政治一族

元総理大臣・安倍晋三は、総理大臣となった祖父と叔父を持つ政界の名家出身者として話題になったが、その安倍政権下で副総理を務めていた麻生太郎も、系譜の華麗さでは負けていない。なんといっても彼は、戦後日本を代表する政治家・吉田茂の孫にあたる人物であり、さらにさかのぼると、明治維新の三傑のひとりである大久保利通にまでたどりつく。

吉田茂は1878（明治11）年、土佐自由党の志士で衆議院議員として活躍した竹内綱の五男として誕生。横浜の貿易商・吉田健三の養子となり、内大臣も務めた牧野伸顕伯爵の娘・雪子と結婚。この義父・伸顕が、大久保利通の二男にあたる。

1946（昭和21）年、茂は公職追放となった鳩山一郎から自由党総裁の職を譲られ、首相に就任。日米安保条約を締結するなど、戦後体制の立役者となった。この茂の三女・和子と結婚したのが麻生太賀吉だ。麻生セメントの社長を務めた太賀吉は、和子と結婚後は衆議院議員となり、義父を支えた。和子は政治的資質を備えた女性で、父の補佐をするとともに、息子たちに政治家としての英才教育を施した。そのひとりが麻生太郎である。

閨閥関係で見ると、太郎の妻・千賀子もまた首相経験者の鈴木善幸を父に持つ。その千賀子の弟・鈴木俊一は衆議院議員で、その妻は元首相・宮澤喜一の従兄弟にあたるので、宮澤家とは縁戚になる。さらに太郎の妹・信子の嫁いだ先が、「ヒゲの殿下」で知られる三笠宮寛仁という豪華さだ。

なお、吉田茂が首相就任時に、鳩山一郎の公職追放が解かれたら首相の座を返すという約束がされていたにもかかわらず、茂はそれを守らなかったという。一郎は日本民主党をつくって吉田に対抗し、吉田から政権を奪取する。この激しい抗争は世代を越えて受け継がれていった。２００９（平成21）年、民主党代表・鳩山由紀夫は総選挙で歴史的大勝を収め、政権交代を果たした。これは鳩山一郎の孫・由紀夫が吉田茂の孫・麻生太郎を破ったという意味で、祖父の代の抗争の再現とも報じられた。

家系図

麻生家・吉田家系図

始祖 麻生太吉《あそうたきち》

現当主 麻生太郎《あそうたろう》

来歴

政治家としての麻生家の歴史は、麻生太郎の曾祖父・麻生太吉が福岡県で炭鉱業を興して大成功し、のちに衆議院議員を務めたことにはじまる。

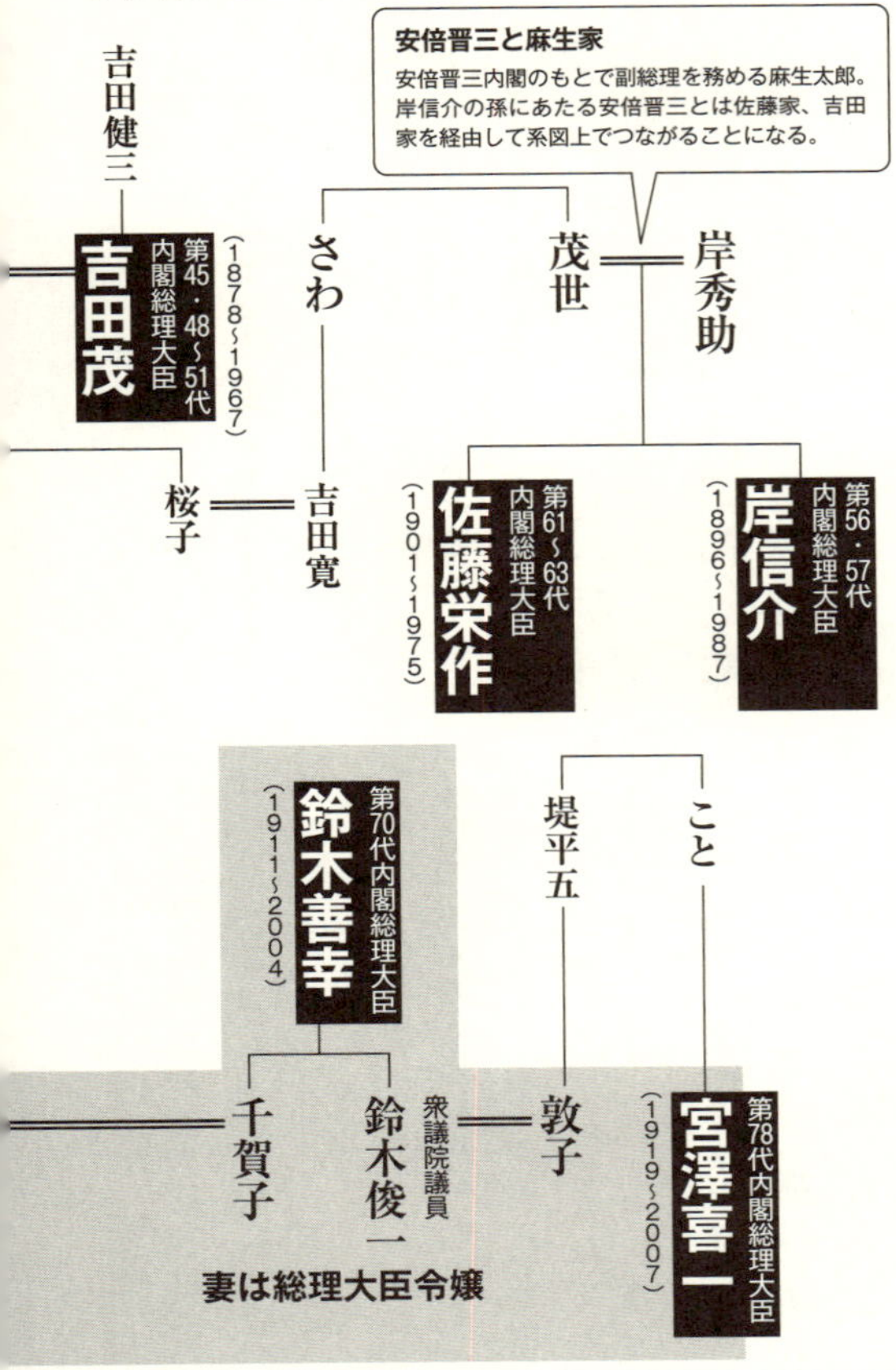
安倍晋三と麻生家
安倍晋三内閣のもとで副総理を務める麻生太郎。岸信介の孫にあたる安倍晋三とは佐藤家、吉田家を経由して系図上でつながることになる。
吉田健三
吉田茂
第45・48～51代内閣総理大臣
（1878～1967）
さわ
茂世
岸秀助
桜子
吉田寛
佐藤栄作
第61～63代内閣総理大臣
（1901～1975）
岸信介
第56・57代内閣総理大臣
（1896～1987）
鈴木善幸
第70代内閣総理大臣
（1911～2004）
堤平五
こと
千賀子
鈴木俊一
衆議院議員
敦子
宮澤喜一
第78代内閣総理大臣
（1919～2007）
妻は総理大臣令嬢

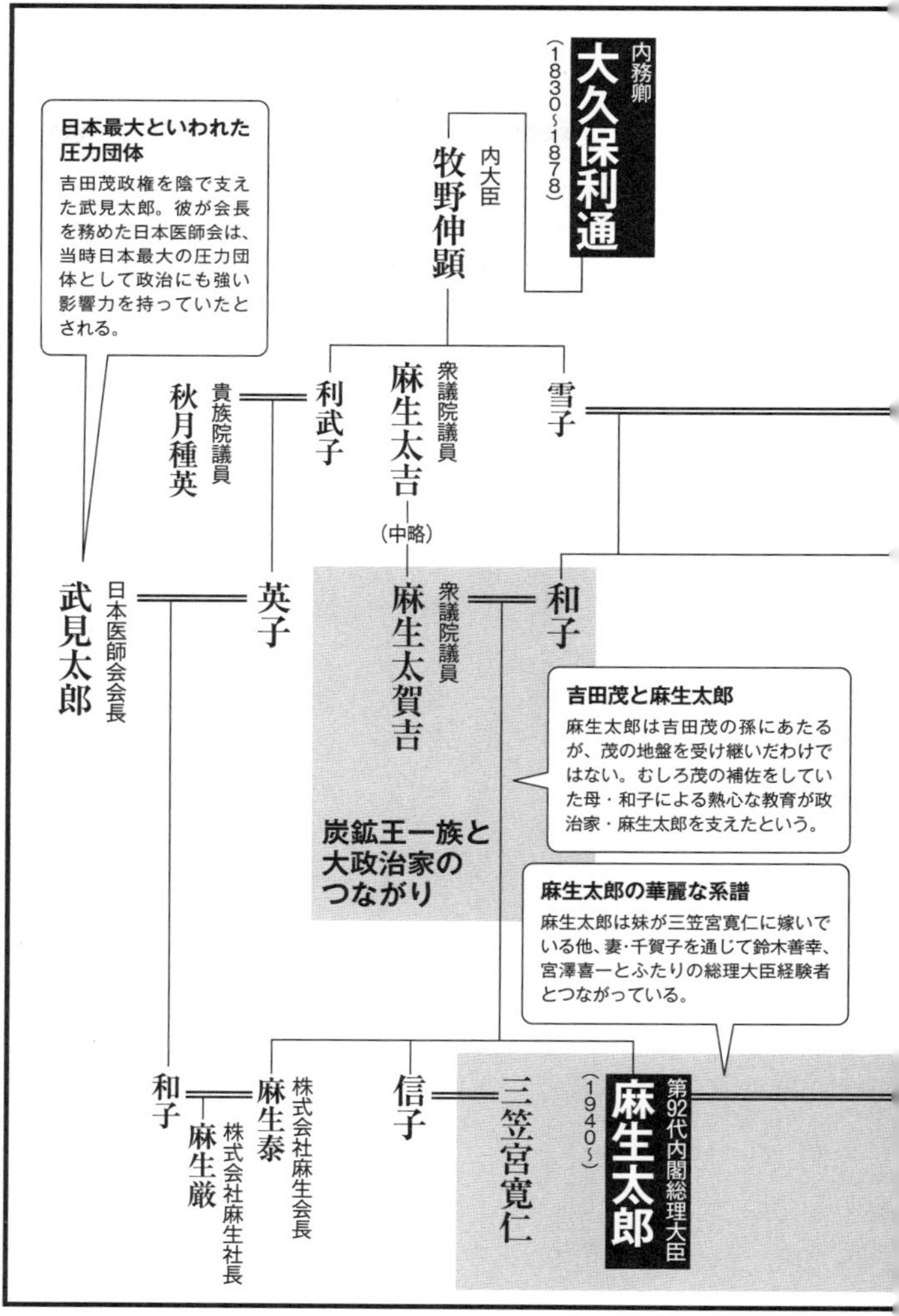
内務卿
大久保利通
（1830〜1878）
内大臣
牧野伸顕
日本最大といわれた圧力団体
吉田茂政権を陰で支えた武見太郎。彼が会長を務めた日本医師会は、当時日本最大の圧力団体として政治にも強い影響力を持っていたとされる。
雪子
衆議院議員
麻生太吉
利武子
貴族院議員
秋月種英
（中略）
和子
衆議院議員
麻生太賀吉
英子
日本医師会会長
武見太郎
炭鉱王一族と大政治家のつながり
吉田茂と麻生太郎
麻生太郎は吉田茂の孫にあたるが、茂の地盤を受け継いだわけではない。むしろ茂の補佐をしていた母・和子による熱心な教育が政治家・麻生太郎を支えたという。
麻生太郎の華麗な系譜
麻生太郎は妹が三笠宮寬仁に嫁いでいる他、妻･千賀子を通じて鈴木善幸、宮澤喜一とふたりの総理大臣経験者とつながっている。
第92代内閣総理大臣
麻生太郎
（1940〜）
三笠宮寬仁
信子
株式会社麻生会長
麻生泰
和子
株式会社麻生社長
麻生巌

細川家

足利家と公家の血を引く 政権交代を成し遂げた「公家政治家」の出自

――将軍の補佐を務めた武家が平成の世で頂点に登りつめる

1993（平成5）年8月9日、日本政治史において特筆すべき出来事が起こった。結党以来38年間政権を維持してきた自由民主党が、ついに下野したのだ。取って代わったのは、非自民・非共産の連立政権。このとき、第79代内閣総理大臣としてトップに立ったのが、前年に日本新党を立ち上げたばかりの細川護熙だった。

護熙の母親は温子といい、五摂家と名高い公家の名門・近衛家の出身。近代に首相・近衛文麿を輩出している名家である。そんな格式の高い家柄から、護熙は「公家政治家」と揶揄された。しかし、父方の家系をたどると、鎌倉時代から江戸時代にかけて数々の功績を残した有力な武家につながる。

細川家は清和源氏の流れをくむ足利一族。将軍の次に位の高い管領として政治をサポートしていた。1467（応仁元）年に起こった応仁の乱では、細川家の嫡流である京兆家の当主・勝元が東軍の主将を務め、一目置かれる存在に。また、1540（天文9）年に細川家の養子（諸説あり）となった藤孝（のちの幽斎）は、明智光秀と組み、足利義昭を将軍に就かせようと尽力した人物。義昭が力を失うと織田信長につき、本能寺の変では、首謀者の光秀から味方になるよう誘われたが、息子の忠興とともにこれを拒否。その後は、豊臣秀吉、徳川家康と時代を読んで主君を替え、歴代の天下人に仕えている。

1632（寛永9）年、忠興の三男・忠利が54万石で肥後熊本藩に入部。1871（明治4）年の廃藩置県に至るまで、細川家が藩主の座を独占した。時代が下り、1983（昭和58）年に熊本県知事に就任したのは細川家18代当主。これが冒頭に登場した細川護熙その人である。

護熙は、還暦を機に政界を引退し、陶芸家に転身している。また、細川家ゆかりの文化財を保存する永青文庫の理事を務め、その後は息子の護光が継いでいる。ちなみに前述の藤孝は当代一流の歌人で、文人大名として有名。細川家は先祖代々、政治と芸術、両方の領域で大きな力を発揮する宿命にあるのかもしれない。

家系図

細川家・近衛家系図

始祖　細川義季《ほそかわよしすえ》

現当主　細川護光《ほそかわもりみつ》

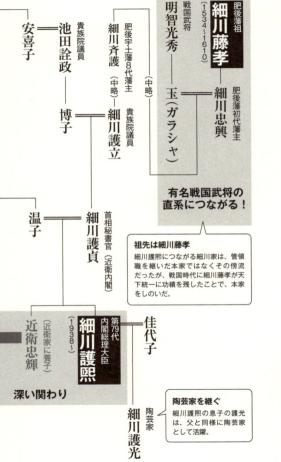

肥後藩祖
細川藤孝（1534～1610）
　│
肥後藩初代藩主
細川忠興 ＝ 玉（ガラシャ）

戦国武将
明智光秀 ─ 玉（ガラシャ）

有名戦国武将の直系につながる！

祖先は細川藤孝
細川護熙につながる細川家は、管領職を継いだ本家ではなくその傍流だったが、戦国時代に細川藤孝が天下統一に功績を残したことで、本家をしのいだ。

（中略）

肥後宇土藩8代藩主
細川斉護

（中略）

貴族院議員
細川護立 ＝ 博子

貴族院議員
池田詮政 ＝ 安喜子
　│
博子

首相秘書官（近衛内閣）
細川護貞 ＝ 温子

第79代内閣総理大臣
細川護熙（1938～） ＝ 佳代子

近衛忠輝（近衛家に養子）

深い関わり

陶芸家
細川護光

陶芸家を継ぐ
細川護熙の息子の護光は、父と同様に陶芸家として活躍。

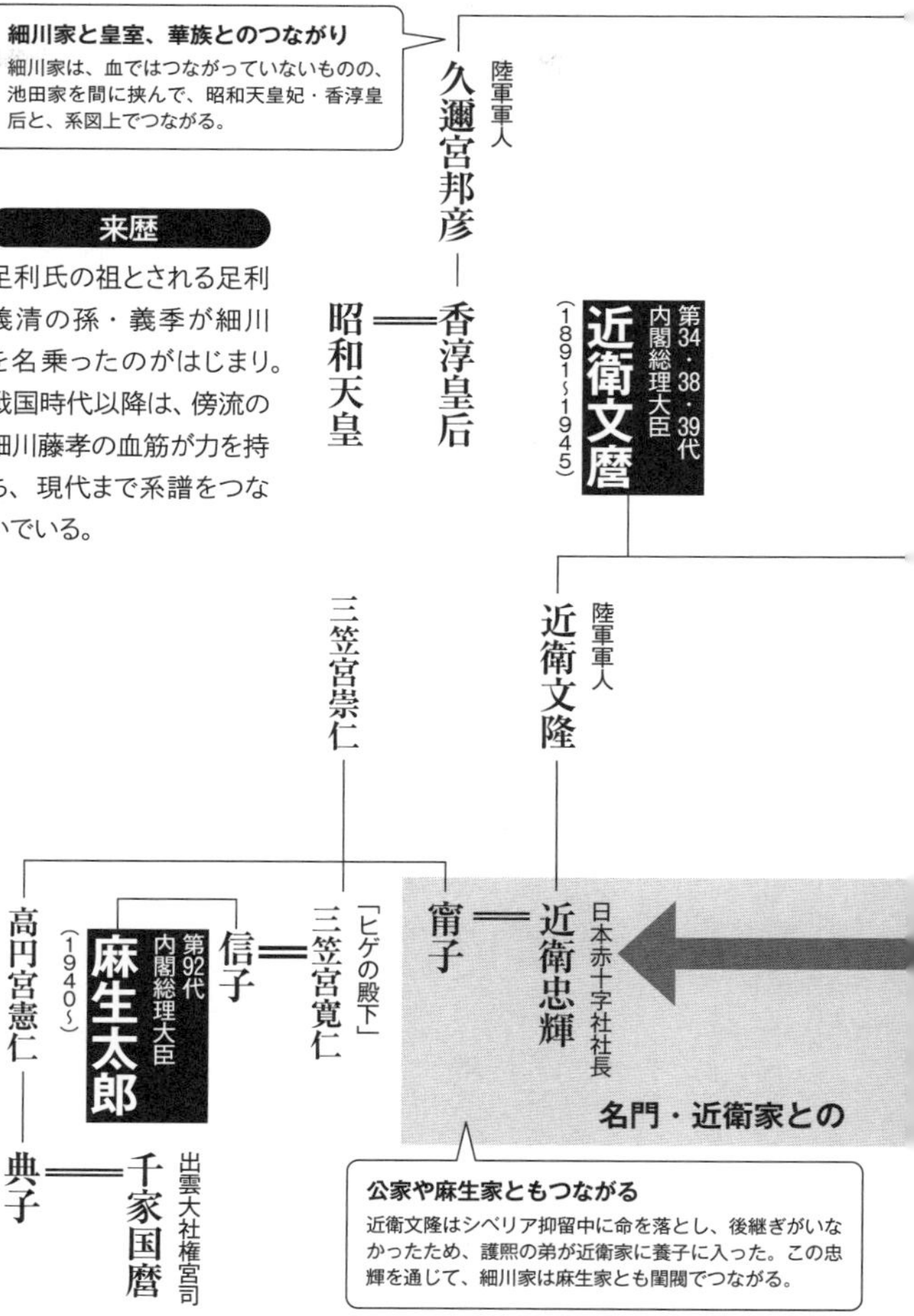
陸軍軍人
久邇宮邦彦
香淳皇后
昭和天皇
第34・38・39代内閣総理大臣
近衛文麿
（1891〜1945）
陸軍軍人
近衛文隆
三笠宮崇仁
日本赤十字社社長
近衛忠煇
甯子
「ヒゲの殿下」
三笠宮寛仁
信子
第92代内閣総理大臣
麻生太郎
（1940〜）
高円宮憲仁
出雲大社権宮司
千家国麿
典子
名門・近衛家との

細川家と皇室、華族とのつながり

細川家は、血ではつながっていないものの、池田家を間に挟んで、昭和天皇妃・香淳皇后と、系図上でつながる。

来歴

足利氏の祖とされる足利義清の孫・義季が細川を名乗ったのがはじまり。戦国時代以降は、傍流の細川藤孝の血筋が力を持ち、現代まで系譜をつないでいる。

公家や麻生家ともつながる

近衛文隆はシベリア抑留中に命を落とし、後継ぎがいなかったため、護煕の弟が近衛家に養子に入った。この忠煇を通じて、細川家は麻生家とも閨閥でつながる。

石破家

次期総理候補・石破茂の意外な出自とは

田中角栄の薦めで父の地盤を受け継ぐ

次期総理として何度も名前が挙がる石破茂。自民党総裁にこれまでに4度出馬したが、しかしいずれも敗れている。

茂の祖父は、鳥取県八頭郡大御門町の農家から村長になった石破市造である。その息子の二朗は、東大卒業後、内務・建設官僚として活躍。徳島県知事や山形県知事などを歴任した金森太郎の娘の和子を妻に迎える。そして茂が生まれた翌年の1958（昭和33）年に鳥取県知事に当選。その頃から二朗を応援していたのが田中角栄だった。その後、二朗は参議院議員になり自治大臣などを歴任した。

政治家の父を持つ茂の母・和子は元国語教師で、同じく政治家の父を持つ茂の教育にも非常に熱心だった。茂が15歳で鳥取県から単身上京し、慶應義塾高校に進学したのも、母の決断によるものだった。その母方の祖先には、明治初期に新島襄に師事した後、板垣退助の自由党に入り、キリスト教の宗教家になった金森通倫がいる。通倫

家系図　石破家系図

始祖　石破常七《いしばつねしち》　現当主　石破茂《いしばしげる》

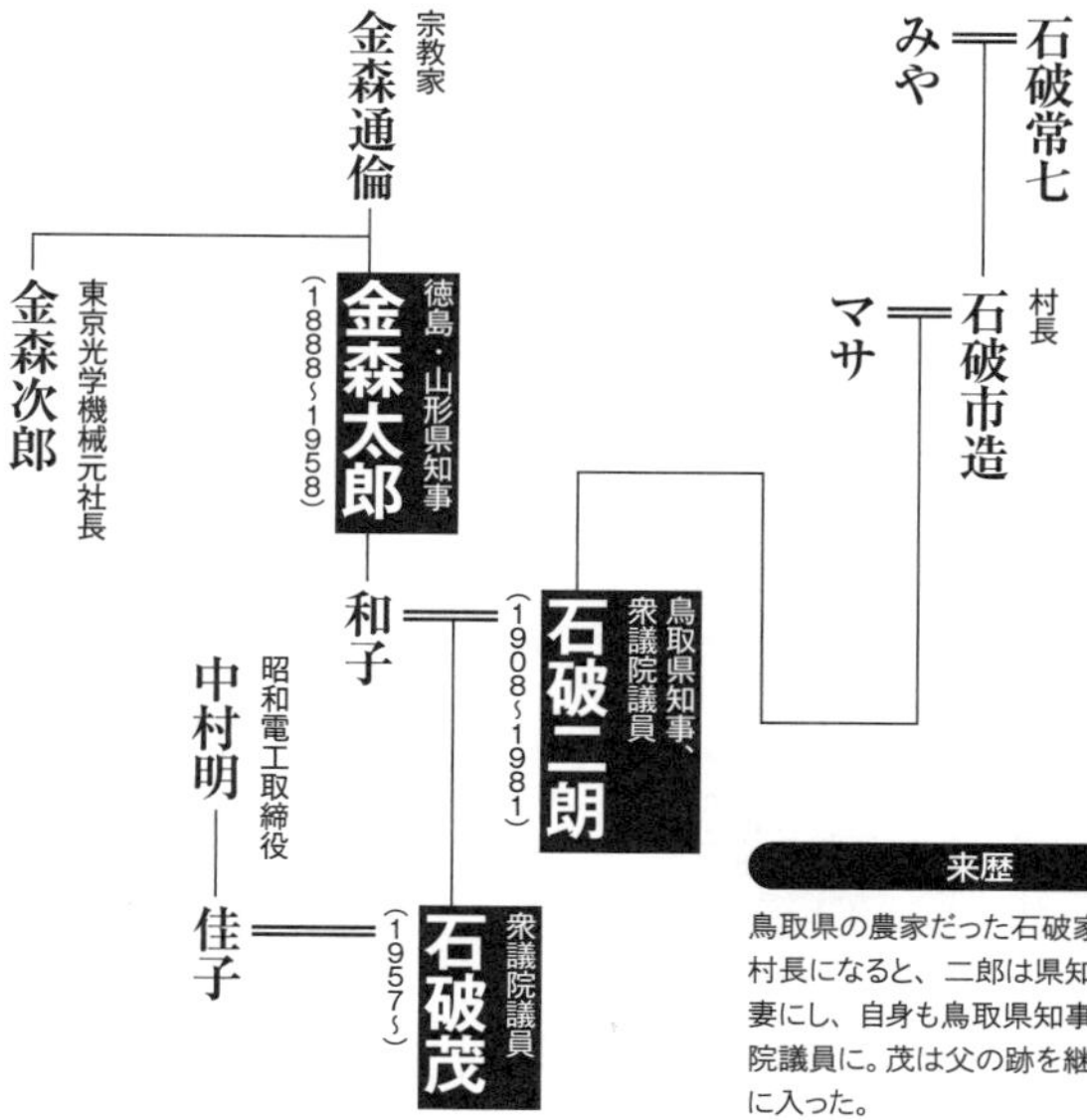
石破常七
みや
村長
石破市造
マサ
宗教家
金森通倫
徳島・山形県知事
金森太郎
（1888〜1958）
東京光学機械元社長
金森次郎
和子
鳥取県知事、衆議院議員
石破二朗
（1908〜1981）
昭和電工取締役
中村明
佳子
衆議院議員
石破茂
（1957〜）

来歴

鳥取県の農家だった石破家。市造が村長になると、二郎は県知事の娘を妻にし、自身も鳥取県知事から衆議院議員に。茂は父の跡を継いで政界に入った。

の子孫には学者や実業家、医師が多い。

そんな通倫のひ孫にあたる茂は、慶應大学卒業後、三井銀行に入局。しかし父が亡くなると、父の盟友だった田中角栄の強い薦めで1986（昭和61）年、当時最年少となる29歳で政界入りした。その後、自民党幹事長の他、農林水産大臣、防衛大臣、地方創生大臣などを歴任している。

福田家

父の後を継いだ福田康夫の素顔

日本初の親子で内閣総理大臣に就任

第91代内閣総理大臣に就任した福田康夫。父・赳夫もまた第67代内閣総理大臣として名を馳せた大物政治家で、親子そろって首相の座に就いたのは、日本では福田親子が初めてである。

しかし、若い頃の康夫は「自分は政治家に向いていない」と語っていたという。実際、赳夫の後継者と目されていたのは弟の征夫だった。康夫は大学卒業後は丸善石油(現・コスモ石油)に就職し、サラリーマンの道を歩む。状況が一変したのは、康夫が40歳のとき。征夫が病に倒れ、代打として政界入りすることになったのだ。

福田親子のライバルといえば、赳夫と同じ群馬県高崎市出身の中曽根康弘だ。同じ選挙区ゆえ、トップ争いはいつも熾烈。赳夫と中曽根が県議会を二分してしのぎを削る様子は「上州戦争」と呼ばれた。

そんな因縁の仲で結ばれた両家には、もうひとつ別のつながりがある。前述の征夫

家系図　福田家・中曽根家系図

始祖　福田赳夫《ふくだたけお》　現当主　福田達夫《ふくだたつお》

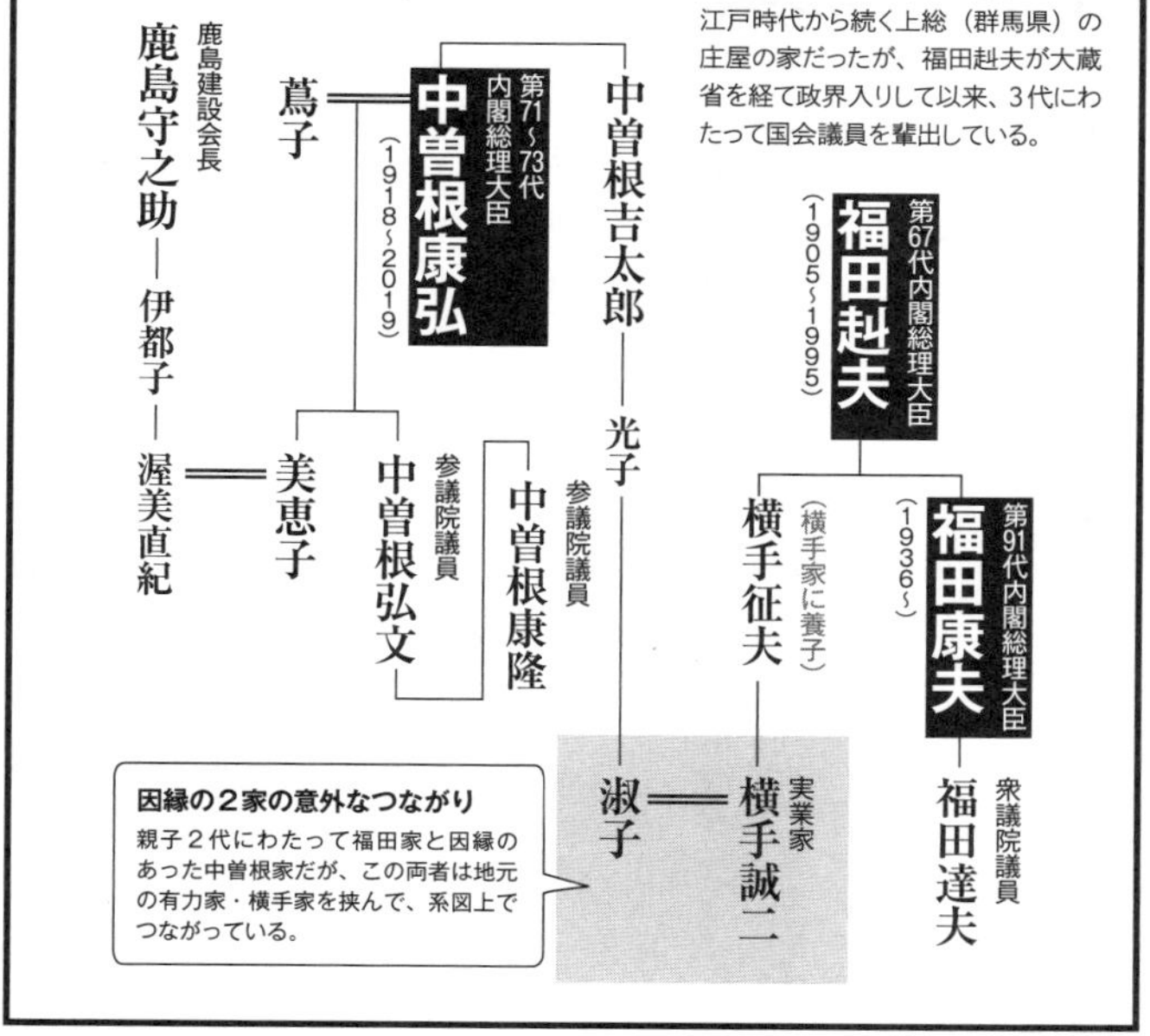

は、養子に出された先の横手家で子どもをもうけた。次男・誠二は淑子という女性と結婚。実は、この淑子の祖父は中曽根康弘の実兄に当たる。めぐりめぐって縁戚関係になるとは、どこまでも縁が深い。

なお、康夫は2012（平成24）年に政界から引退しており、長男の福田達夫が後継者として衆議院議員となっている。

竹下家

各界で活躍する竹下一族の個性豊かな顔ぶれ

島根県が生んだ政界の「ニューリーダー」

1924（大正13）年2月26日、竹下家12代当主の登は、島根県飯石郡掛合村（現・雲南市）で生まれた。実家は江戸時代から続く旧家で、父は1866（慶応2）年創業の竹下酒造（現・竹下本店）を経営。登は東京で政治家になり、家業を継いだのはいとこの三郎だが、登と島根県との関わりは生涯を通じて深いものだった。

地元の中学校で英語教師をしていた登は、島根県議会議員を経て、1958（昭和33）年5月、衆議院議員総選挙に立候補。島根県全県区から初当選を果たす。以降、同県での登の影響力は絶大で、後継者の異母弟・亘も連続当選。「竹下王国」と呼ばれるようになった。

ちなみに、登が初当選した年、同期に安倍晋太郎、金丸信らがいた。この3人は強い信頼で結ばれ、中でも登と金丸は、互いの子どもを結婚させている。登の家系には多彩な業種の人々が連なる。孫に、ミュージシャンのＤＡＩＧＯ、漫画家の影木栄貴

家系図　竹下家・小沢家・金丸家系図

始祖　竹下勇造《たけしたゆうぞう》　現当主　竹下亘《たけしたわたる》

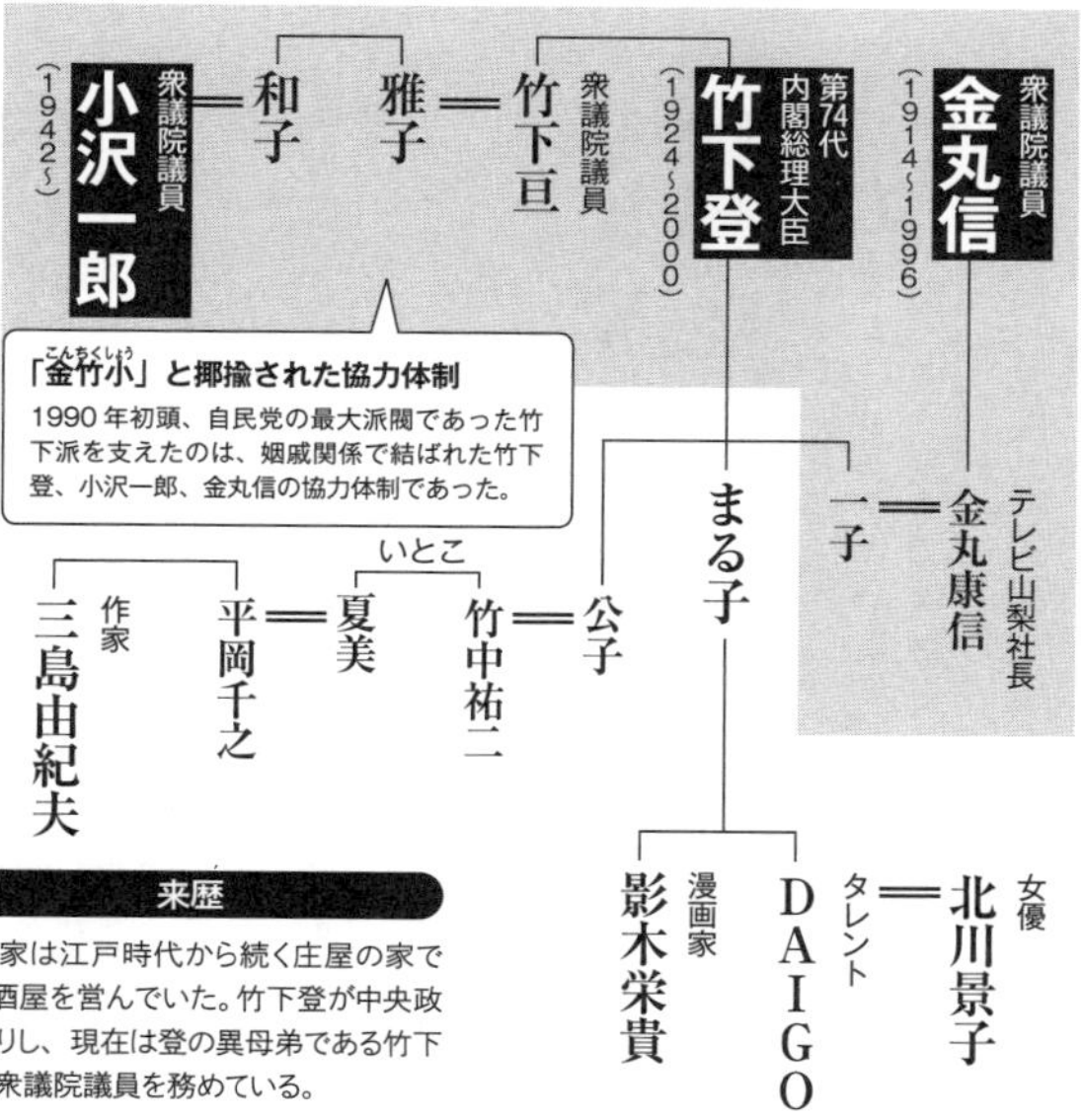

衆議院議員 小沢一郎（1942〜）
和子
雅子
衆議院議員 竹下亘
第74代内閣総理大臣 竹下登（1924〜2000）
衆議院議員 金丸信（1914〜1996）
「金竹小《こんちくしょう》」と揶揄された協力体制
1990年初頭、自民党の最大派閥であった竹下派を支えたのは、姻戚関係で結ばれた竹下登、小沢一郎、金丸信の協力体制であった。
まる子
一子
テレビ山梨社長 金丸康信
いとこ
作家 三島由紀夫
平岡千之
夏美
竹中祐二
公子
漫画家 影木栄貴
タレント DAIGO
女優 北川景子

来歴

竹下家は江戸時代から続く庄屋の家で造り酒屋を営んでいた。竹下登が中央政界入りし、現在は登の異母弟である竹下亘が衆議院議員を務めている。

がいる。

一方、登と同時代に生きた作家の三島由紀夫は、政治活動家としても有名。自衛隊幹部を監禁し、クーデターを促す演説をした直後に切腹した。政治家と文学者、方向性は違えど、政治に傾倒したふたり。血のつながりこそないが、登の三女・公子、その婿、そのいとことたどると、ここは遠い親戚関係である。

column

政治家の世代交代と2世議員

活躍する2世議員たちと世襲化の問題点

第一次安倍晋三内閣が誕生したとき、メディアは「初の戦後生まれの首相が誕生」したことをひとつのエポックメイキングとして取り上げた。すでに終戦から70年が経とうとしており、政治の世界では世代交代が進んでいる。

特に政治家の高齢化に歯止めをかけるため、小泉純一郎が2003（平成15）年に73歳という政治家の定年制を導入し、中曽根康弘、宮澤喜一という首相経験を持つ先輩政治家に引退を勧告して以来、政治家の世代交代がいっそう進むことになった。

その一方で、近年問題視されるようになってきたのがいわゆる「2世議員」の問題である。民主主義を国の根幹に据えている日本では、国会議員職は親子相続ではなく、あくまで本人の能力によって獲得されるべきであると、通常は理解されている。しかし2世議員の増加は、国会議員の職が事実上「世襲」になる危険性を秘めているとされる。

このことは最近の歴代首相の系図を見ても、一目瞭然である。安倍家は3代、鳩山家や小泉家は4代続けて国会議員を輩出しているし、福田家は2代続けて総理大臣に就任している。

こうした背景には、国政選挙で戦うには「3バン（地盤＝組織、看板＝知名度、カバン＝資金）」が必要であるという、現在の選挙事情がある。近年では、こうした古い選挙のやり方から脱却しようとする動きが、若い世代を中心に各地で目立つようになってきたが、それでもこの3つを持っている方が、選挙を有利であることは間違いない。

ただし「2世議員」の定義には曖昧な部分もあり、鳩山由紀夫は、父の地盤ではなく、鳩山家にゆかりのある北海道から出馬しており、本人は「父の地盤を継いで選挙を戦ったわけではないので自分は2世議員とは言えない」と主張する。また、親から資産や地盤を受け継いだからといって、選挙での当選が確約されているわけではないのも当然のことである。

さらに2世議員についての批判に対しては、「国会議員経験者である親から、政治に関する教育をしっかりと受けてきた子どもたちが政治家になる方が、上手く政治が行われる」という意見も存在しており、2世議員をめぐる問題は、今後も議論を深めていく必要があるといえるだろう。

第二章

三井家、岩崎家、住友家……

大富豪一族の家系図

日本経済を支える一族の系譜に迫る

三井家

海外にまで広がる大財閥の系譜

戦前の日本を代表する名門同士の意外なつながり

――呉服屋から発展した三井と下層より這い上がった安田

三井財閥の起源は、1673（延宝元）年に伊勢商人・三井高利が江戸と京都に呉服屋「越後屋」を開業したことにはじまる。越後屋は呉服と金融の二本柱を据え、「現金、掛値なし」の商法で巨利を得て豪商にのし上がった。

維新後、三井家は日本初の私立銀行である三井銀行を設立。金融、貿易、鉱山の3つを中核事業として飛躍的に発展していき、1909（明治42）年、日本初のホールディングカンパニー「三井合名会社」を設立した。その社長となったのが、三井本家10代当主・三井高棟《たかみね》であった。團琢磨《だんたくま》を理事長に据え、第一次世界大戦の特需もあってさらに発展した。しかし戦後、GHQにより組織解体を命じられ、分割された三井系各社は、変遷を遂げながら現在の三井グループ企業に至っている。

一方、安田財閥は、富山藩下級武士だった安田善次郎が幕末に奉公人から身を起こしたことにはじまる。１８６４（元治元）年、両替商と乾物の小売を営む安田商店を開業し、維新後に安田銀行を設立。これがのちの富士銀行（現・みずほ銀行）につながる。帝国海上保険の設立など、いち早く保険事業に進出して金融事業の拡充を図る一方、善次郎はいたずらに事業を広げず堅実経営を旨とし、「金融財閥」としてついに四大財閥のひとつとなった。

善次郎は生前、自分の後継者にすべく二女・てるに婿を迎え、安田善三郎を名乗らせた。しかし東京帝国大学卒の秀才であった善三郎のやり方は、旧態依然とした安田家と合わなかったらしく、10年ほどで安田家から離れてしまった。善三郎とてるの間には娘がおり、彼女は小野姓の男性と結婚した。この間に生まれた娘が、ビートルズのジョン・レノンの未亡人として有名なオノ・ヨーコである。

このように、ともに戦前の日本を代表する大財閥である三井家と安田家だが、互いの創業一族の系図をたどっていくと、意外なつながりが見えてくる。三井銀行の社長となった三井高保の孫・三井高大の妻と安田財閥の創業者・安田善次郎の孫である岩次郎の妻が姉妹であり、ここでふたつの財閥は、系図上でつながることになる。

家系図 三井家・安田家系図

始祖 三井《みつい》高利《たかとし》
現当主 三井《みつい》永乗《ひさのり》

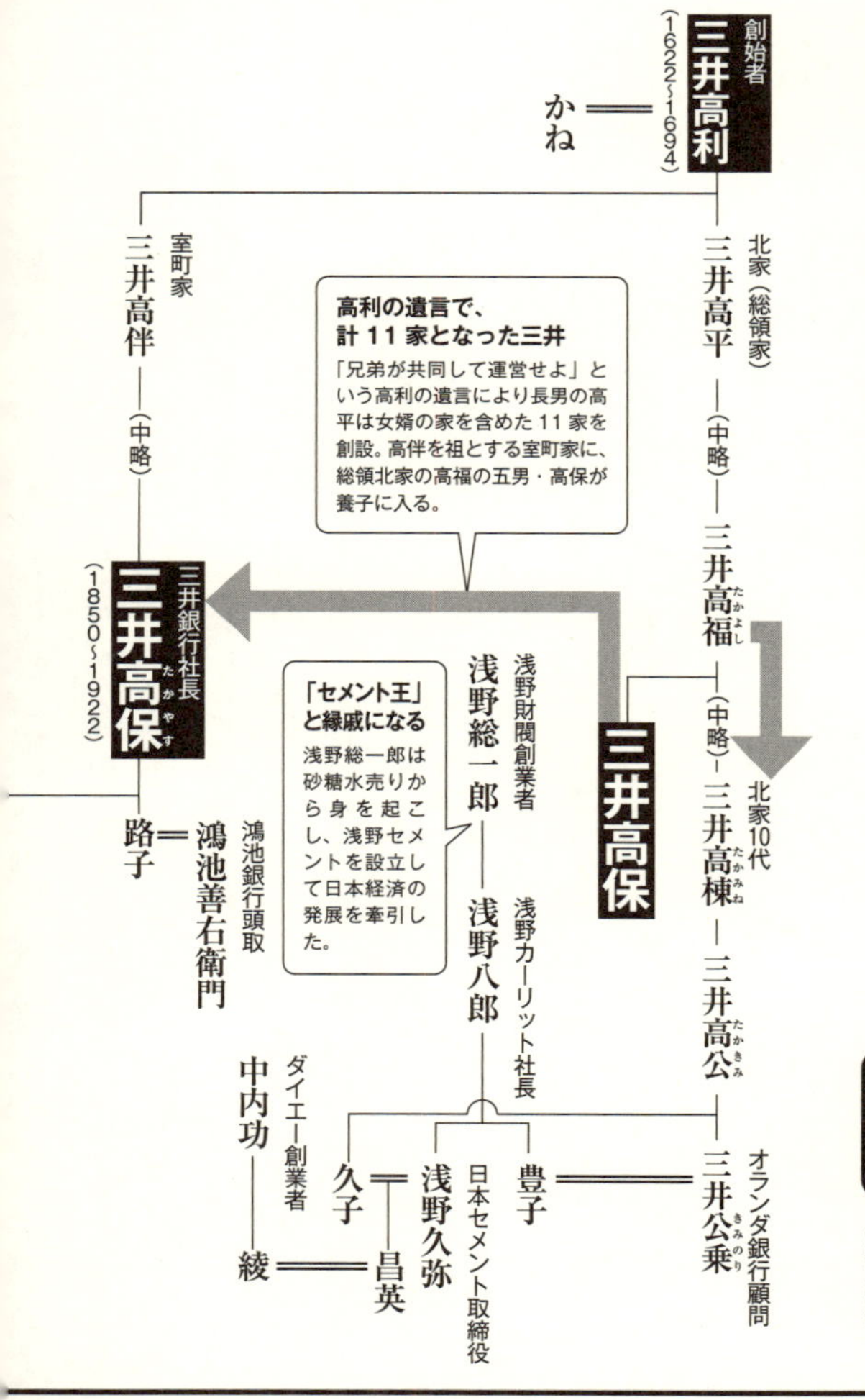

創始者
三井高利
（1622～1694）
かね
北家（総領家）
三井高平
（中略）
三井高福《たかよし》
（中略）
北家10代
三井高棟《たかみね》
三井高公《たかきみ》
オランダ銀行顧問
三井公乗《きみのり》
豊子
三井高保
浅野財閥創業者
浅野総一郎
浅野カーリット社長
浅野八郎
日本セメント取締役
浅野久弥
昌英
久子
ダイエー創業者
中内功
綾
高利の遺言で、
計 11 家となった三井
「兄弟が共同して運営せよ」という高利の遺言により長男の高平は女婿の家を含めた 11 家を創設。高伴を祖とする室町家に、総領北家の高福の五男・高保が養子に入る。
「セメント王」と縁戚になる
浅野総一郎は砂糖水売りから身を起こし、浅野セメントを設立して日本経済の発展を牽引した。
室町家
三井高伴
（中略）
三井銀行社長
三井高保《たかやす》
（1850～1922）
鴻池銀行頭取
鴻池善右衛門
路子

来歴

始祖・三井高利が開業した越後屋が三井財閥の出発点となった。高利の遺言によって、11人の子どもたちはそれぞれ一家を構え、三井家を共同で運営した。

外交交渉に長けた外務卿

寺島宗則は薩摩藩出身の外交官。江戸期に結ばれた日米不平等条約の改正交渉にあたる。電気通信事業に深く関わったため、「日本の電気通信の父」とも呼ばれる。

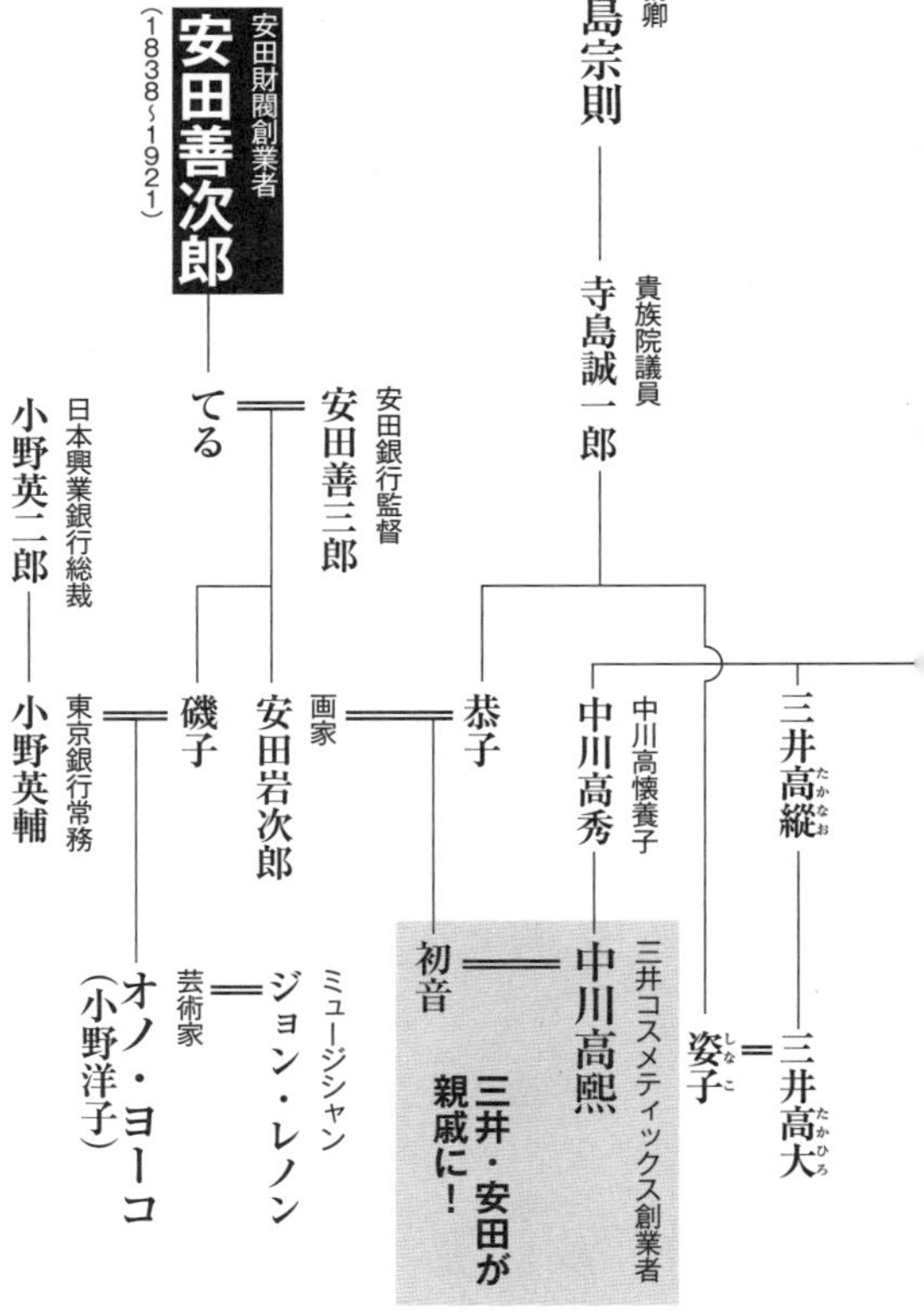

外務卿
寺島宗則
貴族院議員
寺島誠一郎
安田財閥創業者
安田善次郎
（1838～1921）
てる
安田銀行監督
安田善三郎
日本興業銀行総裁
小野英二郎
東京銀行常務
小野英輔
磯子
安田岩次郎
画家
恭子
中川高懐養子
中川高秀
三井高縦《たかなお》
初音
三井コスメティックス創業者
中川高熙
姿子《しなこ》
三井高大《たかひろ》
芸術家
オノ・ヨーコ
（小野洋子）
ミュージシャン
ジョン・レノン
三井・安田が親戚に！

岩崎家

日本経済を牛耳る巨大財閥・三菱

家族主義を貫き婚姻関係を結んだ三菱・渋沢財閥

――近代日本を動かした岩崎家と渋沢家のつながり

三菱財閥の創始者・岩崎弥太郎は、土佐の地下《じげ》浪人の出身だ。地下浪人とは、土佐藩士の身分を失った最下層の武家のことで、武士ながら庄屋（名主）の下であった。弥太郎は後藤象二郎に抜擢され藩営の土佐開成社における武器・弾薬の買い入れなどを担当。維新後にこれを譲り受けて九十九商会（のちの三川《みつかわ》商会）を設立、三菱商会と改称して海運業に乗り出していった。三菱商会は大蔵卿・大隈重信と結び、1874（明治7）年の台湾出兵でリスクを顧みず軍事輸送を一手に引き受けたことから政府の信頼と保護を得て、国内最大の海運業者となった。

弥太郎が没し、その後を継いだのは弟の弥之助だった。弥之助は経営競争が激しくなり、三菱の力が及ばなくなった海運業から手を引くことを決意。造船業に着手するなど経営の多角化を目指した。転換と再構築を繰り返し、生まれたのが三菱重工業だ。

さらに、三菱を日本最大の重工業企業に拡大させたのは弥之助の嫡男であり4代目総帥の岩崎小弥太である。旧日本軍の兵器開発で培った技術は戦後、日本光学工業（現・ニコン）などで民生用に活かされていく。

三菱の財閥形成において見過ごせないのが、「エリート」と「血縁」による家族主義という考え方だ。弥太郎の長女は大正時代末期に総理大臣として手腕をふるった加藤高明と、四女は総理大臣や外務大臣を務め上げた幣原喜重郎とそれぞれ結婚。2代目・弥之助も娘を松方正義の息子に嫁がせた。

こうした家族主義の岩崎家と婚姻関係を結んだのが、渋沢財閥だった。渋沢栄一は豪農の子として生まれ、幕末は一橋家の家臣として活躍。維新後は実業家に転身し、日本初の銀行となる第一国立銀行（現・みずほ銀行）を設立。他にも東京瓦斯《ガス》会社（現・東京ガス）、大阪紡績会社（現・東洋紡）など、生涯で500社もの会社設立に関わったという。孫の渋沢敬三は、第一銀行副頭取を経て日本銀行総裁や大蔵大臣を務める。この敬三と結婚したのが、三菱財閥創始者・弥太郎の孫娘だ。なお、「サド裁判」などで知られる作家の澁澤龍彦は、栄一の遠戚にあたる。

家系図

岩崎家・渋沢家系図

始祖 岩崎弥太郎《いわさきやたろう》

現当主 不明

来歴

土佐（高知県）の貧しい家に生まれながら一代で三菱財閥の基礎を築いた岩崎弥太郎を祖とする。財閥解体後も三菱グループで活躍する人材を多く輩出している。

第4・6代総理大臣 松方正義

農商務大臣 後藤象二郎 ― 早苗子

2代社長 岩崎弥之助 ＝ 早苗子

三菱財閥創業者 岩崎弥太郎（1835～1885）

外交官 松方正作 ＝ 繁子

4代社長 岩崎小弥太

3代社長 岩崎久弥 ＝ 保科寧子《ほしなしずこ》

三菱合資会社副社長 岩崎彦弥太

三菱銀行取締役 岩崎寛弥

金融界の元勲と親戚に！

「国家の利益は三菱の利益」の素地をつくる

松方正義は長期にわたって大蔵大臣を務めた人物。そのパイプを強固なものとし、国家を支える三菱という、確固たる地盤を築いた。

三菱を大企業に導いた兄弟の絆

豪腕で知られる弥太郎は社員に対して非常に厳しく、苛烈な性格であったという。一方で弟の弥之助は穏やかで冷静沈着であり、兄や社員をフォローする役に回っていた。

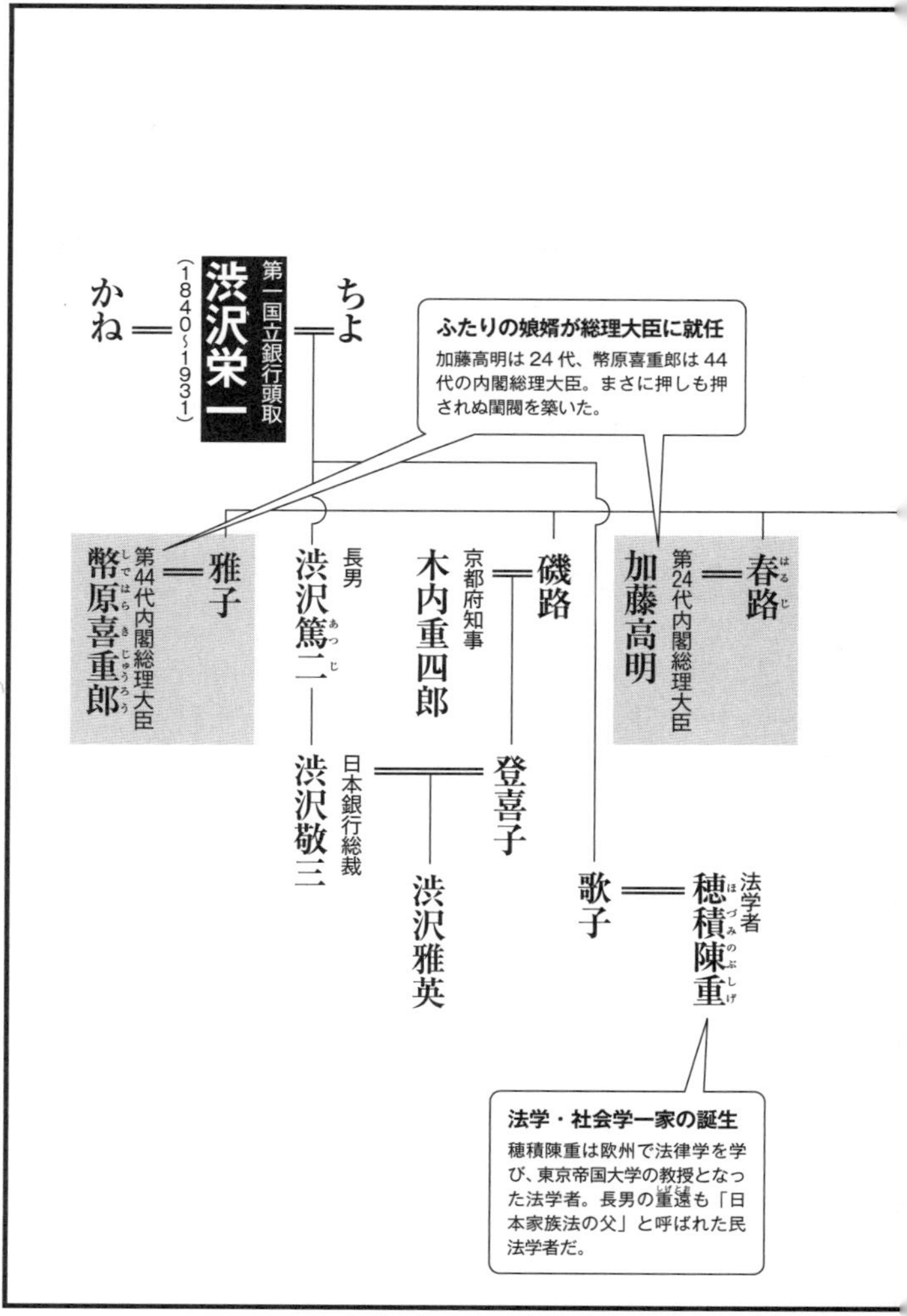
第一国立銀行頭取
渋沢栄一
（1840〜1931）
かね
ちよ
ふたりの娘婿が総理大臣に就任
加藤高明は24代、幣原喜重郎は44代の内閣総理大臣。まさに押しも押されぬ閨閥を築いた。
第44代内閣総理大臣
幣原《しではら》喜重郎《きじゅうろう》
雅子
長男
渋沢篤二《あつじ》
京都府知事
木内重四郎
磯路
第24代内閣総理大臣
加藤高明
春路《はるじ》
渋沢敬三
日本銀行総裁
登喜子
渋沢雅英
歌子
法学者
穂積陳重《ほづみのぶしげ》
法学・社会学一家の誕生
穂積陳重は欧州で法律学を学び、東京帝国大学の教授となった法学者。長男の重遠《しげとお》も「日本家族法の父」と呼ばれた民法学者だ。

住友家

四大財閥随一の歴史を誇る住友家

事業拡大を成功させた住友友純《ともいと》の決断

――公家の名門から婿養子となった15代当主・友純の功績

来歴の古さでは四大財閥の中でも筆頭格を誇る住友家。祖先は桓武平氏の末裔と伝えられ、1583(天正11)年の賤ヶ岳の戦いで柴田勝家とともに落命した住友政俊の孫とされる住友政友を初代とする。江戸時代初期に大坂で銅鉱業・銅精錬・銅貿易を主業とし、中期以降は金融業も兼ね、豪商として名を馳せた。

明治を迎えた住友家は、「君臨すれども統治せず」の経営方針で事業を拡大していく。この頃、大財閥として三井・三菱に次ぐ位置に住友財閥を押し上げた実力者が、第15代家長の住友友純である。友純は1865(元治元)年、公家の名門清華の徳大《とくだい》寺公純《じきんいと》の六男・隆麿として生まれた。ちなみに公純の二男は、のちに首相となる西園寺公望《きんもち》である。皇室と関わりを持つ徳大寺は門閥として当代最高だったが、友純はその係累を充分に活かして関西社交界に君臨し、実業家としても大成したのである。

友純は常に現場を尊重し、住友家の家長としては社交に徹する主義だった。そのため財閥の事業展開は、広瀬宰平《ひろせさいへい》、伊庭貞剛《いばていごう》、鈴木馬左也《まさや》らといった、いわゆる「番頭」によって拡大されていった。ちなみに伊庭は元大阪上等裁判所判事、鈴木は農商務省参事官だった。彼らの後も経営トップは官界からの転身組がほとんどで、これは住友財閥の特徴といえる。

とはいえ、経営トップをめぐって内紛が起きたときは自ら進み出て事態を収めてみせるなど、住友家当主としての役割も果たしている。友純は住友銀行の創設などで事業の発展に寄与し、保守的財閥だった住友を上昇させた。

住友家は、友純の後を次男・友成が継いで16代当主となった。友成は元東宮職御用掛の西園寺八郎の次女・春子と結婚。その次女・博子は、昭和電工社長・安西正夫の次男・直之に嫁いだ。直之の兄・孝之は元日清製粉社長・正田英三郎の次女・恵美子と結婚。英三郎の長女が現上皇后の美智子妃であるので、住友家は安西家・正田家を通じて皇室と姻戚関係にある。住友家は友純、友成と2代にわたって旧華族と密接な閨閥関係を結んでいたことになる。

家系図

住友家・正田家系図

始祖 住友政友《すみともまさとも》

現当主 住友芳夫《すみともよしお》

来歴

住友家は江戸時代初期に薬売りや出版事業をはじめた住友政友を祖とする。また、政友の姉を妻に持ち、銅山経営に関わった蘇我理右衛門を住友財閥の業祖としている。

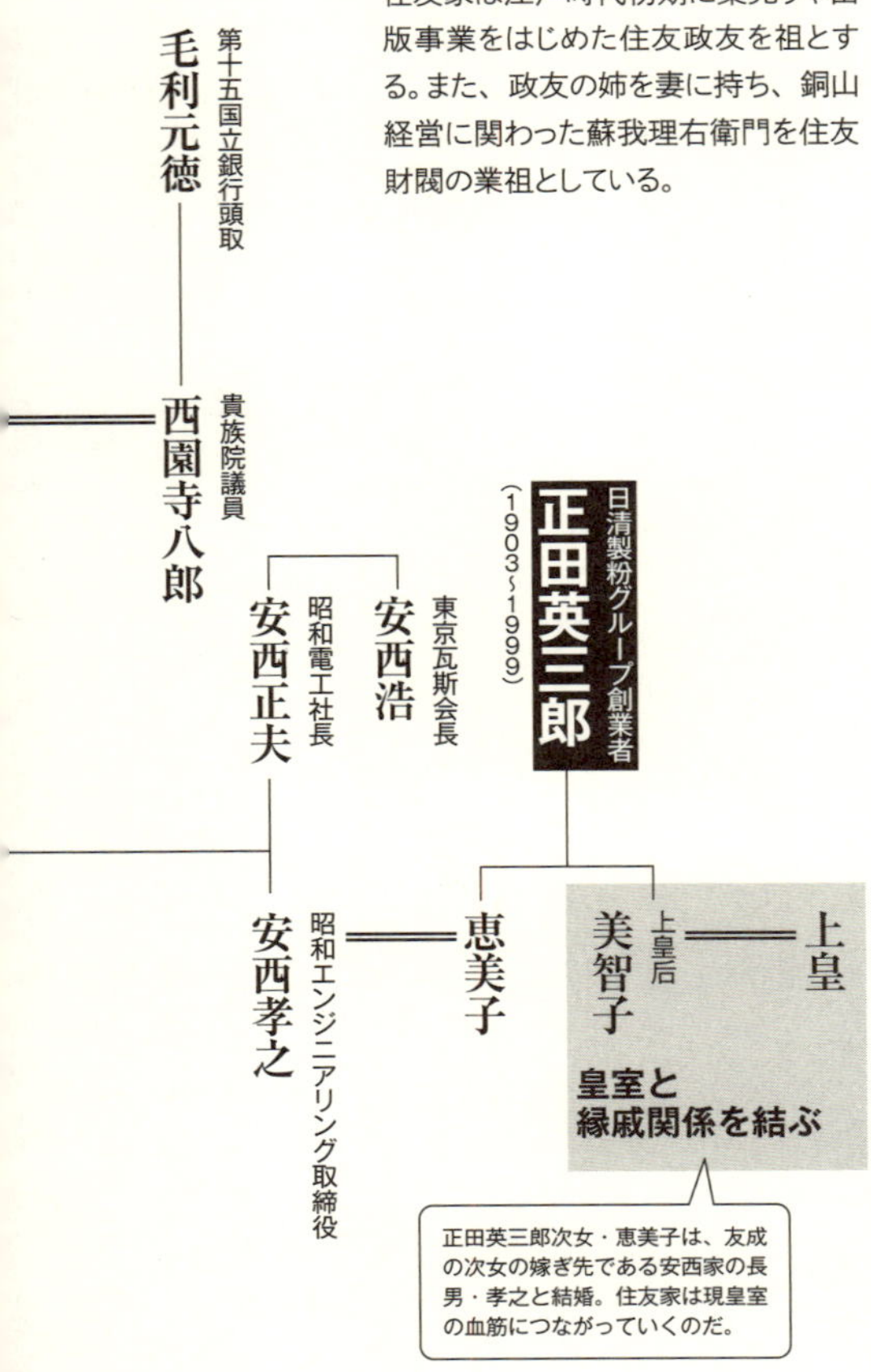
日清製粉グループ創業者
正田英三郎
(1903~1999)
上皇
上皇后
美智子
皇室と
縁戚関係を結ぶ
恵美子
昭和エンジニアリング取締役
安西孝之
東京瓦斯会長
安西浩
昭和電工社長
安西正夫
貴族院議員
西園寺八郎
第十五国立銀行頭取
毛利元徳
正田英三郎次女・恵美子は、友成の次女の嫁ぎ先である安西家の長男・孝之と結婚。住友家は現皇室の血筋につながっていくのだ。

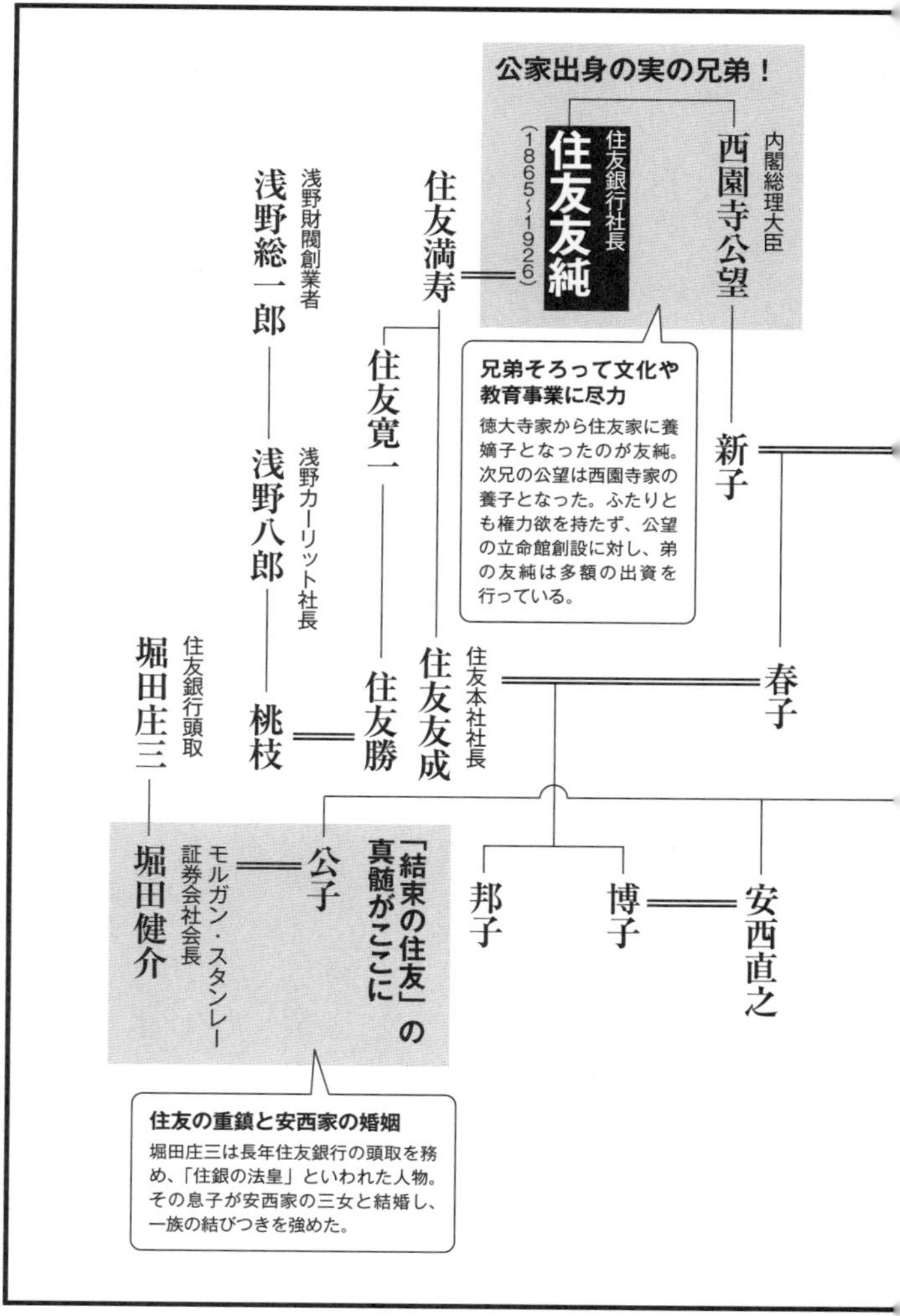
公家出身の実の兄弟！
内閣総理大臣
西園寺公望
住友銀行社長
住友友純
（1865〜1926）
住友満寿
浅野財閥創業者
浅野総一郎
兄弟そろって文化や教育事業に尽力
徳大寺家から住友家に養嫡子となったのが友純。次兄の公望は西園寺家の養子となった。ふたりとも権力欲を持たず、公望の立命館創設に対し、弟の友純は多額の出資を行っている。
住友寛一
新子
浅野カーリット社長
浅野八郎
住友本社社長
住友友成
春子
住友銀行頭取
堀田庄三
桃枝
住友勝
「結束の住友」の真髄がここに
公子
モルガン・スタンレー証券会社会長
堀田健介
邦子
博子
安西直之
住友の重鎮と安西家の婚姻
堀田庄三は長年住友銀行の頭取を務め、「住銀の法皇」といわれた人物。その息子が安西家の三女と結婚し、一族の結びつきを強めた。

大原家

社会貢献事業とマスコミで花開いた血筋

社会事業に取り組んだ大原財閥の創業者

――社会貢献に徹した大原家と「憲政の神様」を持つ犬養家

岡山県倉敷市にある大原美術館は、日本初となる西洋美術を中心とした私立美術館。設立したのは、明治から昭和前期の実業家・大原孫三郎である。

1880（明治13）年、岡山県倉敷市に生まれた孫三郎は、父・大原孝四郎のはじめた倉敷紡績所の経営を引き継ぎ社長に就任。第一次世界大戦前後の経済発展の波に乗り、天才的手腕をふるって大いに事業を伸展させた。

その一方で、孫三郎が力を注いだのが文化・社会事業だった。1918（大正7）年に勃発した米騒動から、社会問題解決のため大原社会問題研究所を設立。また、現在の倉敷中央病院や岡山大学資源生物科学研究所などを開設し、社会貢献を行った。

孫三郎の死後、息子の大原総一郎が財閥を引き継いでさらに発展させた。総一郎の長男・謙一郎はクラレ副社長、中国銀行副頭取などを務め、現在は倉敷中央病院の理事・会長を務めている。また、次女・泰子は正田修のもとに嫁いだ。正田家は前項で述べた、上皇后・美智子妃の生家である。そして長女・麗子の嫁いだ先が、犬養家だった。夫は犬養康彦で、政治家・犬養毅の孫にあたる。

犬養毅は第一次護憲運動で、立憲政友会の尾崎行雄とともに「閥族打倒・憲政擁護」を掲げて第三次桂太郎内閣を打倒。世間は彼を「憲政の神様」と呼んだ。その後、逓信大臣など歴任しながら1931（昭和6）年、政友会総裁として第29代内閣総理大臣に就任。国際的孤立を避けるため、軍部の独走を抑制する政策を行ったが、そのため軍部の青年将校たちから恨みを買い、翌年、五・一五事件で暗殺された。

毅の三男・犬養健は戦後、当時の首相・吉田茂の引き立てで自由党に入り法務大臣に就任した。健の妻は、幕末志士・後藤象二郎の孫娘である仲子で、ふたりの間に生まれた長女が、評論家の犬養道子だ。道子の異母妹は、テレビレポーターやキャスターとして有名な安藤和津がおり、その夫は俳優・映画監督の奥田瑛二である。このように、マスコミ関係で大きく花開いた犬養家の血筋だが、そもそも毅が初の従軍記者として西南戦争を取材した人物であることを思えば納得もいくだろう。

家系図

大原家・犬養家系図

始祖　大原孫三郎《おおはらまごさぶろう》

現当主　大原謙一郎《おおはらけんいちろう》

上皇

上皇后　美智子

日清製粉グループ創業者　正田英三郎

日清製粉グループ会長　修

泰子

4つの名家が名を連ねる

美智子上皇后の弟・修へ次女泰子が嫁ぐ。正田家は次女を住友家の縁戚・安西家に嫁がせているので、大原家は住友家の遠戚になったことになる。

大原財閥創業者　大原孫三郎

元大原美術館理事長　大原総一郎（1909～1968）

陸軍元帥　野津道貫

百戦錬磨の軍人の血統

野津道貫は薩摩藩出身の陸軍元帥で、戊辰戦争から日露戦争まで参戦して戦功を上げた。

野津鎮之介

真佐子

大原謙一郎

大原あかね

麗子

来歴

明治時代の大原家は、倉敷で紡績を営む裕福な家であり、大原孫三郎の時に、金融業などにも進出してさらに発展し、大財閥のひとつに数えられるまでになった。

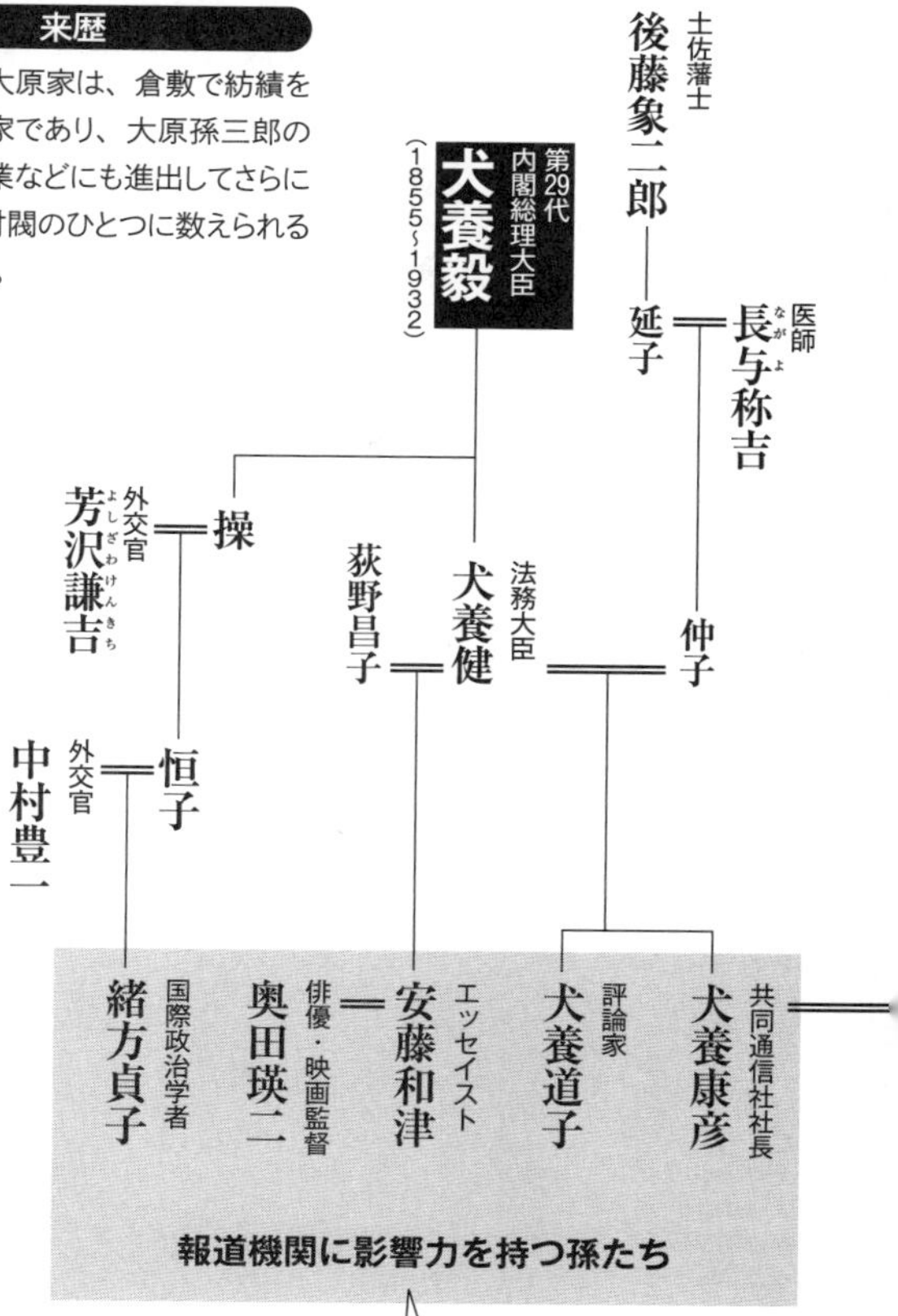
土佐藩士
後藤象二郎
延子
医師
長与《ながよ》称吉
第29代
内閣総理大臣
犬養毅
（1855～1932）
外交官
芳沢謙吉《よしざわけんきち》
操
荻野昌子
法務大臣
犬養健
仲子
外交官
中村豊一
恒子
国際政治学者
緒方貞子
俳優・映画監督
奥田瑛二
エッセイスト
安藤和津
評論家
犬養道子
共同通信社社長
犬養康彦
報道機関に影響力を持つ孫たち

受け継がれるジャーナリストの血

犬養毅の孫・康彦は共同通信社の社長で、その妹道子は評論家として有名。曾孫にあたる緒方貞子は国連難民高等弁務官を務め、世界的な功績を残している。

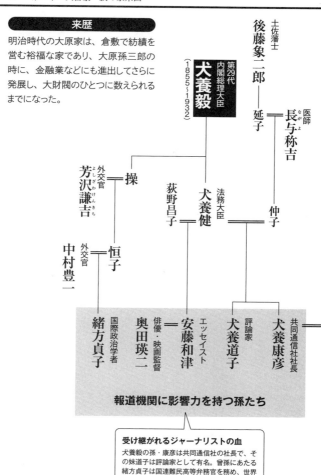

松方家

日本の財政を支え、美術界にも貢献する

川崎家から松方家へと受け継がれた神戸の財閥

―― 松方正義の支援を受けた神戸の大財閥

松方コンツェルンの起こりは、1878（明治11）年に男爵・川崎正蔵によって創設された川崎築地造船所にはじまる。このとき、正蔵を支援したのが、内閣総理大臣を2度務めた松方正義であった関係で、正蔵は正義の息子の松方幸次郎を造船所社長に就任させた。そのため、財閥の創業者の名を取って「川崎財閥」とも呼ばれる。

松方コンツェルンは当時の関西を代表する大財閥となり、幸次郎は造船所の他、神戸新聞社、川崎汽船、九州電気軌道など12社の社長にも就任し、西日本の経済界をリードする存在となっていた。しかし、大正から昭和にかけての不況の波を被って川崎造船所が破綻。これをきっかけに幸次郎は財界から身を引くことになる。

彼の残した業績として知られるものに、日本やヨーロッパ各地から集めた美術品の

コレクションがある。これらは「松方コレクション」と呼ばれ、多数の浮世絵作品が東京国立博物館に寄贈された他、西洋絵画の一部は国立西洋美術館設立の母体となった。

彼の出自である松方家の始祖となったのは幸次郎の父・松方正義である。彼は薩摩藩を事実上、指導していた島津久光の側近として活躍。明治維新後は、大蔵官僚を経て、大蔵卿に就任。西南戦争後の経済危機への対応や、日本銀行の設立などに関わっている。正義が長く大蔵卿を務めた関係で、松方家は財界に太いパイプを持つようになる。幸次郎の松方コンツェルンもその成果のひとつである。また、正義の長男の松方巌は十五銀行の頭取に就任している。

松方家の系図を見ると、その閨閥の豪華さに驚かされる。幸次郎の妻は、摂津国三《さん》田《だ》藩の最後の藩主となった子爵・九鬼隆義の娘。また、正義の次男で、外交官であった松方正作の妻・繁子は三菱財閥の創業者である岩崎弥太郎の弟の娘である。

さらに、大阪タイガース（現・阪神タイガース）初代会長にもなった四男の松方正雄の息子・三雄は、吉田茂の側近としてＧＨＱ（連合国軍最高司令官総司令部）との交渉にあたった白洲次郎の妹・宣子と結婚している。

家系図

松方家・白洲家系図

始祖　松方正義《まつかたまさよし》

現当主　松方峰雄《まつかたみねお》

三菱財閥総裁　岩崎弥之助

摂津三田藩主　九鬼隆義

保子 ＝ 十五銀行頭取　松方巌

ジャーナリスト　松方三郎

繁子 ＝ 松方正作

好子

光子 ＝ 九州電気軌道社長　松本枩蔵《まつぞう》

ジャーナリスト　松方三郎

花子 ＝ ジャーナリスト　松本重治

大名家とのつながり

松方幸次郎の妻の好子は、摂津三田藩の藩主・九鬼隆義の娘にあたる。隆義は困窮する藩士たちを助けるため、白洲次郎の祖父にあたる白洲退蔵らとともに「志摩三商会」を設立し、事業家として成功を収める。

松方家の文化を受け継いだ娘婿

松方正義の四女・光子の子で、松方幸次郎の娘を妻に迎えた松本重治は、戦後日本の国際文化交流に尽力した。幼い頃は幸次郎にかわいがられたという。なお、重治と白洲次郎とは中学以来の親友であった。

幸次郎兄弟の妻たち

２度にわたって内閣総理大臣を務めるなど、政界や財界に発言力を持っていた松方正義の息子たちは、三菱財閥創業者令嬢や、華族の娘など、名門名家出身の女性を妻に迎えた。

来歴

武蔵国の豪族である河越重頼の四男・重時に連なる家柄で、鎌倉時代に島津忠久とともに薩摩へ移転したという。松方正義は薩摩の地で生まれた下級藩士である。

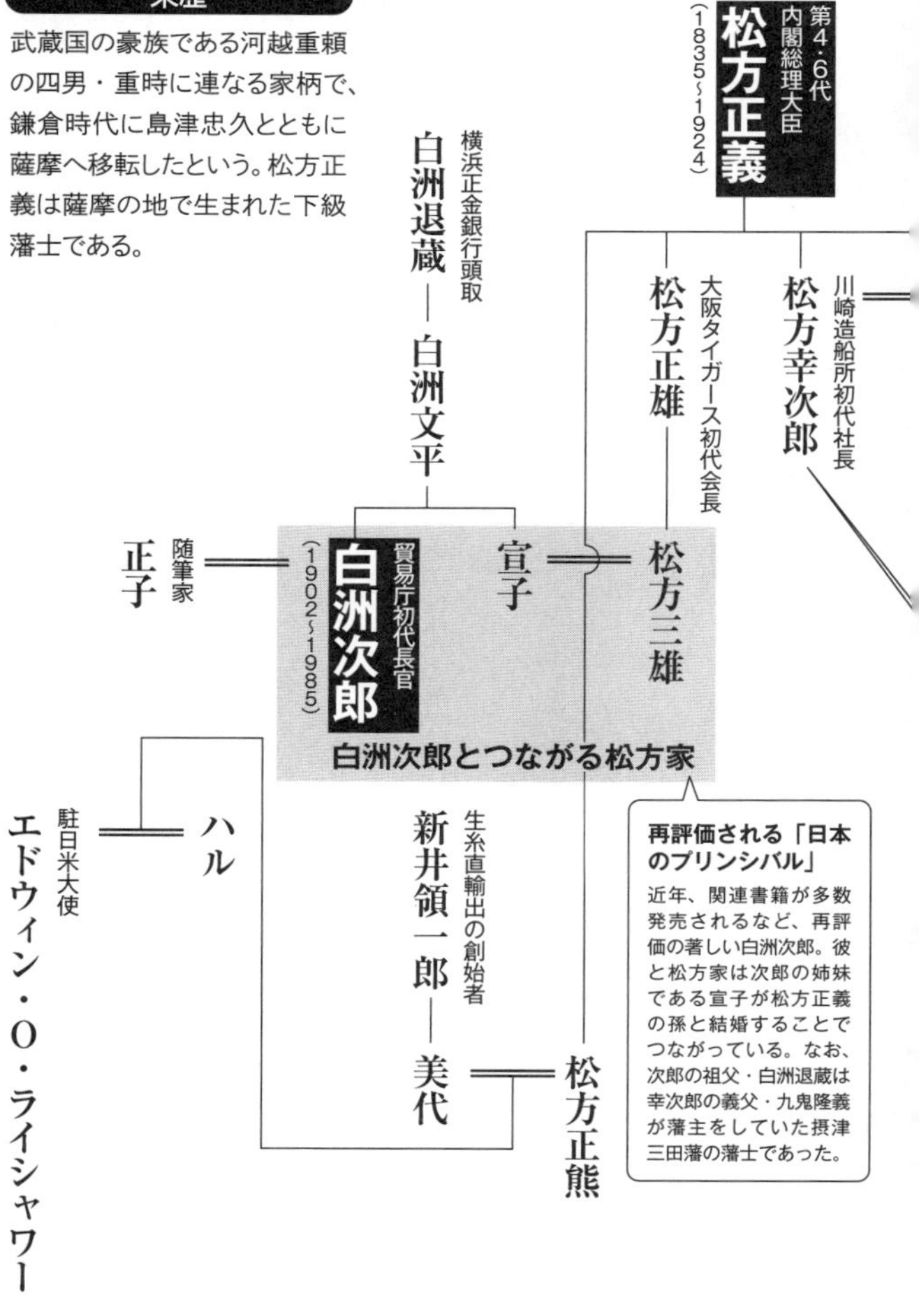
第4・6代内閣総理大臣
松方正義
（1835〜1924）
川崎造船所初代社長
松方幸次郎
大阪タイガース初代会長
松方正雄
横浜正金銀行頭取
白洲退蔵
白洲文平
宣子
松方三雄
貿易庁初代長官
白洲次郎
（1902〜1985）
随筆家
正子
白洲次郎とつながる松方家
再評価される「日本のプリンシパル」
近年、関連書籍が多数発売されるなど、再評価の著しい白洲次郎。彼と松方家は次郎の姉妹である宣子が松方正義の孫と結婚することでつながっている。なお、次郎の祖父・白洲退蔵は幸次郎の義父・九鬼隆義が藩主をしていた摂津三田藩の藩士であった。
生糸直輸出の創始者
新井領一郎
美代
松方正熊
ハル
駐日米大使
エドウィン・O・ライシャワー

豊田家

トヨタと日産の意外な親戚関係

昭和初期に勃興した自動車メーカー

江戸時代や明治時代から続く三井財閥や住友財閥とは異なり、昭和初期に台頭した財閥を「新興コンツェルン」とも呼ぶ。その中でも最大勢力を誇ったのが、日産財閥だ。

――現場で修業した自動車メーカー創業者

2024年現在、自動車販売台数で世界首位を誇るトヨタ自動車の創業も昭和初期にはじまる。創業者・豊田喜一郎は、発明王として知られた豊田佐吉の長男だ。父の工場で機械に触れながら成長した喜一郎は、父からモノづくりの精神を引き継いでいった。1937（昭和12）年、大衆自動車の国産化を目指してトヨタ自動車工業を設立。早期に量産体制を整え、日産自動車と並ぶ二大メーカーに成長する。戦後、生産方式の合理化を進め、有名な「カンバン方式」を確立。「トヨタ銀行」の異名を取る超健全財務体質を形成し、乗用車生産における首位の座を堅持した。

豊田家は本家の嫡男である男系を中心とし、本家の女系と分家が後見人的な役割を担いながら、家を支えるという体制を受け継いできた。「お家騒動」を起こさないため、エンジニアの家系である豊田家は直系の嫡男に厳しい試練を与え、能力のない者には引き継がせないという家訓を有している。

一方、日産財閥は「鮎川財閥」とも呼ばれており、創設者・鮎川義介の母は、伊藤博文内閣で外相・内相・蔵相を務めた井上馨の姪で、名家の出であった。彼はその身分を隠し、アメリカで工員として工場で働きながら製造業を学んだ。そして1910（明治43）年、井上馨の後援を得て北九州で戸畑鋳物《とばたいもの》を創設し、事業家として台頭。義弟・久原房之助《くはらふさのすけ》が経営していた久原鉱業を引き受け、これを日本産業（日産）と改称した。その後、傘下に多様な業種の企業を置いて積極的に多角化を進め、第二次世界大戦前の1937（昭和12）年には、計140社を抱える一大財閥に発展した。現在も日産自動車、日立製作所など日産財閥の系譜に連なる有名企業は数多い。

ともに激動の昭和史をくぐり抜けてきたふたつの自動車メーカーは、創業者である鮎川義介の妻と、豊田喜一郎の妻が従姉妹の関係にあり、系図上で結びついている。

家系図

豊田家・鮎川家系図

始祖 豊田《とよだ》佐吉《さきち》

現当主 豊田《とよだ》章男《あきお》

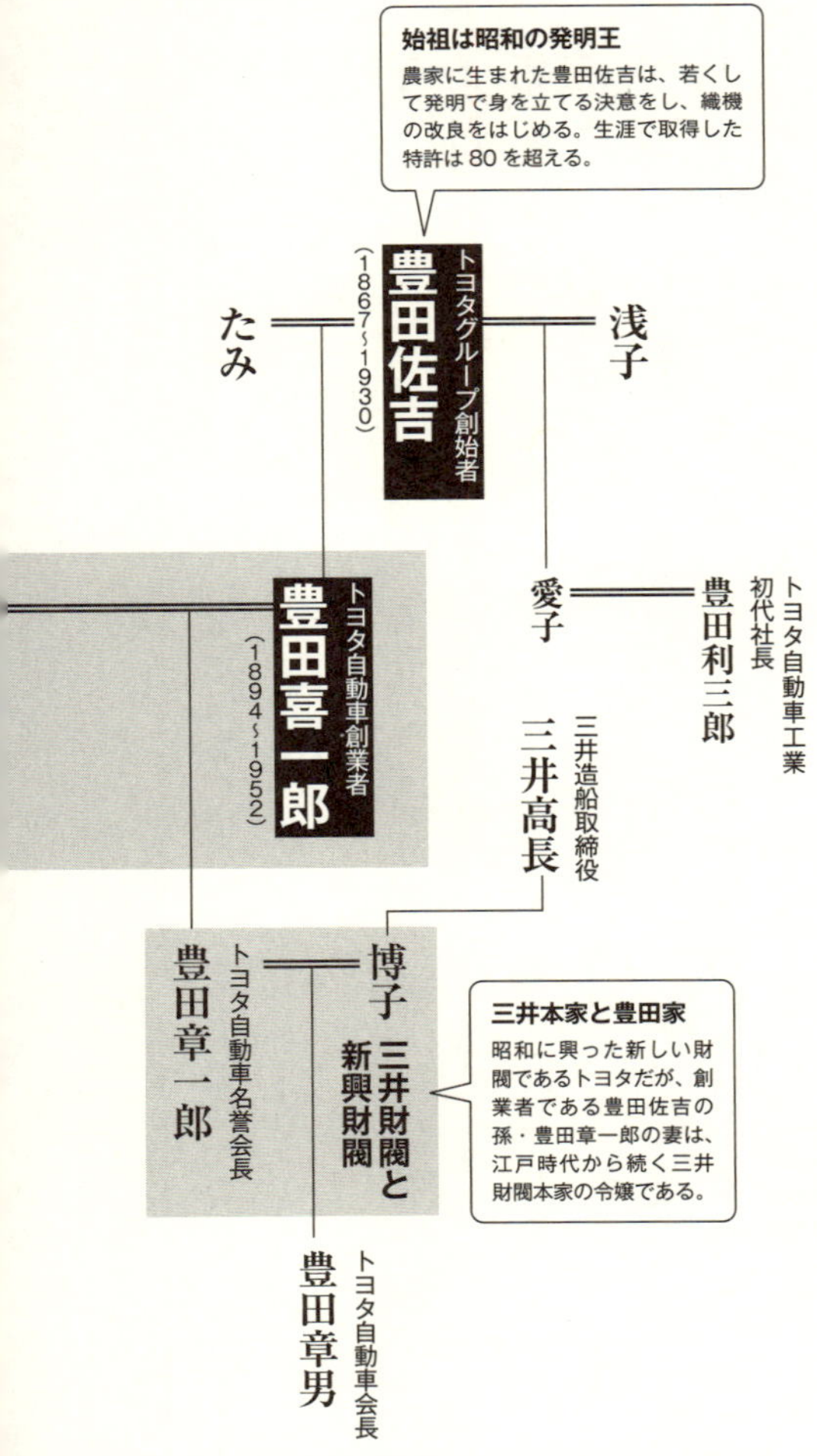

浅子
トヨタグループ創始者
豊田佐吉
（1867〜1930）
たみ
始祖は昭和の発明王
農家に生まれた豊田佐吉は、若くして発明で身を立てる決意をし、織機の改良をはじめる。生涯で取得した特許は80を超える。
トヨタ自動車工業
初代社長
豊田利三郎
愛子
トヨタ自動車創業者
豊田喜一郎
（1894〜1952）
三井造船取締役
三井高長
博子
三井財閥と新興財閥
三井本家と豊田家
昭和に興った新しい財閥であるトヨタだが、創業者である豊田佐吉の孫・豊田章一郎の妻は、江戸時代から続く三井財閥本家の令嬢である。
トヨタ自動車名誉会長
豊田章一郎
トヨタ自動車会長
豊田章男

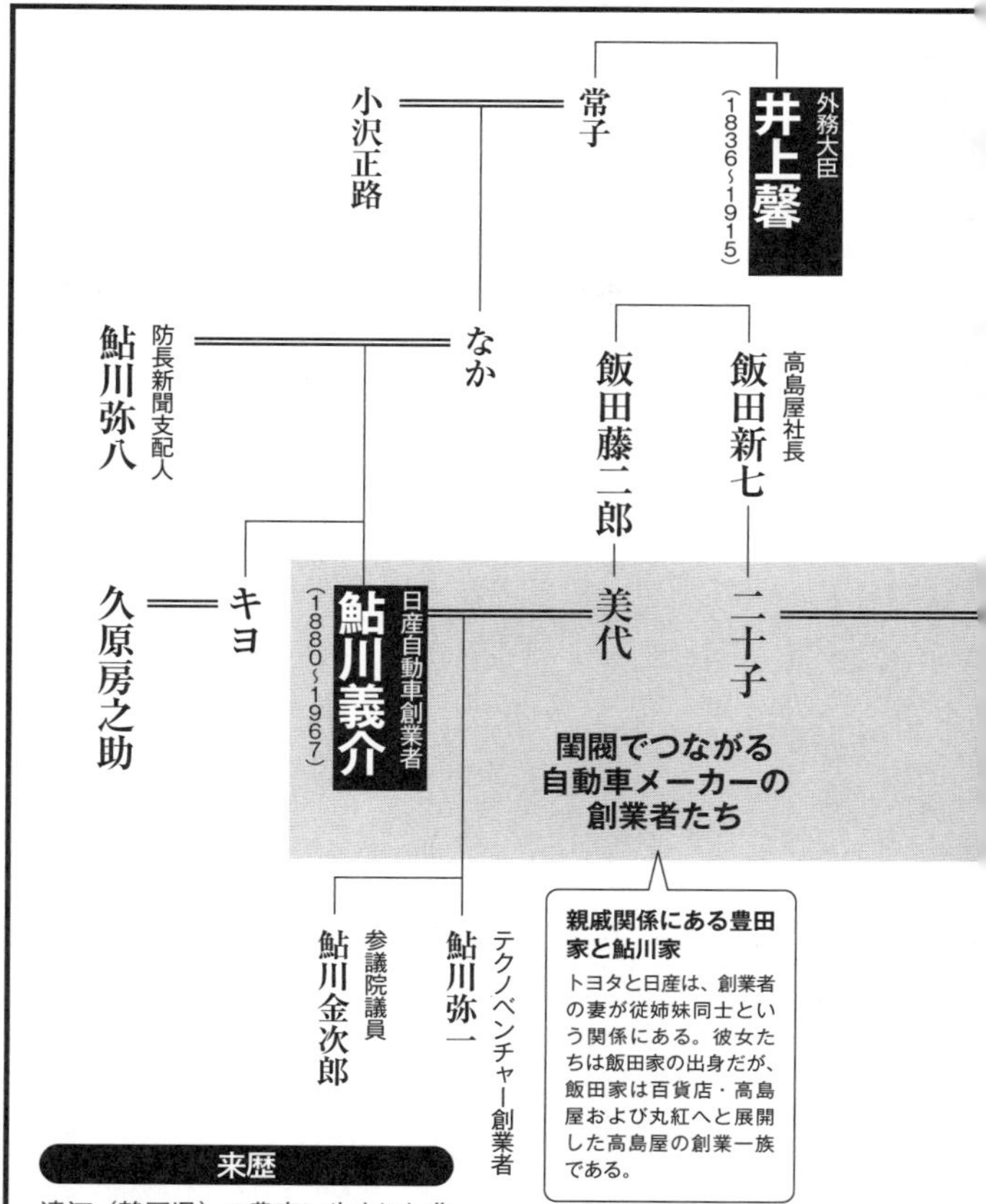
外務大臣
井上馨
（1836〜1915）
常子
小沢正路
なか
防長新聞支配人
鮎川弥八
高島屋社長
飯田新七
飯田藤二郎
二十子
美代
日産自動車創業者
鮎川義介
（1880〜1967）
キヨ
久原房之助
閨閥でつながる
自動車メーカーの
創業者たち
親戚関係にある豊田家と鮎川家
トヨタと日産は、創業者の妻が従姉妹同士という関係にある。彼女たちは飯田家の出身だが、飯田家は百貨店・高島屋および丸紅へと展開した高島屋の創業一族である。
テクノベンチャー創業者
鮎川弥一
参議院議員
鮎川金次郎

来歴

遠江（静岡県）の農家に生まれた豊田佐吉は、様々な織機を発明してトヨタグループの創始者となり、豊田喜一郎はトヨタ自動車を創業し、グループを発展させた。

五島家

辣腕をふるった鉄道王・五島慶太

「強盗慶太」の五島家と久原財閥のつながり

――高度成長期に誕生した新・「財閥家」

戦後、高度経済成長を背景に新しい経済人が台頭した。その代表として、東急コンツェルンの五島家が挙げられる。東急電鉄の創始者である五島慶太は、類まれな手腕で巨大コンツェルンを築き上げ、「鉄道王」と呼ばれた。

慶太は東京帝国大学卒業後、農商務省の官僚となり、その後、鉄道院へ。1920（大正9）年に同院を退官すると、実業界へ入った。同年には目黒蒲田電鉄を設立し、池上電鉄、玉川電鉄を買収して事業拡大を図った。その後も多くの私鉄を買収した上、失敗には終わったものの、帝国ホテルや三越の買収にも動いており、その強引な買収手口から「強盗慶太」と呼ばれた。特に、戦後、西武コンツェルンの堤康次郎と伊豆・箱根鉄道の利権を争った事件は「箱根山戦争」と呼ばれ、人々の関心を集めた。

しかし、「強盗慶太」のイメージとは裏腹に、教育事業の推進に力を注いだことでも知られており、五島育英会を設立して、武蔵工業大学（現・東京都市大学）などを設立している。

慶太の後を継いだ長男・五島昇は、強引な企業買収により事業拡大した父の経営方針とは反対の事業展開を目指した。慶太死去の際、東急は東洋精糖を買収工作中で激しい企業間紛争を繰り広げていた。しかし、昇はすぐさま完全撤退することを決断。さらに傘下の自動車メーカーである東急くろがね工業（前・日本内燃機製造、のちの日産工機）を清算。他にも東映の分離など、拡大した東急グループを再編し、本業である鉄道業・運輸業と関連性の高い事業に絞り、「選択と集中」を行った。

この昇の妻となったのが、久原財閥を築いた久原房之助の四女・久美子だ。房之助は久原鉱業を創設し、総帥として「鉱山王」の異名を取った人物。しかし久原鉱業は経営難に陥ったため、義兄・鮎川義介がこれを引き受け、日本産業（日産）と改称した。また、久坂鉱業日立鉱山で使用する機械を納める工場として日立製作所が設立されている。昇の死後、東急電鉄の後継ぎには久美子との間にもうけた長男・五島哲が就任したが、２００７（平成19）年急逝。五島王国は終焉を迎えた。

家系図

五島家・久原家系図

始祖　五島慶太《ごとうけいた》

現当主　不在

久米民之助 ―― 万千代

妻の実家を再興する

東急電鉄会長
五島慶太（1882〜1959）

小林から五島へ
五島慶太の旧姓は小林だったが、万千代の父である久米民之助の母方の実家である五島家を再興するために、結婚を機に五島を名乗った。

東急電鉄会長
五島昇

藤田観光創業者
小川栄一 ――（中略）―― 小川正夫

来歴

官僚から鉄道業へと転身した五島慶太を祖とする。東急建設副社長を務めていた3代目・五島哲が急死したことで、五島家の東急グループへの影響力は低下したとされる。

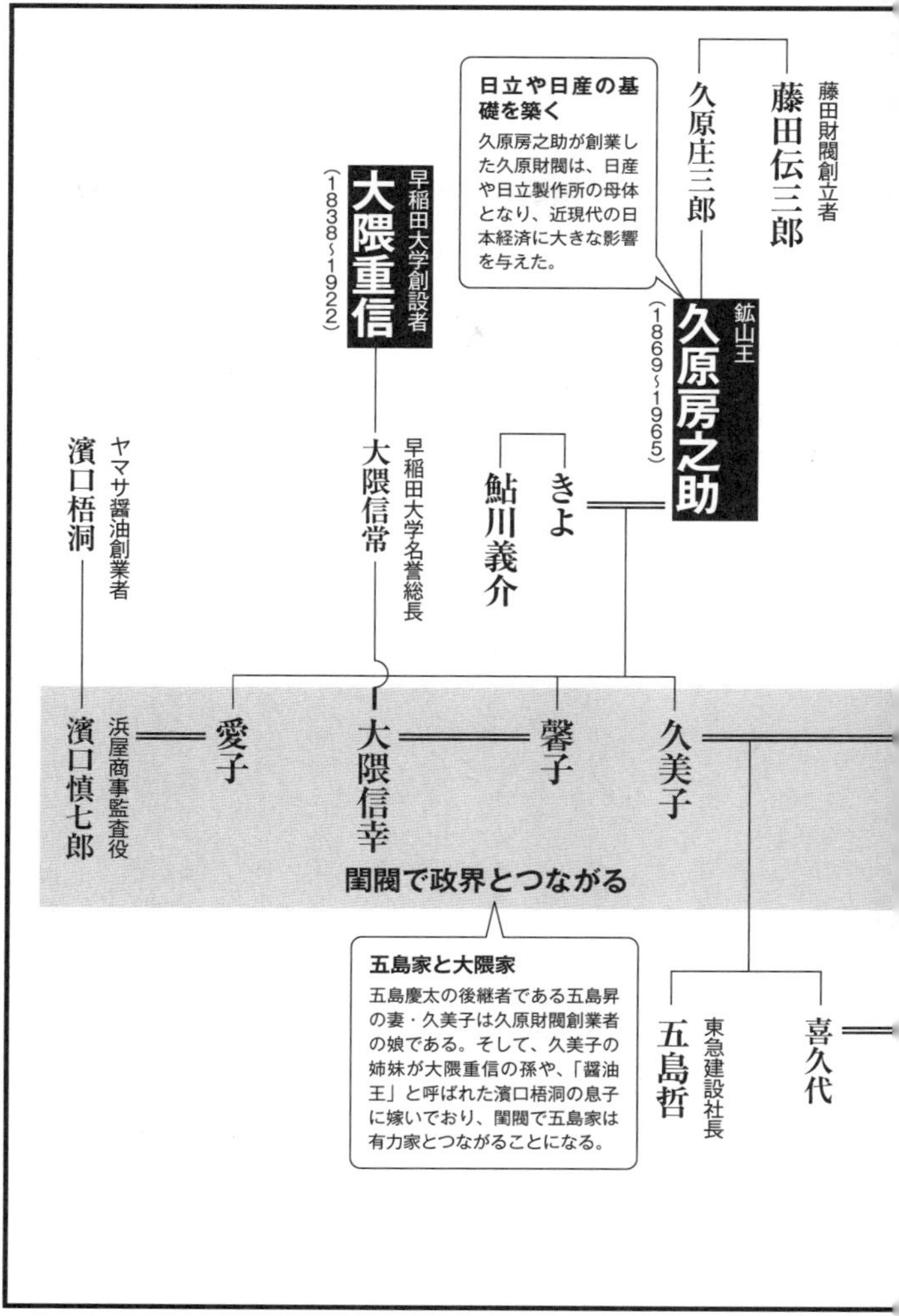
藤田財閥創立者
藤田伝三郎
久原庄三郎
日立や日産の基礎を築く
久原房之助が創業した久原財閥は、日産や日立製作所の母体となり、近現代の日本経済に大きな影響を与えた。
鉱山王
久原房之助
（1869～1965）
早稲田大学創設者
大隈重信
（1838～1922）
きよ
鮎川義介
早稲田大学名誉総長
大隈信常
ヤマサ醤油創業者
濱口梧洞
久美子
馨子
大隈信幸
愛子
浜屋商事監査役
濱口慎七郎
閨閥で政界とつながる
五島家と大隈家
五島慶太の後継者である五島昇の妻・久美子は久原財閥創業者の娘である。そして、久美子の姉妹が大隈重信の孫や、「醤油王」と呼ばれた濱口梧洞の息子に嫁いでおり、閨閥で五島家は有力家とつながることになる。
喜久代
東急建設社長
五島哲

鳥井家

洋酒文化を伝えた鳥井信治郎の功績

「マッサン」主人公のモデル・竹鶴政孝を支えた鳥井家

NHKの連続テレビ小説『マッサン』の主人公のモデルとなった竹鶴政孝。彼は日本で本格的なウイスキーを製造するため、スコットランドへ留学し、苦労しながらも本場の技術を学んだ。その彼を雇い入れ、日本初となる本格的なウイスキー蒸溜所の工場長に就けたのが、サントリーの創業者・鳥井信治郎であった。

信治郎の実家は大阪の両替商を代々行っており、彼は幼くして丁稚奉公に出て20歳の頃に鳥井商店を設立。赤玉ポートワイン（現・赤玉スイートワイン）などを製造販売していた。ふたりが手がけた日本初となる国産ウイスキーは、当時の日本人の口にはなじまず、売れ行きは芳しくなかった。そのため、信治郎は、日本人の好みに合うように、ウイスキーの味を調整することを提案。これに同意できなかった政孝は、サントリーを去って北海道にニッカウヰスキーを設立する。

信治郎の息子の鳥井吉太郎は、阪急阪神東宝グループの創業者である小林一三の次

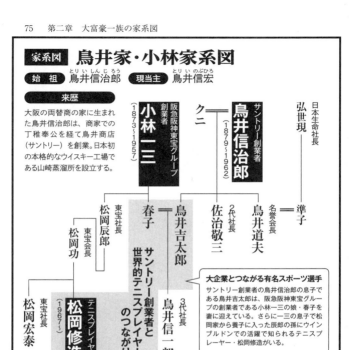

家系図 鳥井家・小林家系図

始祖 鳥井信治郎《とりいしんじろう》　現当主 鳥井信宏《とりいのぶひろ》

来歴

大阪の両替商の家に生まれた鳥井信治郎は、商家での丁稚奉公を経て鳥井商店（サントリー）を創業。日本初の本格的なウイスキー工場である山崎蒸溜所を設立する。

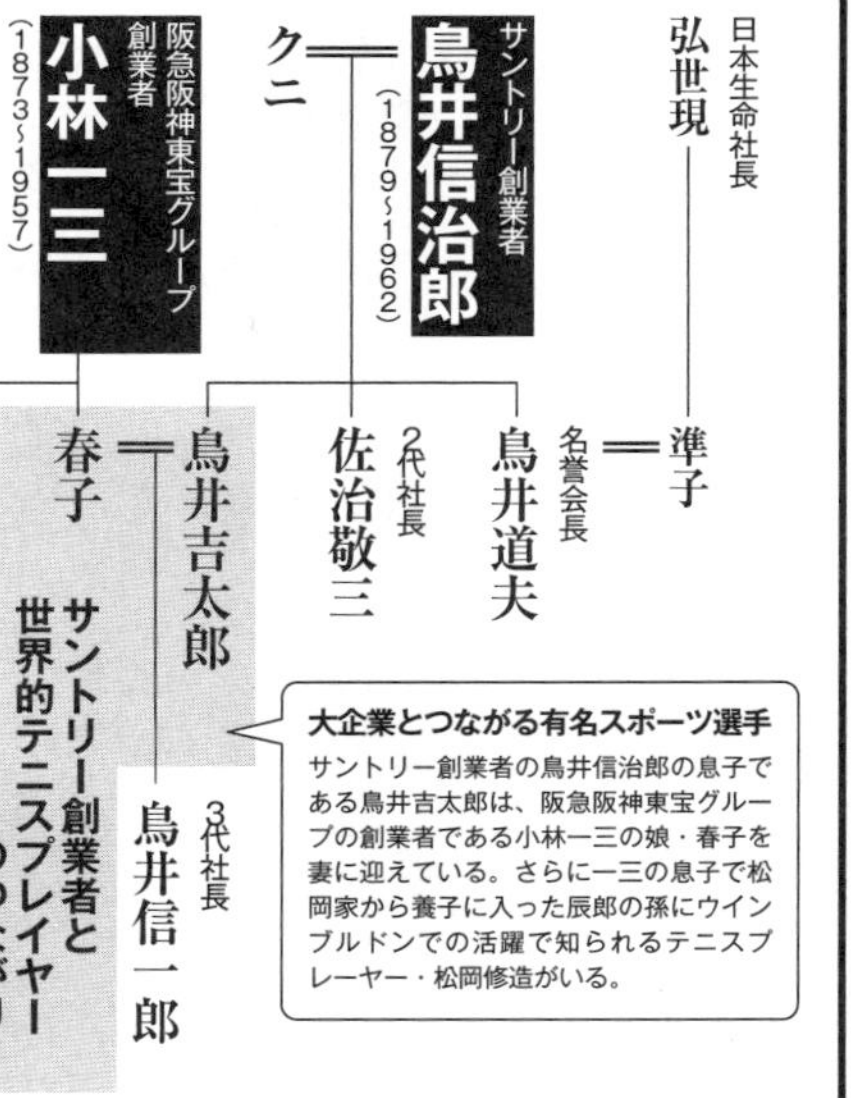

女・春子を妻に迎え、息子の鳥井信一郎はサントリーの3代社長に就任する。ただし、吉太郎自身が若くして世を去ったため、2代社長は次男の佐治敬三が継いでいる。

　なお、小林一三の次男である辰郎は松岡家に養子に入っているが、その孫がテニスプレーヤーとして世界で活躍した松岡修造である。

堤家

複雑な家庭事情を持った「西武王国」の堤家

父から「西武王国」を受け継いだ異母兄弟

滋賀県から東京へ出てきて、多くの事業を興し、企業買収を重ねて西武コンツェルンを築き上げた堤康次郎。西武グループの創業者として有名だが、子沢山であることでも有名だった。彼には5人の妻女、認知しているだけでも7人の子どもがいたという。

小学校卒業後、農家である祖父母の後を継いだ康次郎はコトと結婚。しかし祖父母が他界すると妻子を置いて上京した。郵便局員時代に出会ったソノとの間に生まれた清は廃嫡となり、2度目の結婚相手である文は病弱で子どもはできなかった。次に康次郎は操との間に2子をもうける。これが清二と邦子で、邦子は参議院議員の森田重郎に嫁ぎ、清二は水野成夫の娘を後妻に迎えた。

子沢山であったが、事業に直接関わっていたのは二男・清二と三男・義明のふたりで、1964（昭和39）年、死の迫った康次郎は後継者に義明を指名した。こうして

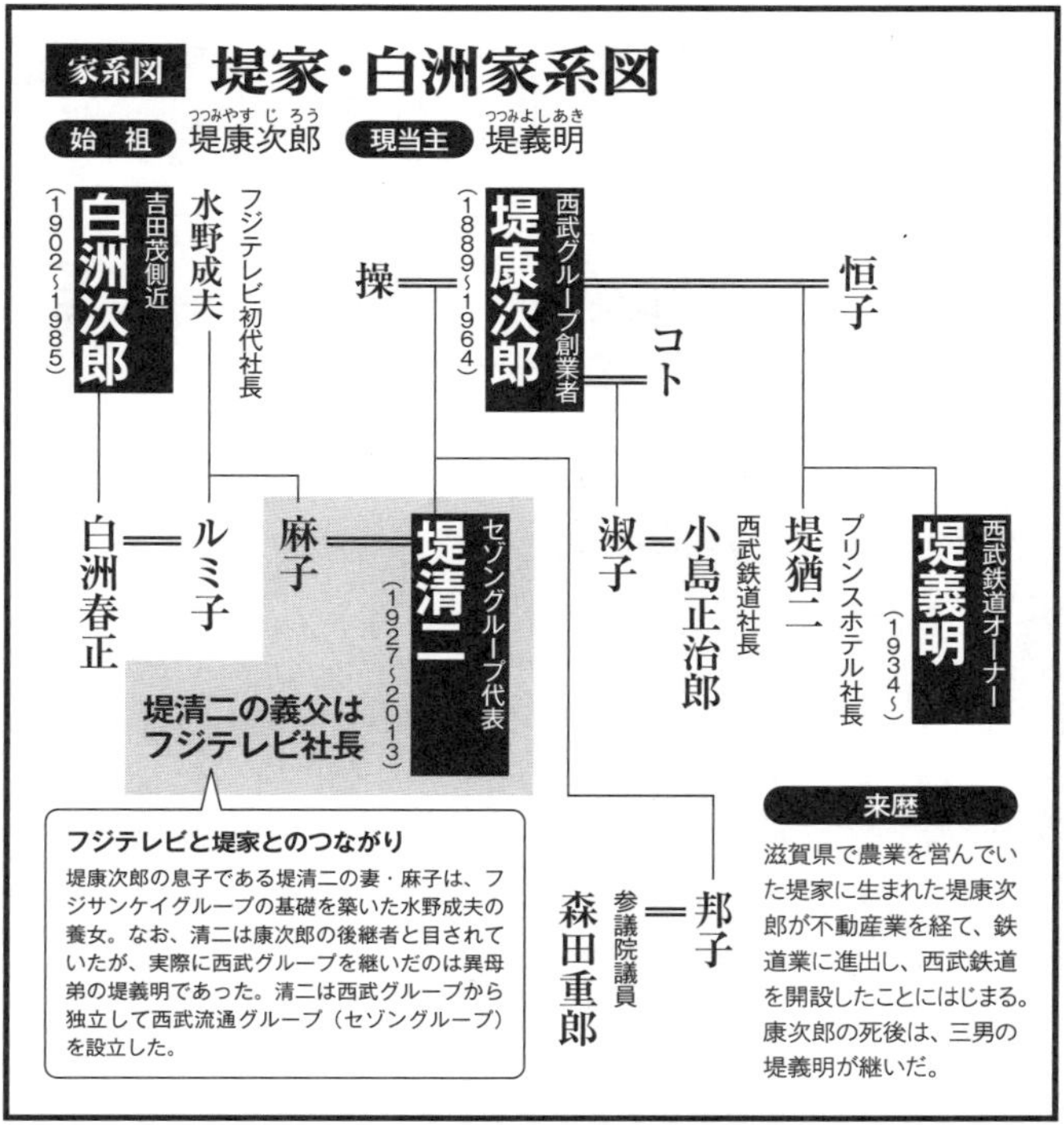

義明は、鉄道と流通の「オール西武」を担うこととなる。

しかし、亡父の七回忌の1970年に流通部門を分離して清二にリーダーを譲ることとなり、「西武セゾングループ」と「西武鉄道グループ」に分かれた。流通部門は次第に業績が悪化、清二は引責退任し、その後は「辻井《つじい》喬《たかし》」の名で多くの文学作品を世に送り出した。

特集・近代の日本経済を支えた人々

地方で活躍した財閥家

地方の発展に尽くした知られざる地方財閥

東京を中心に語られがちな近代史だが、
地理的な条件を活かして
地方で活躍した財閥も数多くあった。
そんな知られざる地方の名家を紹介する。

財閥というと、三井家や住友家など、江戸（東京）に拠点を置いた企業にばかり目が行きがちだが、実は日本各地に莫大な財を築いた富豪の家が存在していた。

こうした家々は創業者の出身地や経済活動の拠点などによって分類することができ、系図研究者として財閥家についての著書を持つ菊地浩之は、こうした富豪の

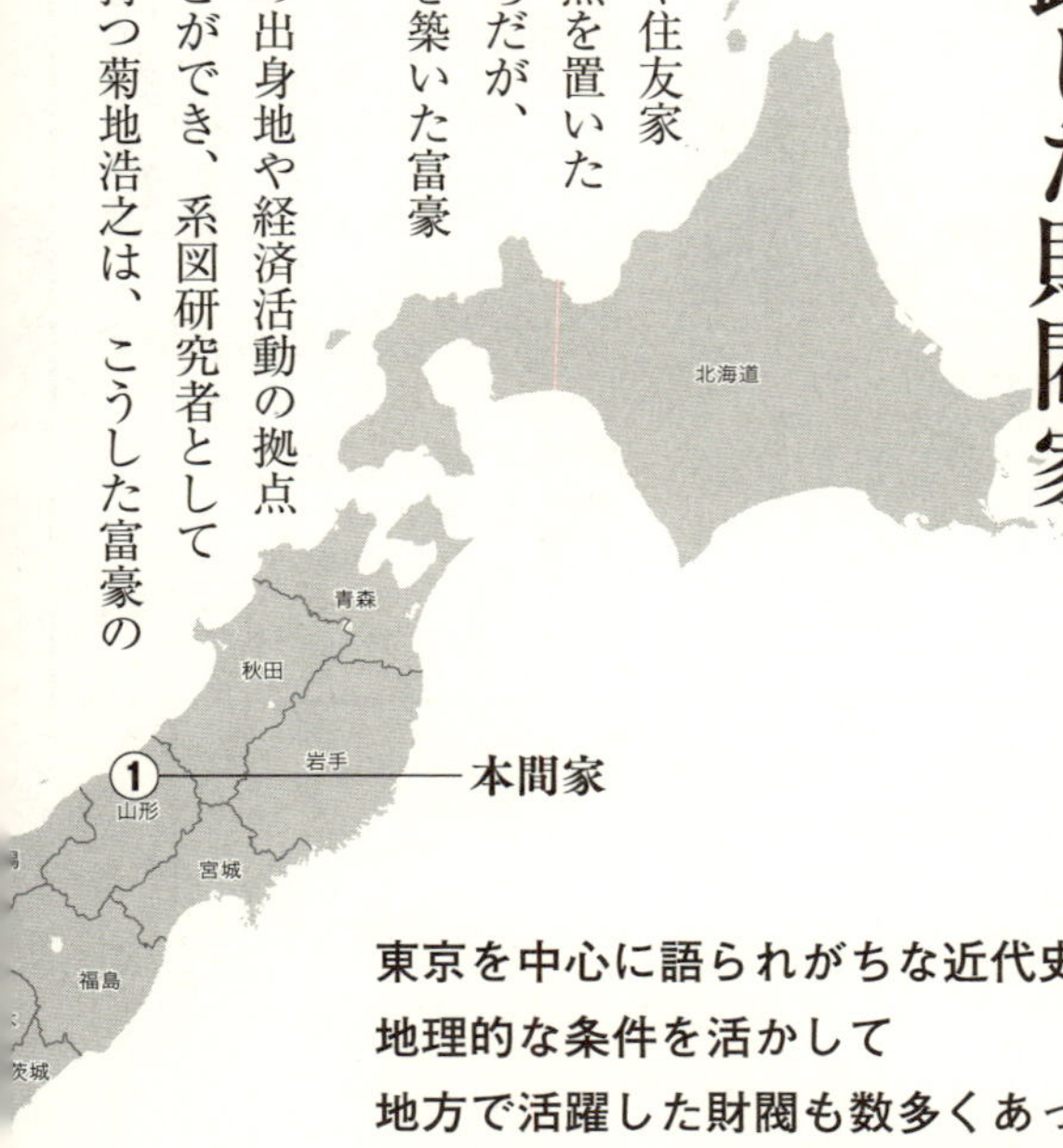

家々を甲州財閥、江州財閥、中京財閥、阪神財閥、九州財閥とに分けて、分析を加えている。

例えば甲州財閥は、明治時代に活躍した山梨県出身の実業家たちをまとめて呼んだもので、若尾家や雨宮家の他、東武鉄道の社長を務め、根津美術館の母体となった美術コレクションでも知られる根津嘉一郎を祖とする根津家などを含んでいる。

甲州財閥に限らず、こうした地方財閥を構成する家々は、常に歩調を合わせたわけではなく、時に利益をめぐって争うこともしている。

しかし、何よりも注目したいのは、彼らの活躍によって、地方の利権が守られ、あるいは地元まで鉄道が延びたりと、地方の経済発展に大きく寄与した例が多く見られることである。

①山形県酒田市――本間家

始祖：本間原光《ほんまもとみつ》

江戸時代に莫大な財を築いた本間家は、「本間様には及びもせぬが、せめてなりたや殿様に」と詠われるほどであった。本間家の本家は佐渡にあって海運を営んでいたが、江戸時代に金融業に手を出し、そこで得た金を元手に、広大な土地を手に入れ、三井家や住友家と肩を並べるほどの富豪へと登りつめた。明治以後も地元の名家として存続していたが、1990（平成2）年に本業としていた本間物産が倒産している。

②山梨県山梨市――根津家

始祖：根津嘉一郎《ねづかいちろう》

尾形光琳「燕子花図」をはじめ、国宝をいくつも所蔵する根津美術館。よく知られたこの私立美術館の母体となったのが根津嘉一郎のコレクションである。生家は「油屋」の屋号を持つ商家であったが、彼はそれに飽き足らずに東京へと進出。晩年には東武鉄道をはじめとする多くの鉄道会社の経営権を手に入れ、鉄道王の異名を取った。

また、教育事業にも力を入れ、現在の武蔵大学を創設している。

③長野県岡谷市――片倉家

始祖：片倉兼太郎《かたくらかねたろう》

もともと片倉家は信濃（長野県）の豪農であったが、江戸末期に産まれた片倉兼太郎によって明治維新後に「片倉財閥」と呼ばれるまでに成長する。その主要事業は製糸業であり、兼太郎の死後のことであるが、民間に払い下げられていた富岡製糸場を手に入れ、昭和の終わり頃まで操業していたのが、片倉財閥の流れをくむ片倉工業であった。

④滋賀県高島市――飯田家

始祖：飯田儀兵衛《いいだぎへい》

江州財閥を構成する財閥家のひとつである飯田家。その基礎を築いた飯田新七は、飯田家の出身者ではない。始祖とされる飯田家当主・飯田儀兵衛が、他店で奉公人として働く新七の仕事ぶりに目をつけ、娘婿に迎え入れたのである。新七はその期待に応え、飯田家の屋号である「高島屋」を冠した古着商を開業して、これを発展させた。この店が、現在の大手デパート「高島屋」の源流となった。

⑤兵庫県神戸市——嘉納家

始祖：嘉納《かのう》治郎《じろう》右衛門《えもん》

阪神財閥のひとつである嘉納家は、長く酒造業を営む一族で、「菊正宗」の銘柄で知られている。その本家当主は代々「治郎右衛門」を名乗った。嘉納家が財閥へと成長したのは8代目のとき。明治維新を迎えると早速、イギリスへの輸出をはじめるなど、積極的に事業を展開した。また、娘婿として山陽銀行頭取・土居通博の子息を迎えて、名家とのつながりを強化していった。柔道家の嘉納治五郎は分家筋である。

⑥山口県下関市——中部家

始祖：中部《なかべ》幾次郎《いくじろう》

コンビニやスーパーでよく売られているサバやイワシのマルハの缶詰。忙しいときにお世話になった人も多いはず。そんなマルハニチロの創業者が中部幾次郎である。

彼は兵庫県で運送業を営む家に生まれ、後に山口県下関を拠点に漁業会社を設立。さらに水産加工、造船などの関連事業にも乗り出して成功を収めた。

⑦福岡県福岡市――安川家

始祖：安川敬一郎《やすかわけいいちろう》

幕末の福岡藩で生まれた始祖・安川敬一郎の前半生は、波乱に満ちたものだった。もとは儒学者の家である徳永家に生まれ、16歳で安川岡右衛門に婿入り。2年後に四女の峰と結婚し、家督を相続した。しかし、その後、徳永家の長兄が偽札造りに連座して切腹。3番目の兄も、佐賀の乱の鎮圧部隊に加わり戦死したことで急遽、実家の仕事を継ぐこととなる。その後、福岡で炭鉱事業を手がけ、成功を収めた。教育事業にも関わり、九州工業大学の前身となる明治専門学校を設立している。

column

美術館から知る財閥人の文化貢献

日本の文化のために私財を投じた財閥人たち

1990年代、バブル全盛期の日本では企業が資金を提供し、文化活動を支援する「メセナ」と呼ばれる動きが広がった。この動きの中で、数々の大企業がコンサートホールや美術館を創設したが、こうした活動はこの時にはじまったものではない。実はそれ以前にも、数々の財閥人が私財を投じて文化貢献を行っているのをご存知だろうか。

たとえば、岡山県倉敷市にある大原美術館。この美術館は実業家の大原孫三郎が開館したものだ。孫三郎は、自身が開設した大原奨学会の奨学生であった洋画家・児島虎次郎の「西洋の美術品を購入することは、必ず日本の美術界のためになる」という熱心な勧めにより、資産を投じて数々の西洋美術品の購入を決意する。孫三郎から購入の許可を得た虎次郎は、ヨーロッパでモネやマティスの作品を買い付け、日本に持ち帰った。そして虎次郎が亡くなった後、孫三郎が虎次郎の描いた作品、蒐集した美術品を収蔵し、広く世に公開したのが大原美術館だ。

上野にある東京国立博物館には、川崎造船所の初代社長・松方幸次郎の約8000点にもおよぶ膨大な浮世絵が収蔵されている。「松方コレクション」と呼ばれるこの浮世絵は、幸次郎がパリの宝石商、アンリ・ヴェヴェールから買い受けたもの。浮世絵の他にはフランスの彫刻家・ロダンやモネの作品があり、これらの美術品は第二次世界大戦後に一度「敵国の財産」としてフランスの管理下に置かれた。だが、のちに日仏の友好のために返還され、現在は国立西洋美術館に収蔵されている。

総数1万点以上といわれる膨大な美術品を購入した幸次郎だが、彼は決して私欲のためにこれらの作品を購入したのではなかった。ヨーロッパを訪れる中で見た数々の美術品を日本の画家たちにも見せてやりたい、それはきっと彼らの大きな励みとなるだろう。そんな思いから、幸次郎は美術品蒐集に情熱を注いだのである。

他にも、大倉財閥の大倉喜八郎が設立した、日本初の私立美術館である大倉集古館や、古今東西の美術に深い理解を示した実業家・住友春翠（友純の雅号）による「住友コレクション」を中心に収蔵する泉屋博古館など、財閥人が開いた美術館は枚挙にいとまがない。彼らは手にした莫大な資産を、こうした文化活動によって社会に還元しているのだ。

第三章

徳川宗家、島津家、前田家……

現在にも残る武家の系譜

戦場で戦った戦国武将の末裔たちはいまも一族の誇りと伝統を受け継ぐ

徳川宗家

江戸幕府の頂点に君臨した徳川将軍家

現在に受け継がれる神君・徳川家康の血

――日本を代表する武家の名門。今に続くその栄光の系譜

日本史上最も長い264年もの間、幕府の頂点に君臨し続けた徳川将軍家。その始祖は東照大権現・徳川家康である。

家康は多くの実子に恵まれ、次男・秀康は越前松平家を興し、九男・義直、十男・頼宣、十一男・頼房の3人は尾張藩・紀州藩・水戸藩の藩祖として御三家を形成。宗家の血統が途絶えた際は養子を出す役割が与えられた。

家康の跡は三男・秀忠が継ぎ、2代将軍に就任。継室・江（織田信長の妹・お市の娘）との間にもうけた娘の千姫は豊臣秀頼、次いで本多忠勝の孫・忠刻《ただとき》に嫁ぎ、和子は後水尾天皇の中宮となり明正天皇を産み、徳川将軍家は天皇家の外戚となった。

将軍家はこの後7代将軍・家継の代に直系の血筋が絶え、8代将軍には紀州藩主・

吉宗が就任した。吉宗は御三家と将軍家の血縁関係が疎遠になったことに鑑み、自身の血統から新たに田安家・一橋家、吉宗の死後に清水家を分家として創設して、御三家に次ぐ家格（御三卿）を与える。これ以後15代将軍・慶喜に至るまで将軍家は吉宗の血統が占有した。幕末になると13代将軍・家定が島津斉彬の養女・篤姫、紀州藩から養子に入った14代将軍・家茂は孝明天皇の異母妹・和宮を正室として迎える。篤姫・和宮は幕末の混乱期において島津家や朝廷に嘆願するなど将軍家救済のために尽力した。一方、最後の将軍である15代将軍・慶喜は、水戸藩出身で一橋家を継ぎ、次いで将軍職に就任、正室には明治天皇の皇后の義姉・美賀子を迎えた。

明治時代以降、徳川将軍家は侯爵家となり貴族院議長などを歴任。戦後に会津松平家から恒孝《つねなり》が養子として宗家18代当主となった。なお恒孝は旧日本郵船株式会社時代に加賀前田家18代当主・利祐《としやす》と同僚で、当時の上司から「徳川家と前田家の当主を使うのは太閤（豊臣秀吉）以来だろうな」と笑われたという。

平成に入ると恒孝は宗家の貴重な遺産を管理するため、財団法人（現・公益財団法人）徳川記念財団を設立して、初代理事長に就任。また恒孝の長男・家広は政治経済評論家として活躍したのち、宗家19代当主となっている。

家系図

徳川宗家系図

始祖　徳川家康《とくがわいえやす》

現当主　徳川家広《とくがわいえひろ》

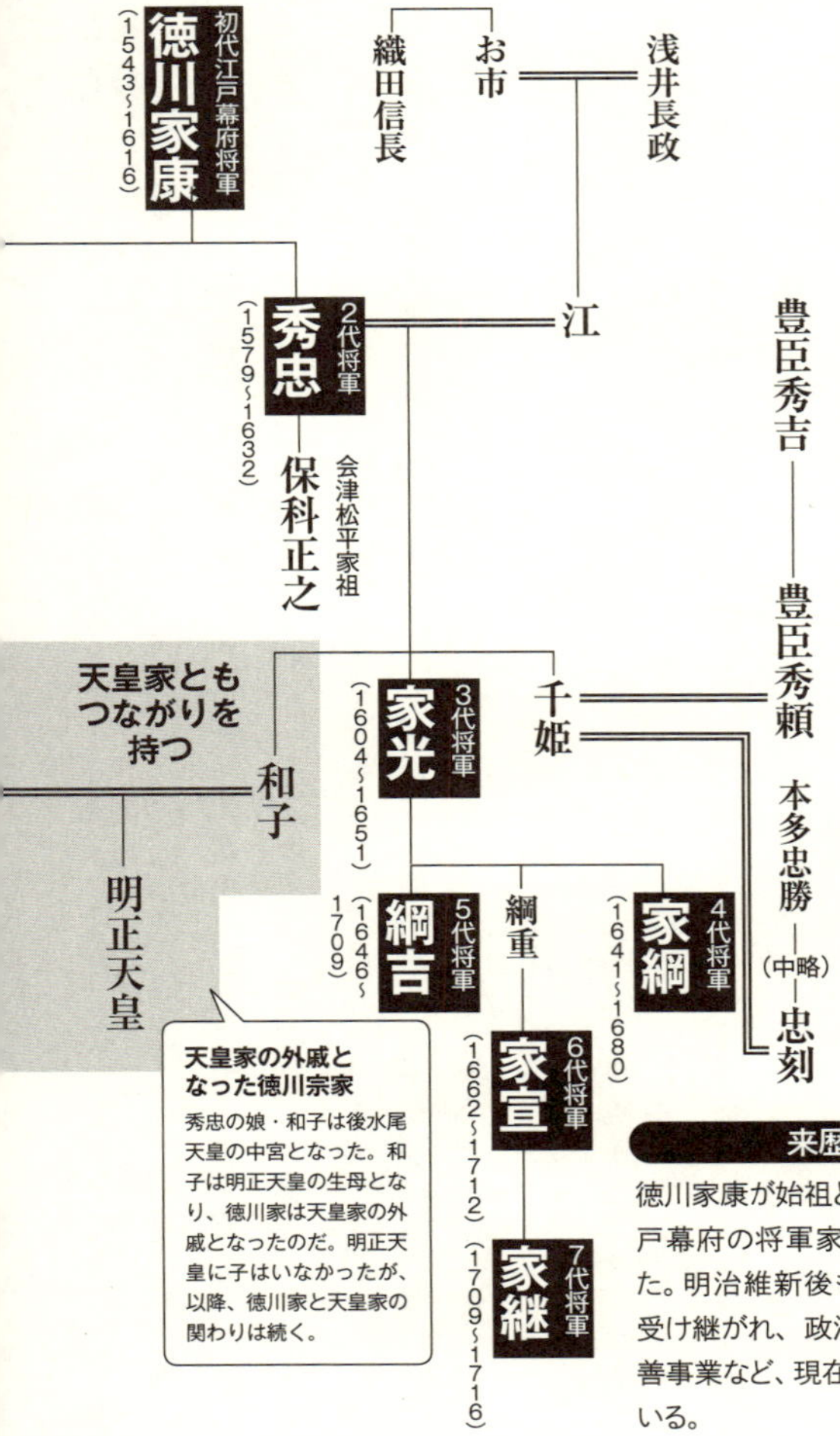

天皇家の外戚となった徳川宗家

秀忠の娘・和子は後水尾天皇の中宮となった。和子は明正天皇の生母となり、徳川家は天皇家の外戚となったのだ。明正天皇に子はいなかったが、以降、徳川家と天皇家の関わりは続く。

来歴

徳川家康が始祖となり、代々江戸幕府の将軍家として君臨した。明治維新後もその血筋は受け継がれ、政治や経済、慈善事業など、現在でも活躍している。

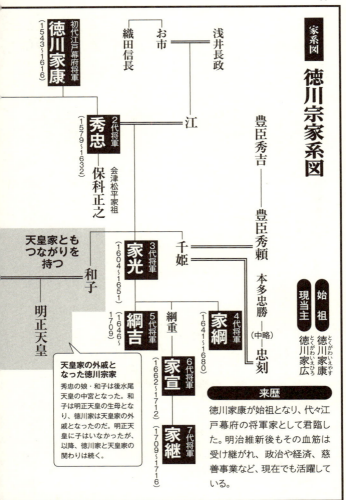

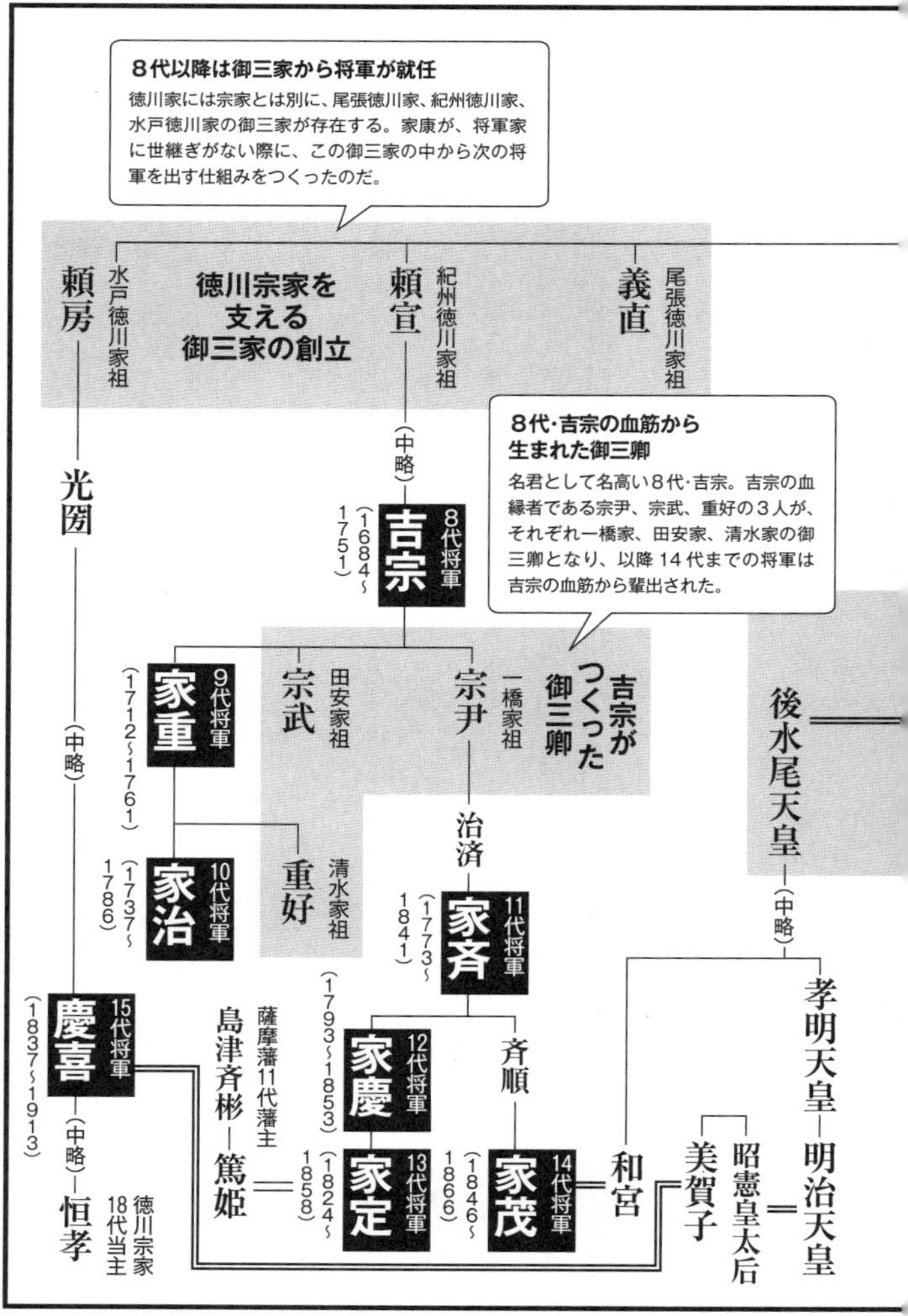
8代以降は御三家から将軍が就任
徳川家には宗家とは別に、尾張徳川家、紀州徳川家、水戸徳川家の御三家が存在する。家康が、将軍家に世継ぎがない際に、この御三家の中から次の将軍を出す仕組みをつくったのだ。
徳川宗家を支える御三家の創立
尾張徳川家祖 義直
紀州徳川家祖 頼宣
水戸徳川家祖 頼房
(中略)
8代将軍 吉宗 (1684~1751)
8代・吉宗の血筋から生まれた御三卿
名君として名高い8代・吉宗。吉宗の血縁者である宗尹、宗武、重好の3人が、それぞれ一橋家、田安家、清水家の御三卿となり、以降14代までの将軍は吉宗の血筋から輩出された。
吉宗がつくった御三卿
一橋家祖 宗尹
田安家祖 宗武
9代将軍 家重 (1712~1761)
清水家祖 重好
10代将軍 家治 (1737~1786)
治済
11代将軍 家斉 (1773~1841)
12代将軍 家慶 (1793~1853)
斉順
13代将軍 家定 (1824~1858)
14代将軍 家茂 (1846~1866)
光圀
(中略)
15代将軍 慶喜 (1837~1913)
(中略)
徳川宗家18代当主 恒孝
薩摩藩11代藩主 島津斉彬
篤姫
後水尾天皇
(中略)
孝明天皇
和宮
美賀子
昭憲皇太后
明治天皇

徳川御三家

将軍家の藩屏《はんぺい》として江戸幕府の存続に貢献

徳川宗家に次ぐ家格を誇った御三家

――徳川宗家を支えながら将軍も輩出した御三家

江戸幕府を開いた徳川家康は、九男・義直、十男・頼宣、十一男・頼房を手元で育て、それぞれ尾張藩、紀州藩、水戸藩として独立させる。この三家は徳川御三家と呼ばれ、徳川一門中最高位の家格を持ち、将軍家の補佐と血統保持が役目だった。

尾張藩の2代藩主・光友《みつとも》は江戸幕府3代将軍・家光の娘を正室に迎え、ふたりの間に生まれた義行《よしゆき》は分家して高須藩を興している。7代藩主・宗春は8代将軍・吉宗の倹約政策に対立した藩主として歴史に名を残す。しかし後に家老と対立して家中に騒乱が生じ宗春は隠居。さらに責任を問う形で尾張藩の藩領は一旦収公され、改めて高須藩出身の宗勝に与える形が取られた。

紀州藩初代藩主・頼宣は加藤清正の娘を正室に迎え、その血統が8代将軍・吉宗から14代将軍・家茂までの将軍を輩出している。家茂は朝廷と幕府のつながりを強める公武合体の一環として、孝明天皇の異母妹・和宮を正室に迎え夫婦仲は良好であった。

水戸藩は水戸黄門として有名な光圀が兄・頼重を差し置いて2代藩主となる。頼重が生まれた時点で尾張藩・紀州藩には男子がなく、初代・頼房はこの兄らを憚《はばか》り、頼重が認知されたのは光圀誕生後のことだ。このことから光圀は実子ではなく頼重の子・綱條《つなえだ》を養子に迎えて後を継がせた。9代藩主・斉昭《なりあき》は22男15女に恵まれ、次男の慶喜は一橋家当主、次いで15代将軍となる。

明治維新後に御三家はいずれも侯爵家となるが、中でも紀州家は波乱に満ちた運命をたどる。島津忠義（旧薩摩藩12代藩主）の娘を妻に迎えた16代当主・頼貞は、日本の音楽業界において大正・昭和を代表する大スポンサーであったが浪費家としても知られ、死後は遺族が借金の返済に奔走する。現在の紀州家当主・宜子《ことこ》は建築関係で多数の表彰歴を持ち、東京建築士会評議員として活躍。また尾張家当主・義崇は徳川美術館館長・徳川黎明会会長。水戸家当主・斉正《なりまさ》は水府明徳会（現・徳川ミュージアム）会長理事として尾張藩・水戸藩伝来の美術品や古文書の管理に携わり、繁栄を極めた一族の歴史をいまに伝えている。

家系図

徳川御三家（尾張・紀州・水戸徳川家）系図

始祖 徳川義直（尾張）、徳川頼宣（紀州）、徳川頼房（水戸）

現当主 徳川義崇（尾張）、徳川宜子《ことこ》（紀州）、徳川斉正《なりまさ》（水戸）

来歴

徳川家康が徳川宗家のためにつくった3つの系譜。将軍家を支え、現代にも3家の血脈は受け継がれ、それぞれの歴史を刻んでいる。

初代江戸幕府将軍 徳川家康

2代将軍 秀忠 ＝ 江

3代将軍 家光

千代姫

尾張徳川家祖 義直（1601～1650）

尾張藩2代藩主 光友

尾張藩3代藩主 綱誠

高須藩初代藩主 松平義行

（中略）

尾張藩7代藩主 宗春

尾張藩8代藩主 徳川宗勝

尾張藩主に就任した分家・高須松平家

（中略）

尾張徳川家22代当主 義崇

尾張家と高須松平家の頼り頼られ

尾張藩７代藩主・宗春は、８代将軍・吉宗と対立した末、蟄居《ちっきょ》を命じられた。そのため、尾張徳川家の分家である高須松平家の宗勝に藩主を任せることとなる。以降、尾張家、高須家で代々尾張藩藩主を務めることとなった。

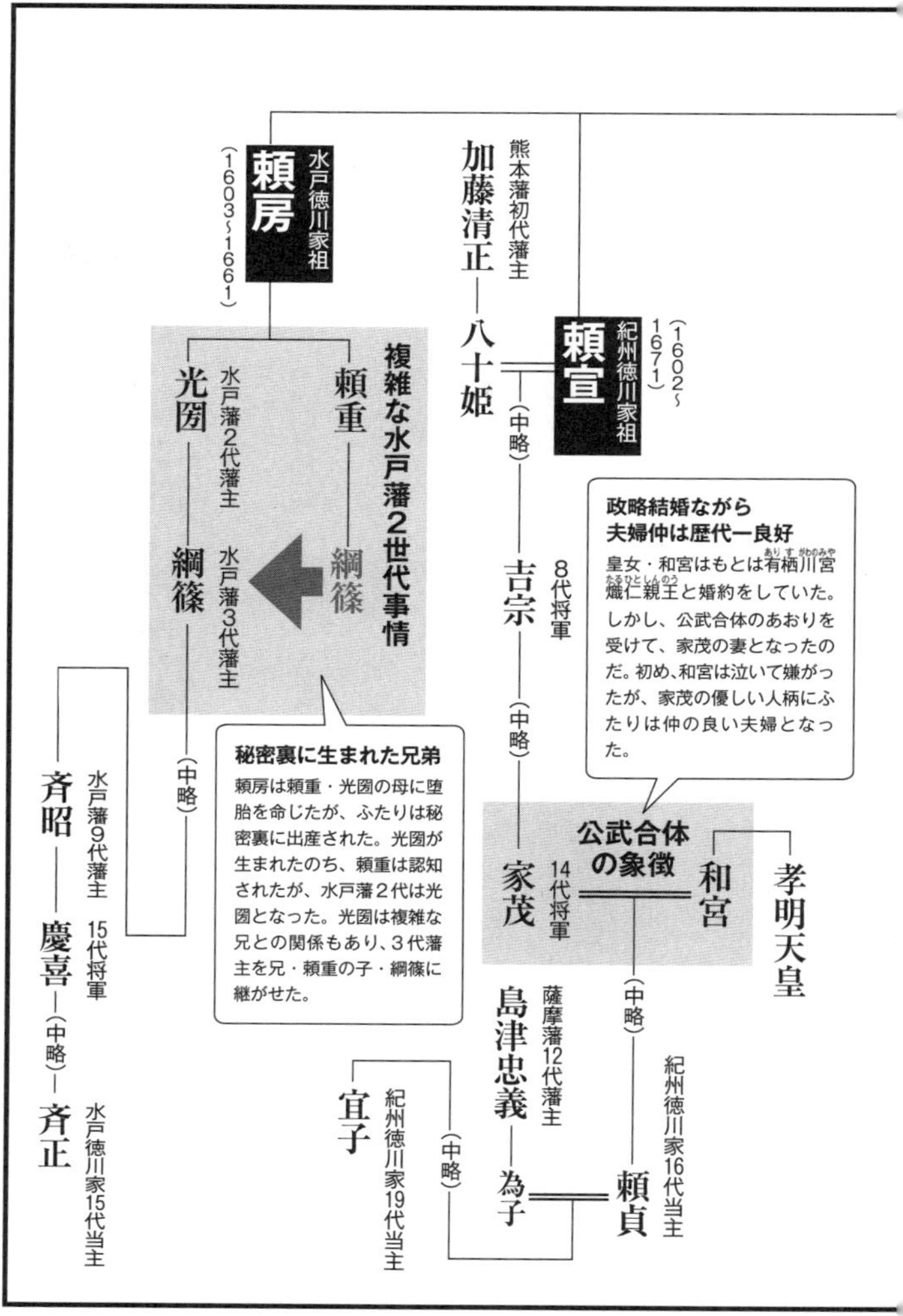

水戸徳川家祖
頼房
（1603～1661）
熊本藩初代藩主
加藤清正
八十姫
紀州徳川家祖
頼宣
（1602～1671）
複雑な水戸藩2世代事情
頼重
綱條
水戸藩2代藩主
光圀
水戸藩3代藩主
綱條
（中略）
8代将軍
吉宗
（中略）
政略結婚ながら夫婦仲は歴代一良好
皇女・和宮はもとは有栖《ありす》川宮《がわのみや》熾仁《たるひと》親王《しんのう》と婚約をしていた。しかし、公武合体のあおりを受けて、家茂の妻となったのだ。初め、和宮は泣いて嫌がったが、家茂の優しい人柄にふたりは仲の良い夫婦となった。
秘密裏に生まれた兄弟
頼房は頼重・光圀の母に堕胎を命じたが、ふたりは秘密裏に出産された。光圀が生まれたのち、頼重は認知されたが、水戸藩2代は光圀となった。光圀は複雑な兄との関係もあり、3代藩主を兄・頼重の子・綱條に継がせた。
（中略）
水戸藩9代藩主
斉昭
15代将軍
慶喜
（中略）
水戸徳川家15代当主
斉正
公武合体の象徴
14代将軍
家茂
和宮
孝明天皇
（中略）
薩摩藩12代藩主
島津忠義
為子
紀州徳川家16代当主
頼貞
（中略）
紀州徳川家19代当主
宜子

松平家

幕末に孤忠を貫いた松平容保の系譜

幕末に数奇な運命をたどった高須四兄弟

――高須、水戸、会津を経て徳川宗家に至る血筋

会津松平家は江戸幕府3代将軍・徳川家光の異母弟・保科正之が興した藩である。幕末時の藩主・松平容保《かたもり》は中でも知名度が高いが、もとは高須藩の出身であった。

高須藩は徳川御三家の尾張藩分家として尾張藩2代藩主・徳川光友の子・松平義行が興した。高須藩の血脈からは尾張藩藩主が度々輩出されている。

高須藩10代藩主・松平義建《よしたつ》は男子に恵まれ、その中でも慶勝《よしかつ》、義比《よしちか》、容保、定敬《さだあき》の4人は高須四兄弟と呼ばれた。慶勝は尾張藩主、容保は会津藩主、定敬は桑名藩主となった。義比は高須藩主となり、慶勝が安政の大獄により隠居すると茂徳《もちなが》と名乗り尾張藩主となる。のちに藩主の座を慶勝の子・義宜《よしのり》に譲り隠居するが、再び茂栄《もちはる》と改名して一橋家の当主に収まるなど、3つの家の当主を務める特異な経験をした。

高須四兄弟の中で最も辛酸を嘗めたのは容保で、京都守護職として幕府に忠節を尽くした結果、朝敵《ちょうてき》の汚名を着せられてしまう。明治維新後、嫡男・容大《かたはる》が斗南藩で家名再興を許され子爵家となるが、藩領の大半は厳寒不毛の地であり苦難の日々が続く。

しかし容大の弟・保男《もりお》の代に会津松平家は再生の時を迎える。保男の娘が江戸幕府15代将軍・徳川慶喜の孫・慶光へ嫁ぎ、保男の兄・恒雄の娘・節子が秩父宮雍仁《やすひと》親王の妃となり勢津子《せつこ》と改名。さらに保男は日露戦争の日本海海戦で活躍する一方、会津会を設立。この団体は会津藩ゆかりの人々で構成され、東京帝国大学（現・東京大学）初代総長・山川健次郎、細菌学者・野口英世が所属したことで知られ、いまも活動が続いている。

恒雄は旧佐賀藩主・鍋島直大《なおひろ》の娘を妻に迎え、駐米・駐英大使を歴任。恒雄の長男・一郎も東京銀行（現・三菱東京ＵＦＪ銀行）総裁として活躍。一郎の次男である恒孝は徳川宗家17代当主・家弘の養子となり、宗家の家督を継いだ。

現在、会津松平家14代当主は、ＮＨＫエンタープライズのプロデューサーとして活躍した保久が務める。保久は講演会などのほか、歴代会津藩主を祀る墓前祭を開催するなど精力的な活動を続けている。

家系図

松平家（高須藩・会津藩徳川家）系図

始祖　保科正之（会津）、松平義行（高須）

現当主　松平保久《もりひさ》（会津）

尾張藩2代藩主　光友

尾張藩3代藩主　綱誠

尾張徳川家祖　徳川義直

高須藩初代藩主　松平義行（1656～1715）

（中略）

高須藩10代藩主　義建

尾張藩14代藩主　慶勝

高須藩11代藩主　義比

桑名藩4代藩主　定敬

容保

高須四兄弟

尾張藩15代藩主　茂徳（義比）（1831～1884）

義宜

尾張藩16代藩主　義宜

佐賀藩10代藩主　鍋島直大

信子

勢津子＝秩父宮雍仁親王

朝敵から天皇家へ

来歴

徳川宗家、御三家から分家した松平家。徳川家康の旧姓を受け継ぎ、江戸幕府264年の歴史に関わり続ける。特に会津松平家は幕末に悲劇に見舞われるものの、その血筋は続いている。

運命に翻弄される兄弟

幕末に誕生した高須四兄弟。尾張藩、高須藩、桑名藩、会津藩それぞれの藩主となった。幕末から明治にかけて、高須四兄弟は日本の歴史に大きく関わる。

会津松平家から嫁いだ勢津子

幕末の戊辰戦争で、会津藩は新政府軍に徹底抗戦の構えを見せた。そのため、維新後は朝敵の汚名を着せられていた。その会津松平家から天皇家に嫁ぐこととなった勢津子。会津の人々にとっては大きな喜びとなった。

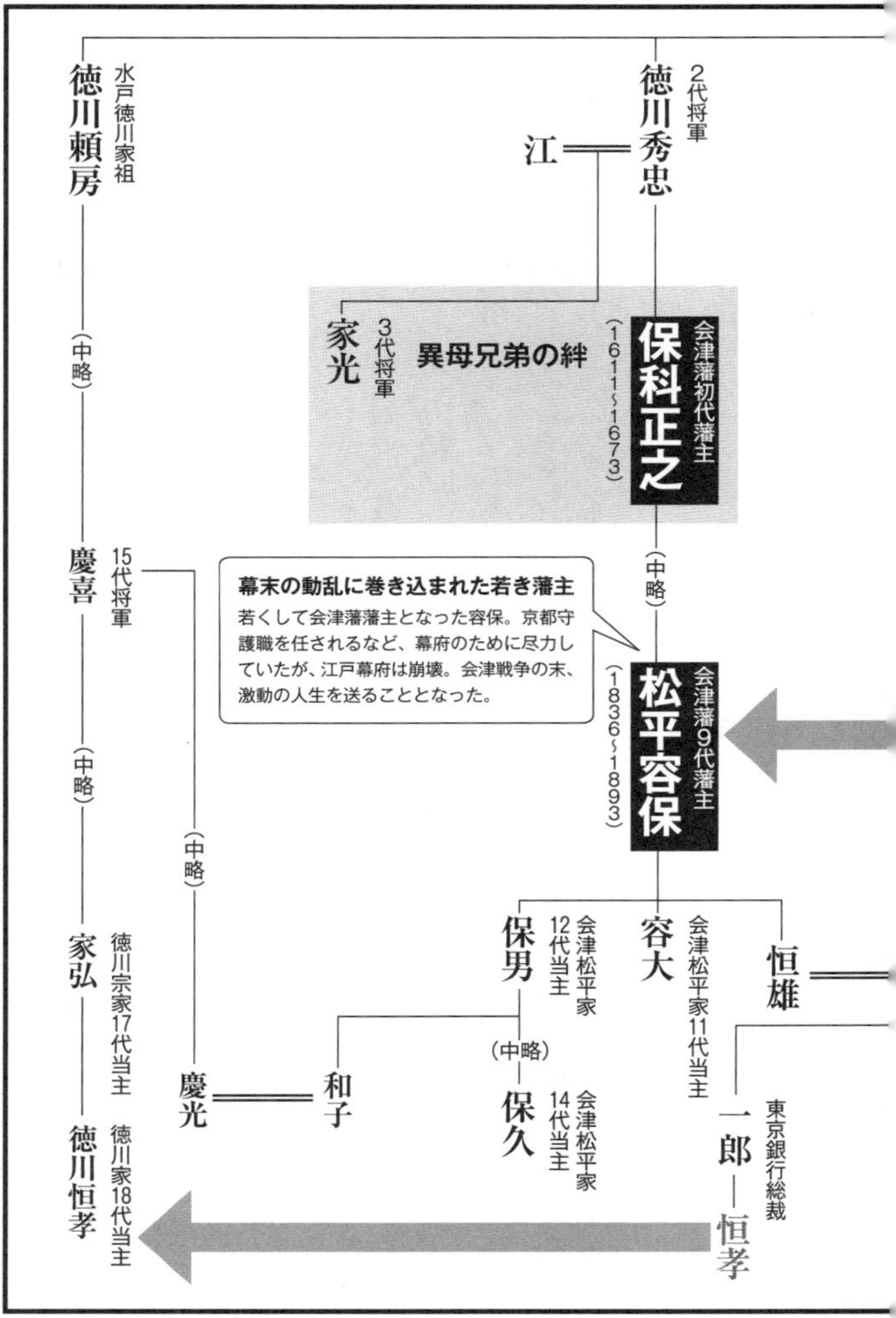
2代将軍
徳川秀忠
江
会津藩初代藩主
保科正之
(1611~1673)
異母兄弟の絆
3代将軍
家光
水戸徳川家祖
徳川頼房
(中略)
15代将軍
慶喜
(中略)
幕末の動乱に巻き込まれた若き藩主
若くして会津藩藩主となった容保。京都守護職を任されるなど、幕府のために尽力していたが、江戸幕府は崩壊。会津戦争の末、激動の人生を送ることとなった。
会津藩9代藩主
松平容保
(1836~1893)
(中略)
会津松平家12代当主
保男
会津松平家11代当主
容大
恒雄
(中略)
会津松平家14代当主
保久
徳川宗家17代当主
家弘
慶光
和子
東京銀行総裁
一郎
恒孝
徳川家18代当主
徳川恒孝

島津家

代々名君を輩出した九州地方屈指の大大名

天障院篤姫を生んだ鎌倉時代から続く名門

——皇族・将軍家と婚姻を重ね鎌倉時代以来の血筋を残す

天皇家との血縁関係を持ち、鎌倉時代から幕末に至るまで薩摩を治め続けた日本でも屈指の名門島津家。その始祖・忠久は一説によると源頼朝の御落胤《ごらくいん》とも伝えられる。南北朝時代、後醍醐天皇と足利尊氏が対立すると、5代・貞久が尊氏に味方して活躍。貞久は嫡男を早くに失ったため、子どもたちに分割相続させる。そのうち、四男・氏久の奥州家が島津家の嫡流的立場となり、孫の忠国から相州《そうしゅう》家などの分家が生まれた。

戦国時代には分家のひとつである伊作《いざく》家出身の忠良が、伊作家と相州家を併せて継承し、さらには嫡子・貴久に島津宗家を相続させた。この貴久の子らが九州地方を席巻した島津四兄弟（義久・義弘・歳久・家久）である。義久は貴久の後を継ぎ、優れた兄弟を指揮して九州統一に邁進した。

なお義久は男子に恵まれず、娘・亀寿《かめじゅ》を義弘の子・忠恒に嫁がせ後継ぎとした。忠恒は後に家久と改名し薩摩藩の初代藩主となる。江戸時代に入ると11代藩主・斉彬の養女・篤姫が13代将軍・家定に嫁ぐなど将軍家と縁戚関係を深めていく。また、歴代当主から名君を輩出したため「島津に暗君なし」とも称される。

明治維新後は維新三傑に数えられる西郷隆盛・大久保利通が薩摩藩出身であった縁により島津宗家は公爵家、多くの分家は伯爵家となる。加えて最後の藩主・忠義の娘・常子《ひさこ》が山階宮菊麿王《やましろのみやきくまろおう》に、俔子《ちかこ》が久邇宮邦彦王《くにのみやくによしおう》に嫁ぎ、島津家は皇族の縁戚となる。なお、俔子が産んだ香淳皇后《こうじゅん》は、のちに昭和天皇の妃となった。

現在の当主・島津修久《のぶひさ》は毎年50万人もの参拝者を集める照国神社の宮司を務めた。修久の妻は西郷隆盛の曾孫にあたり、仲人は大久保利通の孫・利謙《としあき》が担当している。明治維新後に対立した島津久光・西郷隆盛・大久保利通の三者の子孫をつないだこの婚姻は、時代の変遷を象徴する慶事と喜ばれた。

なお修久の子・忠裕は、島津家歴代の宝物を管理する尚古集成館で学芸員を務めながら、島津興業の社長として活躍している。

家系図

島津家系図

始祖 島津忠久

現当主 島津修久

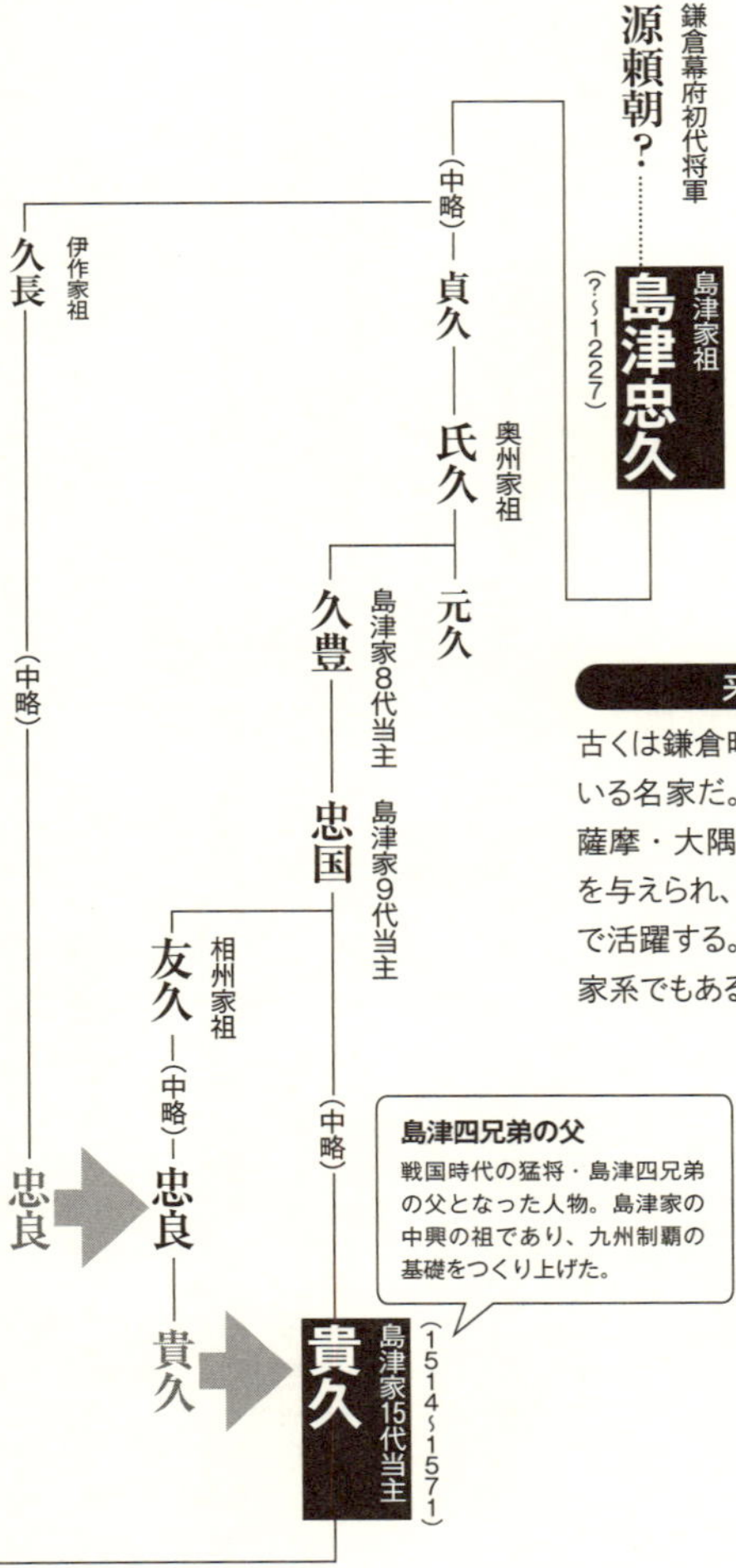

鎌倉幕府初代将軍
源頼朝?
島津家祖
島津忠久
(?~1227)
(中略)
貞久
奥州家祖
氏久
元久
島津家8代当主
久豊
島津家9代当主
忠国
相州家祖
友久
(中略)
忠良
貴久
伊作家祖
久長
(中略)
忠良
島津家15代当主
貴久
(1514~1571)
島津四兄弟の父
戦国時代の猛将・島津四兄弟の父となった人物。島津家の中興の祖であり、九州制覇の基礎をつくり上げた。

来歴

古くは鎌倉時代から続いている名家だ。初代・忠久が薩摩・大隅・日向の3か国を与えられ、以降は南九州で活躍する。名君・名将の家系でもある。

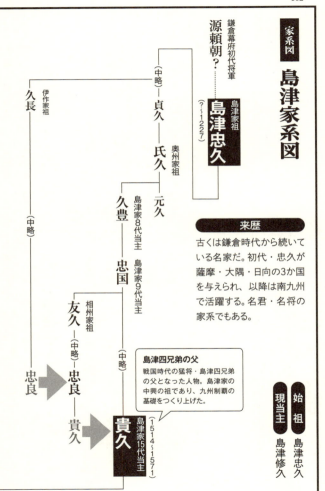

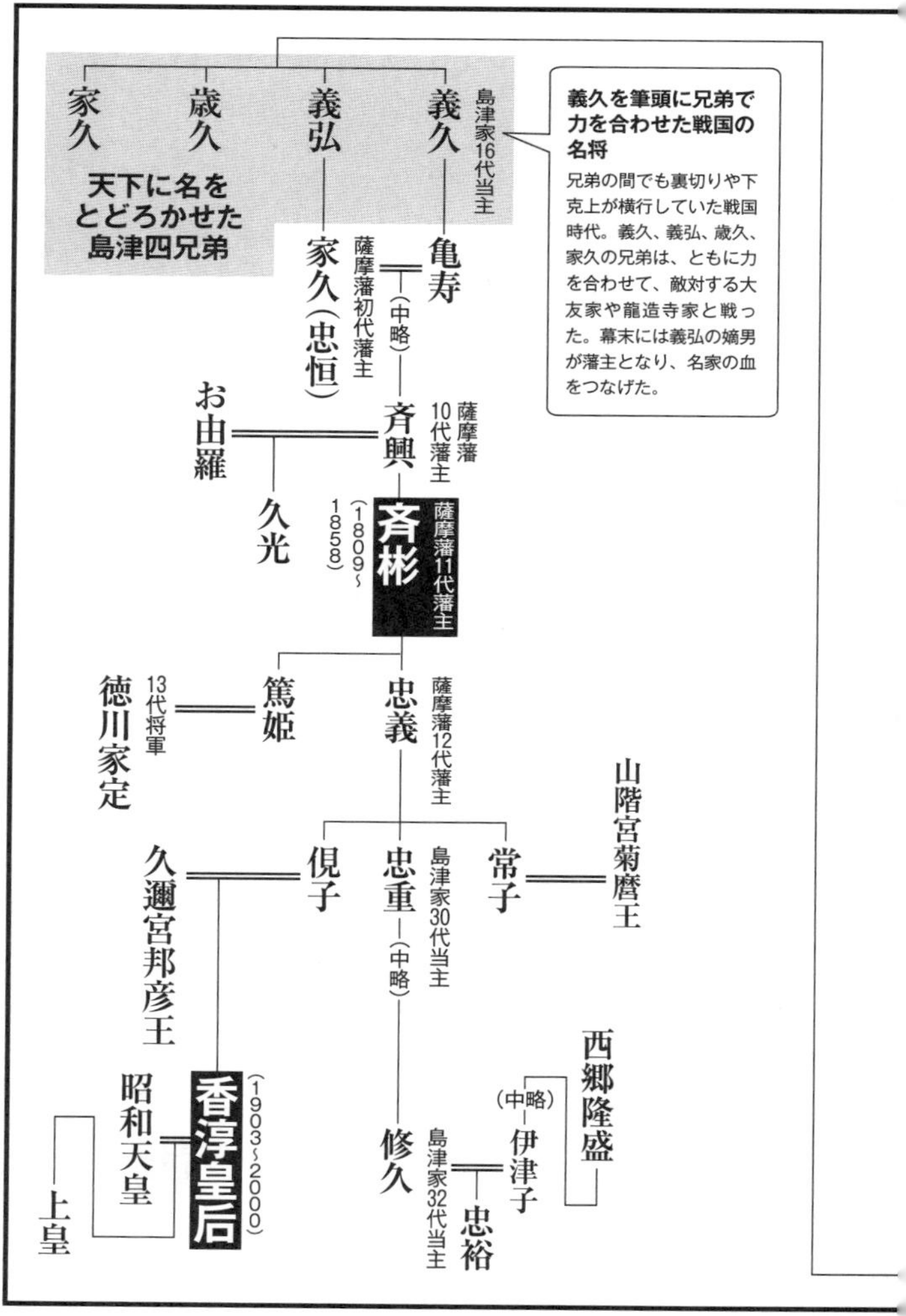
天下に名をとどろかせた島津四兄弟
家久
歳久
義弘
義久
島津家16代当主
義久を筆頭に兄弟で力を合わせた戦国の名将
兄弟の間でも裏切りや下克上が横行していた戦国時代。義久、義弘、歳久、家久の兄弟は、ともに力を合わせて、敵対する大友家や龍造寺家と戦った。幕末には義弘の嫡男が藩主となり、名家の血をつなげた。
家久（忠恒）
薩摩藩初代藩主
亀寿
（中略）
お由羅
斉興
薩摩藩10代藩主
久光
斉彬
（1809～1858）
薩摩藩11代藩主
徳川家定
13代将軍
篤姫
忠義
薩摩藩12代藩主
山階宮菊麿王
久邇宮邦彦王
俔子
忠重
島津家30代当主
常子
（中略）
西郷隆盛
昭和天皇
香淳皇后
（1903～2000）
（中略）
伊津子
修久
島津家32代当主
忠裕
上皇

前田家

天下人に愛され華族となり栄えた一族

加賀百万石を誇った外様大名の末裔たち

——徳川将軍家と婚姻を重ねて一門待遇となった外様大名

2001（平成13）年、敬宮愛子内親王の「浴湯の儀《よくとう》」にて武家末裔の代表として徳川宗家18代当主・恒孝とともに鳴弦役《めいげんやく》を務めた前田利祐。加賀藩の宗家18代当主にして宮内庁委嘱掌典、全国石川県人会連合会会長を務める利祐は、加賀百万石の始祖・前田利家の末裔である。

前田利家は織田信長、豊臣秀吉とふたりの天下人から愛され、特に豊臣政権下では五大老のひとりとして重きをなした人物だ。

江戸時代に入ると嫡男・利長が加賀藩の初代藩主となるが、男子に恵まれず、異母弟の利常が藩主の座を継ぐ。江戸時代を通して加賀藩は外様大名ながら屈指の大大名として徳川家より厚遇を受け、利常は江戸幕府2代将軍・秀忠の娘を正室に迎えた。

婚姻により有力大名や徳川家とのつながりを強め、徳川一門と通婚を重ねたことから、前田家は葵紋の使用を許され、徳川一門に準じる家格（御家門）を与えられた。なお前田家と有力大名との通婚はこの後も続き、4代藩主・綱紀《つなのり》は会津藩初代藩主・保科正之の娘を正室に迎えた。綱紀は百科事典『桑華学苑』を自ら編纂する一方で家中に学問を奨励。さらに書物奉行を設置して天下の書物を収集し、幕府の儒者・新井白石から「加賀藩は天下の書府」と礼賛された名君であった。

加賀藩5代藩主・吉徳《よしのり》から9代藩主・重教の時代にかけて加賀騒動により一時混乱。しかし、12代藩主・斉泰が11代将軍・家斉の娘を正室に迎えるなど将軍家との婚姻は幕末まで続いた。なお、現在東京大学に残る赤門は、斉泰が家斉の娘を迎える際に建造されたものだと伝えられる。幕末には藩内の意思統一を図ることができず顕著な動きは見られなかったが、13代にして最後の加賀藩主・慶寧《よしやす》の娘が有栖川宮威仁《たけひと》親王、第34・38・39代内閣総理大臣・近衛《このえ》文麿の父の近衛篤麿《あつまろ》など皇族や有力公家に嫁いでいたことから、明治維新後に加賀本家には侯爵が授けられた。

16代当主・利為《としなり》が建てた別邸は国の登録有形文化財の鎌倉文学館、重要文化財の旧前田侯爵家駒場本邸として遺され、現在に続く前田家の歴史を伝えている。

家系図

前田家系図

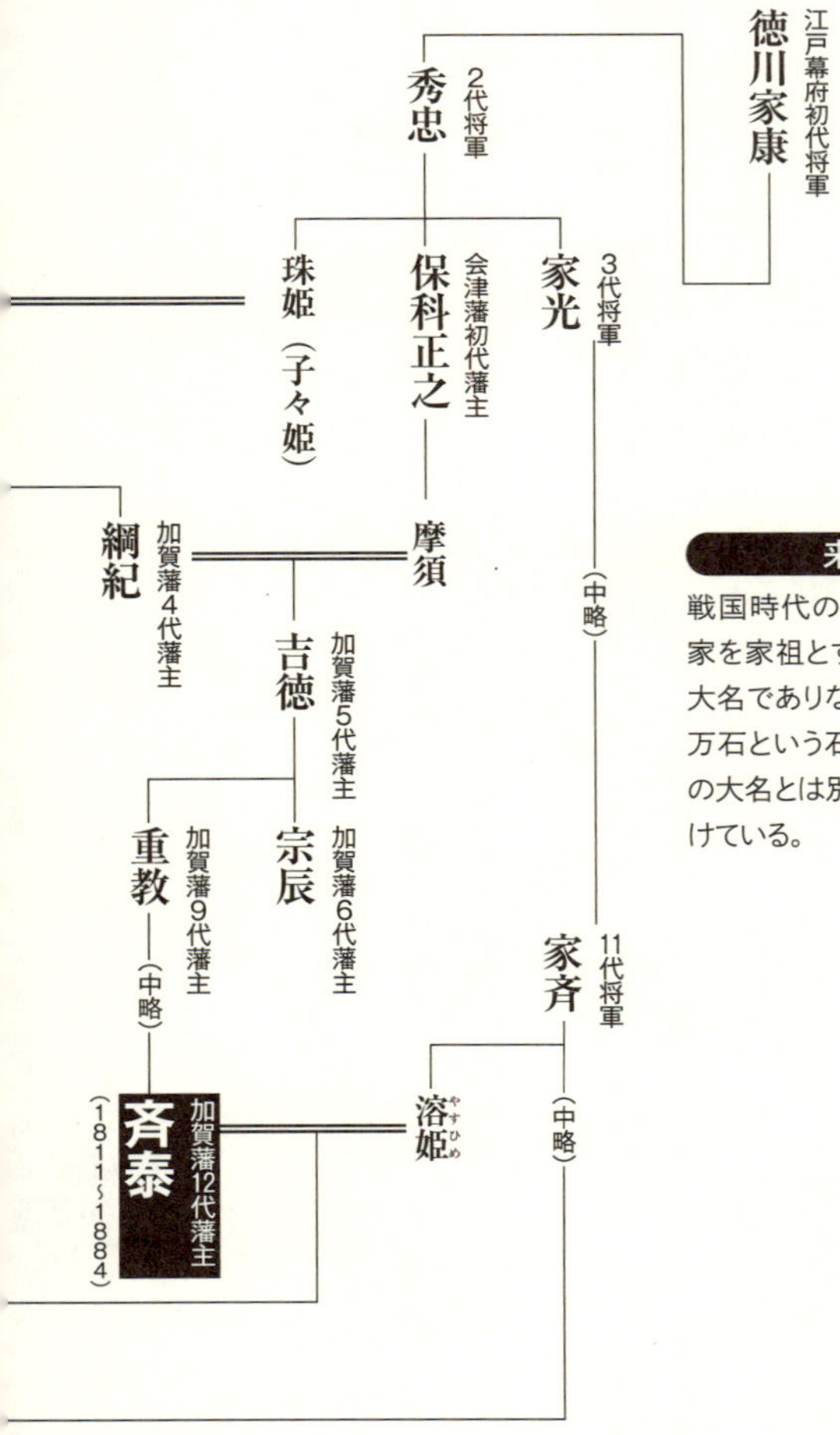

来歴

戦国時代の名将・前田利家を家祖とする一族。外様大名でありながら、加賀百万石という石高を誇り、他の大名とは別格の扱いを受けている。

始祖 前田利家

現当主 前田利宜

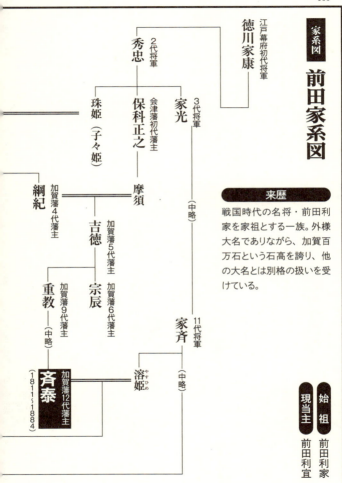

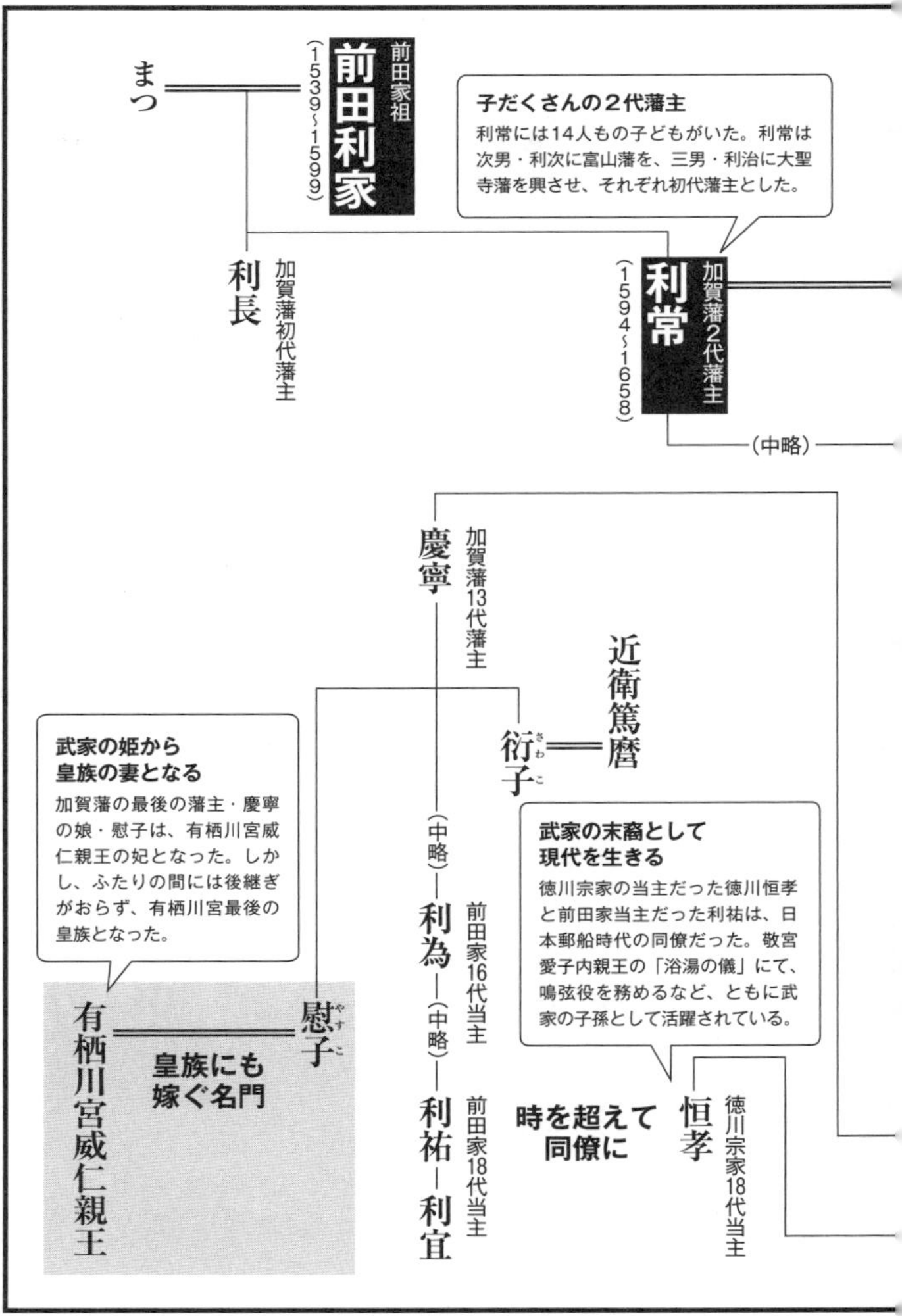
前田家祖
前田利家
（1539～1599）
まつ
子だくさんの2代藩主
利常には14人もの子どもがいた。利常は次男・利次に富山藩を、三男・利治に大聖寺藩を興させ、それぞれ初代藩主とした。
加賀藩初代藩主
利長
加賀藩2代藩主
利常
（1594～1658）
（中略）
加賀藩13代藩主
慶寧
近衛篤麿
衍子《さわこ》
武家の姫から皇族の妻となる
加賀藩の最後の藩主・慶寧の娘・慰子は、有栖川宮威仁親王の妃となった。しかし、ふたりの間には後継ぎがおらず、有栖川宮最後の皇族となった。
（中略）
前田家16代当主
利為
（中略）
前田家18代当主
利祐
利宜
武家の末裔として現代を生きる
徳川宗家の当主だった徳川恒孝と前田家当主だった利祐は、日本郵船時代の同僚だった。敬宮愛子内親王の「浴湯の儀」にて、鳴弦役を務めるなど、ともに武家の子孫として活躍されている。
有栖川宮威仁親王
慰子《やすこ》
皇族にも嫁ぐ名門
時を超えて同僚に
徳川宗家18代当主
恒孝

井伊家

家康を支えた徳川四天王の末裔

江戸幕府の大老職を歴任した譜代大名の筆頭

――家康の創業を支えた徳川四天王の末裔

ゆるキャラの「ひこにゃん」でも有名な滋賀県彦根市を治めた井伊家。その歴史は平安時代以来1000年以上の歴史を誇り、江戸幕府で歴代藩主の中から5代6度にわたって大老職を出した譜代筆頭の名門である。

平安時代、遠江国井伊谷を拠点とした井伊共保を開祖とする井伊家は、戦国時代には遠江守護の今川家に属して各地を転戦。しかし当主を相次いで戦場で失い、後を継いだ直親も謀反の疑いで今川氏真に殺される。

直親の死後、井伊家は家臣の下剋上により没落。しかし直盛の娘・次郎法師の活躍により井伊家は再び勢力を盛り返した。直親の婚約者でもあった次郎法師は名を直虎《なおとら》と改めて女だてらに井伊家を率いた。徳川家康の援助により井伊家は本拠地を奪還。

さらには直親の遺児・直政を家康に仕官させ、井伊家発展の礎を築いたのだ。直政は、徳川四天王にも数えられる名将へと成長し、近江彦根藩の藩祖となった。諸大名と婚姻関係を結び、井伊家の地位は盤石なものとなった。

直政以後、数代を経ると後継ぎが先代より先に病没し、5代藩主・直興や10代藩主・直定などがひとりで2回藩主を務める事態が発生。しかし一方で13代藩主・直幸《なおひで》や14代藩主・直中《なおなか》は実子に恵まれて婚姻関係を広げた。また、のちに大老となった直《なお》弼《すけ》は直中の十四男として生まれたが、兄・直亮《なおあき》の世子の死後、その養子となり井伊宗家を継ぐ幸運に恵まれた。

しかし直弼が桜田門外の変で暗殺されると、幕府は安政の大獄を行った直弼を糾弾。彦根藩は石高のうち10万石を削られ、戊辰戦争の際に早々と明治政府側に寝返った。

井伊家は明治維新後も彦根市長を歴任。直弼の孫・直忠は彦根城を彦根市に寄贈し、直忠の子・直愛《なおよし》は9期にわたり彦根市長を務め「殿様市長」とも呼ばれた。現当主は養子入りした岳夫で、本名とは別に井伊家の当主としては「直岳」を名乗っている。彦根市の市史編纂室に勤務する傍ら、井伊家の存在自体が彦根市の文化財であるとの理由から弱冠38歳の若さで彦根城博物館の館長に就任した。

家系図

井伊家系図

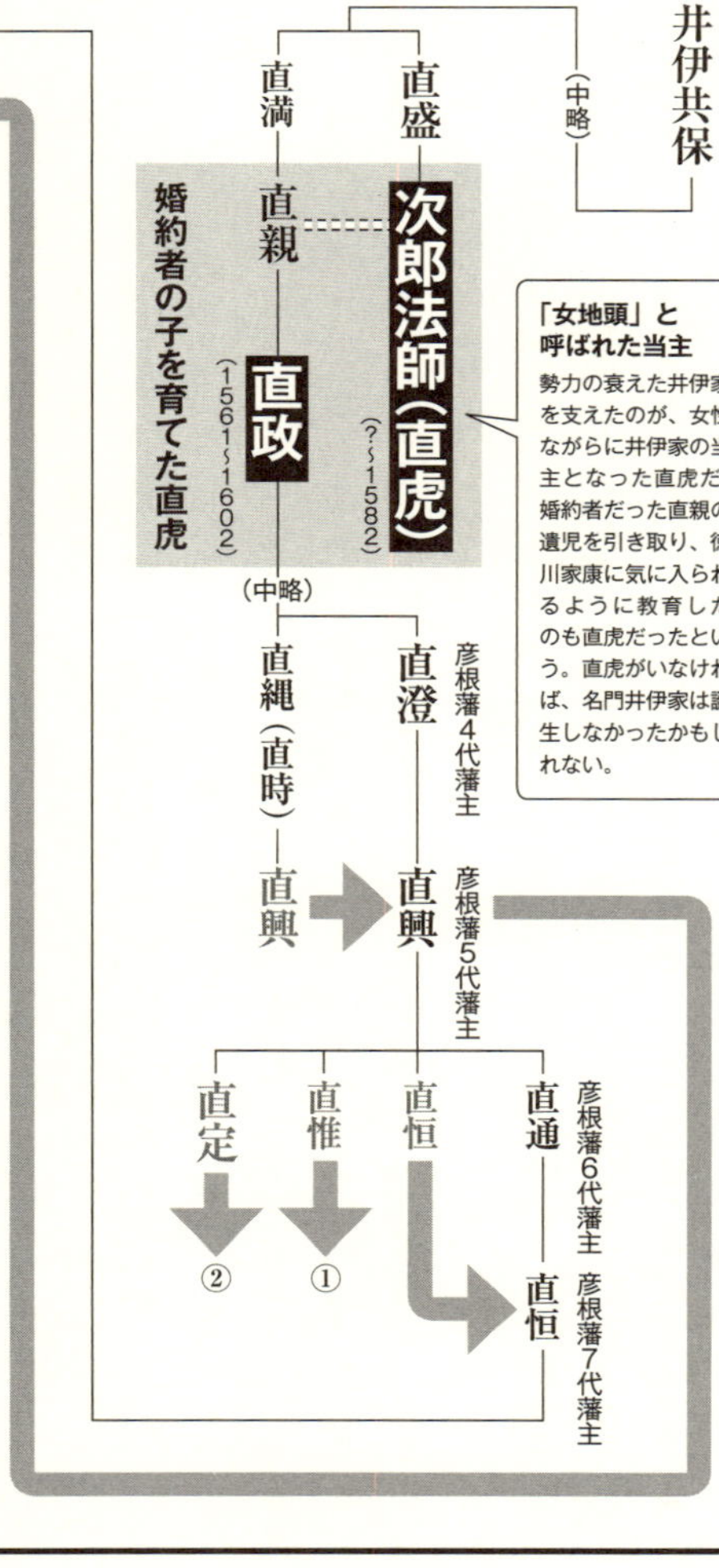
井伊家祖
井伊共保
（中略）
直盛
直満
次郎法師（直虎）
（?〜1582）
直親
直政
（1561〜1602）
婚約者の子を育てた直虎
（中略）
直澄
彦根藩4代藩主
直縄（直時）
直興
直興
彦根藩5代藩主
直通
彦根藩6代藩主
直恒
直惟
直定
①
②
直恒
彦根藩7代藩主

「女地頭」と呼ばれた当主

勢力の衰えた井伊家を支えたのが、女性ながらに井伊家の当主となった直虎だ。婚約者だった直親の遺児を引き取り、徳川家康に気に入られるように教育したのも直虎だったという。直虎がいなければ、名門井伊家は誕生しなかったかもしれない。

始祖　井伊共保

現当主　井伊直岳

来歴

古くは平安時代からの血筋といわれる。江戸時代には彦根藩の藩主として幕末までその流れをつないだ。幕末に暗殺された藩主・井伊直弼などが有名だ。

2度大老と藩主と務める

3代藩主・直澄の後を継ぎ、4代藩主となった直興。江戸幕府の大老も務めている。井伊家の中興の祖であり、2度藩主と大老に就任し、大変な長寿だったという。

直該（直興）　彦根藩8代藩主

直惟　彦根藩9代藩主　①

直定　彦根藩10代藩主　②

直禔

直幸

養子

直禔　彦根藩11代藩主

2度藩主を務めた倹約家

直定は10代藩主に就任。倹約家でも知られており、江戸城におにぎりを弁当として持参していたという。11代藩主が急死すると、病を押して再度12代藩主に就任した。

直定　彦根藩12代藩主

直幸　彦根藩13代藩主

養子

直中　彦根藩14代藩主

庶子が多く皆、養子へ……

14代藩主・直中には庶子が多く、みな有力大名との婚姻や養子縁組などで井伊家を出ていた。16代藩主となった直弼には養子のもらい手がなかったため、井伊家に残っていたところ、兄の世子の急死で井伊家を継いだ。

十四男・直弼が藩主となる

直弼

直亮　彦根藩15代藩主

直弼　彦根藩16代藩主（1815～1860）

（中略）

直忠　井伊家15代当主

（中略）

直岳　井伊家18代当主

伊達家

大河ドラマで戦国ブームの波に乗った一族

鎌倉以来の血筋を誇る独眼竜政宗の末裔

――遠く鎌倉時代に端を発し、現在に続く独眼竜の血脈

戦国ブームの嚆矢《こうし》ともいえる１９８７（昭和62）年のＮＨＫ大河ドラマ『独眼竜政宗』。この番組で監修を務めた伊達宗家34代当主・伊達泰宗は歴史の専門家であり、伊達家に関する歴史遺産の管理・修復に携わる他、伊達政宗関連グッズの販売などにおいても精力的に活動を行っている。

伊達家は鎌倉時代、初代・朝宗《ともむね》が奥州合戦の戦功により陸奥国伊達郡を賜ったことに端を発する東北地方の名門である。

戦国時代には稙宗《たねむね》が次男・義宣に東北地方の名門・大崎家を継がせるなど、婚姻政策で勢力を拡大。三男・実元《さねもと》と越後守護・上杉家の養子縁組の話も進むが、長男・晴宗の反対により破談。稙宗と晴宗の対立は、稙宗の娘婿である相馬顕胤《あきたね》、蘆名盛氏《あしなもりうじ》な

どの大名を巻き込む天文の乱に発展する。

天文の乱により勢力に陰りが見えたものの、晴宗の子・輝宗と最上義光《よしあき》の妹・義姫の間に生まれた17代・政宗の活躍により勢力を挽回。政宗は仙台藩の藩祖となる。娘の五郎八《いろは》姫は徳川家康の六男・松平忠輝に嫁ぎ、政宗の側室が産んだ子どものうち秀宗は宇和島藩、宗勝は一関藩の藩祖となった。

しかし江戸時代に入ると、わずか2歳で宗家を相続した綱村《つなむら》の後見役となった前述の宗勝が綱村を蔑《ないがし》ろにした行動により失脚。幕府の裁きで宗勝の一関藩は御家断絶となった。これを伊達騒動という。また直系の血筋も綱村で絶え、傍流の吉村《よしむら》が伊達宗家21代当主を継ぐ。吉村の子・宗村は徳川御三家の紀州藩主・徳川宗直の娘を正室として迎え、側室との間にも多くの男子をもうけた。そのうちのひとり・正敦《まさあつ》は譜代大名・堀田家の養子となり、幕府で若年寄まで出世する。正敦はのちに宗村の孫・斉村《なりむら》が早世した際、生後数か月の周宗が伊達宗家を相続できるよう尽力した。

この後数代にわたり伊達一門による養子の藩主が続き、明治時代には宗家が伯爵家となる。鎌倉時代から現在に血脈を伝える伊達家。近年、観客数が90万人を超える「仙台青葉まつり」では、武者行列の先頭を歩く現当主・泰宗の姿を見ることができる。

家系図

伊達家系図

始祖　伊達朝宗
現当主　伊達泰宗

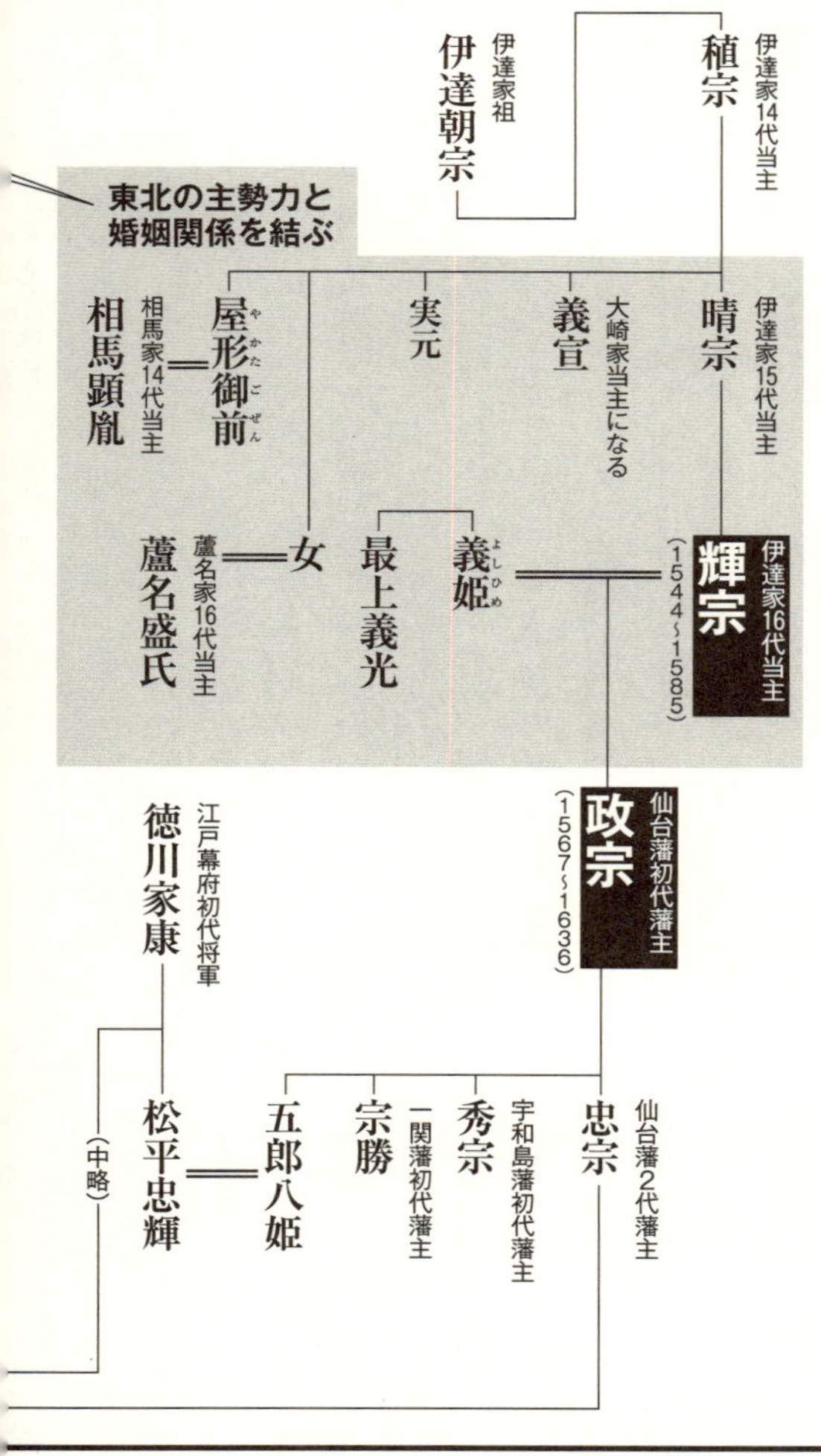

伊達家14代当主
稙宗
伊達家祖
伊達朝宗
東北の主勢力と婚姻関係を結ぶ
伊達家15代当主
晴宗
大崎家当主になる
義宣
実元
屋形御前《やかたごぜん》
相馬家14代当主
相馬顕胤
伊達家16代当主
輝宗
(1544〜1585)
義姫《よしひめ》
最上義光
女
蘆名家16代当主
蘆名盛氏
仙台藩初代藩主
政宗
(1567〜1636)
江戸幕府初代将軍
徳川家康
仙台藩2代藩主
忠宗
宇和島藩初代藩主
秀宗
一関藩初代藩主
宗勝
五郎八姫
松平忠輝
(中略)

来歴

東北の雄として代々その地を継承してきた伊達家。特に伊達政宗の名は広く世に知られている。現在も伊達家の血脈は続いており、仙台の名家となっている。

婚姻関係を結ぶ一方、合戦も盛んな東北

伊達家は東北でも力を持つ勢力だったが、相馬家、蘆名家、最上家など多くの戦国大名たちが争う地域でもあった。政宗は奥州統一のため、血縁関係にある東北勢力と幾度も戦いを繰り広げている。

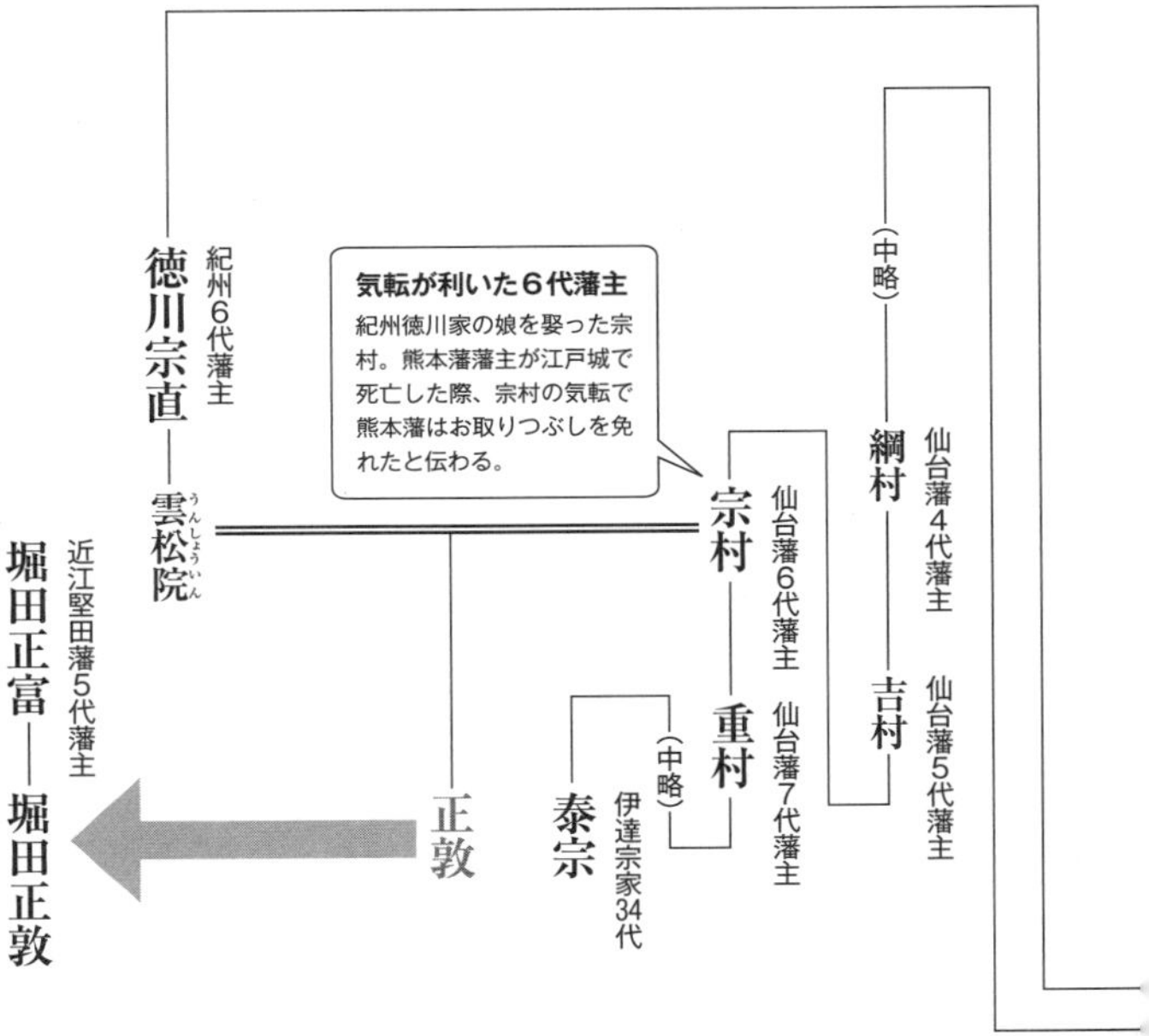

（中略）
仙台藩4代藩主
綱村
仙台藩5代藩主
吉村
仙台藩6代藩主
宗村
仙台藩7代藩主
重村
（中略）
伊達宗家34代
泰宗
紀州6代藩主
徳川宗直
雲松院《うんしょういん》
正敦
近江堅田藩5代藩主
堀田正富
堀田正敦
気転が利いた6代藩主
紀州徳川家の娘を娶った宗村。熊本藩藩主が江戸城で死亡した際、宗村の気転で熊本藩はお取りつぶしを免れたと伝わる。

毛利家

滅亡の危機を回避して奇跡の再生を遂げる

関ヶ原の遺恨を倒幕・明治維新で晴らす

戦国時代、中国地方に覇を唱《とな》えた毛利家。その血筋は、鎌倉幕府成立に協力した大江広元の四男・季光《すえみつ》に辿り着く。毛利家初代の季光は三浦義村の娘を妻とし、娘は執権・北条時頼に嫁いでいたが、宝治合戦により三浦家が滅ぼされると、季光も三浦家に殉じて落命。わずかに季光の子・経光が生き残り毛利家の命脈を保った。

戦国時代になると元就の登場により戦国大名へと成長。元就は次男・元春を吉川家、三男・隆景を小早川家に養子に出して勢力を拡張する。輝元の代に関ヶ原の戦いで敗れ、大幅に石高を削られた毛利家だが、長州藩成立後は徳川将軍家と代々婚姻を重ね、治親《はるちか》は徳川御三卿の田安宗武《むねたけ》の娘、斉広《なりとう》は11代将軍・徳川家斉の娘を正室に迎えた。

幕末では家中の志士たちの活躍により、下関戦争や長州征伐など滅亡の危機を回避。明治維新後に毛利家は公爵家となる。最後の藩主・元徳《もとのり》の長男・元昭《もとあき》は徳川慶勝の娘、五男の五郎は松平春嶽の娘を正室に迎え、六男・徳敏《のりとし》は大村益次郎の孫・寛人、八

家系図　毛利家系図

始祖　毛利季光　現当主　毛利元栄

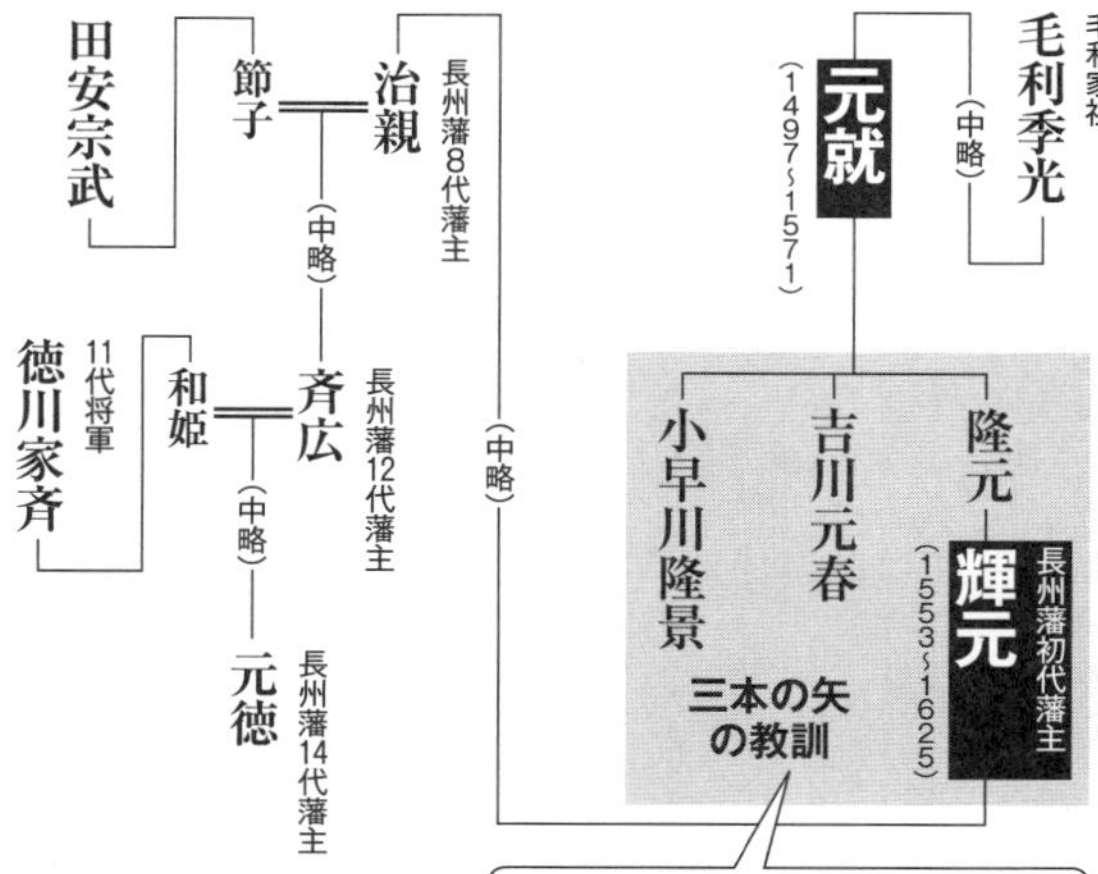
毛利家祖
毛利季光
（中略）
元就
（1497~1571）
隆元
長州藩初代藩主
輝元
（1553~1625）
吉川元春
小早川隆景
三本の矢の教訓
（中略）
長州藩8代藩主
治親
節子
田安宗武
（中略）
長州藩12代藩主
斉広
和姫
11代将軍
徳川家斉
（中略）
元徳
長州藩14代藩主

来歴

中国地方を中心に勢力を伸ばした一族。特に毛利元就は有名だ。幕末には毛利家が治める長州藩から逸材が多く輩出され、明治維新のキーマンとなった。

毛利家を守るために生きた兄弟

有名な元就と訓示「三本の矢」。その教えを忠実に守り、毛利家を盛り立てたのが、輝元、元春、隆景の三兄弟だ。輝元が隆元の後を継ぐと、ふたりの伯父は輝元を支えた。

男・八郎は西園寺公望の養子に入るなど、明治維新で活躍した一族にも毛利家の血筋が入っている。

長い歴史の中で度々滅亡の危機に見舞われながらも奇跡の再生を遂げ、現在に血筋を伝える毛利家。その歴代の至宝は毛利博物館で管理され、栄光の歴史を伝えている。

上杉家

鎌倉以来の家柄を誇る名門・上杉家の軌跡

軍神・上杉謙信の末裔は宇宙工学の専門家

「上杉本洛中洛外図屏風」などの国宝を所蔵する米沢市上杉博物館。江戸時代にこの米沢を治めた上杉家の始祖は、鎌倉時代に関東へ来た上杉重房と伝えられる。

重房の娘は足利頼氏に嫁ぎ、上杉家2代当主・頼重の娘も足利貞氏に嫁いで、室町幕府を開いた足利尊氏を産む。こののち上杉家からは、嫡流の山内家、庶流の犬懸《いぬがけ》家・宅間《たくま》家・扇谷《おうぎがやつ》家・越後上杉家などの分家が生じ、繁栄を極めた。なお足利学校を再興した上杉憲実《のりざね》は越後上杉家から山内家に入ったことでも知られている。

のちに同族間の争いにより一時衰えるが、越後上杉家の家臣・長尾家の出身で軍神と恐れられた上杉謙信が山内家を継ぐことにより勢力を挽回。生涯独身で過ごした謙信の後は、謙信の姉・仙桃院《せんとういん》が産んだ上杉景勝が継いで江戸時代に至る。しかし景勝の男系の血筋は孫・綱勝《つなかつ》の代で絶え、上杉家の名跡は綱勝の娘と『忠臣蔵』の敵役・吉良上野介義央《よしなか》の間に生まれた綱憲《つなのり》が継ぐ。こののち、藩政改革で有名な治憲《はるのり》（鷹《よう》

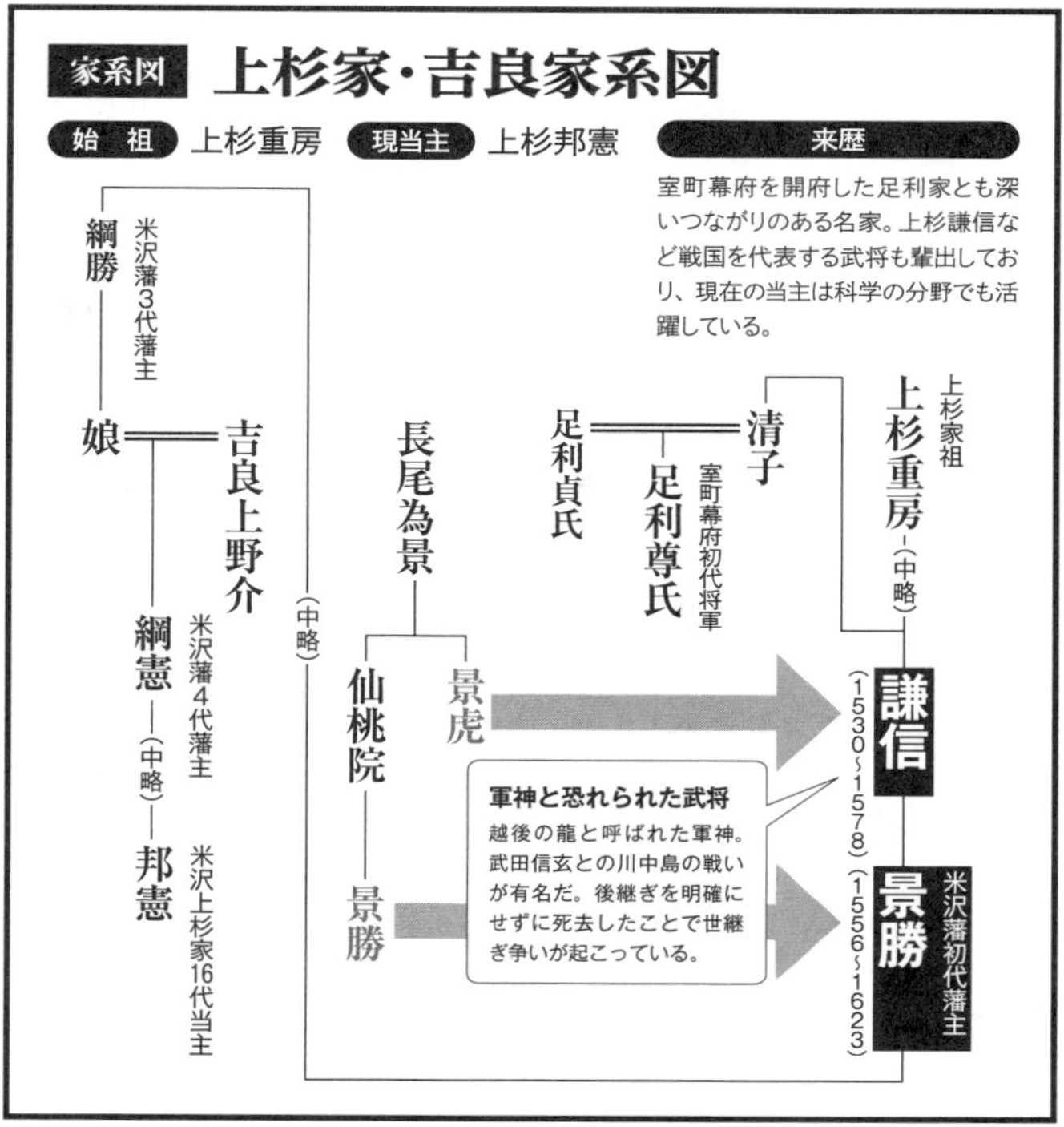
家系図
上杉家・吉良家系図
始祖
上杉重房
現当主
上杉邦憲
来歴
室町幕府を開府した足利家とも深いつながりのある名家。上杉謙信など戦国を代表する武将も輩出しており、現在の当主は科学の分野でも活躍している。
上杉家祖
上杉重房
（中略）
清子
足利貞氏
室町幕府初代将軍
足利尊氏
長尾為景
景虎
仙桃院
景勝
謙信
（1530～1578）
景勝
（1556～1623）
米沢藩初代藩主
軍神と恐れられた武将
越後の龍と呼ばれた軍神。武田信玄との川中島の戦いが有名だ。後継ぎを明確にせずに死去したことで世継ぎ争いが起こっている。
（中略）
綱勝
米沢藩3代藩主
娘
吉良上野介
綱憲
米沢藩4代藩主
（中略）
邦憲
米沢上杉家16代当主

山《ざん》）が秋月家から養子に入ることもあったが、治憲以後は再び綱憲から続く男系の血筋に戻り明治を迎えた。

　現在の当主・上杉邦憲は、惑星探査機「はやぶさ」プロジェクトチームの一員として表彰を受けるなど宇宙工学者として活躍。また上杉家関連の講演会でも講師を務め、鎌倉以来の名門の伝統を伝えている。

鍋島家

会津松平家・天皇家と婚姻を重ねた侯爵家

主家の簒奪者から転じて天皇家の縁戚となる

幕末に西洋技術の導入により近代化を進めた佐賀藩の鍋島家。その繁栄の礎を築いたのは戦国時代、北九州に割拠した龍造寺隆信に仕えた鍋島直茂《なおしげ》だ。直茂は父・清房が隆信の母・慶誾尼《けいぎんに》を後妻に迎えたことから主君と義兄弟の関係にあり、その腹心となった。沖田畷《おきたなわて》の戦いで隆信が戦死した後は家中の実権を掌握。のちに徳川より嫡子・勝茂が佐賀藩主として認められ鍋島家は主家を簒奪する形となる。

江戸時代に入ると多数の分家が生じ、直茂、勝茂の系列から生じた小城鍋島家、蓮池鍋島家、鹿島鍋島家は御三家と呼ばれた。幕末では四賢侯にも数えられる10代藩主・直正（閑叟《かんそう》）が西洋技術を積極的に導入。佐賀藩のアームストロング砲は戊辰戦争終結に大きな役割を果たし、鍋島家は維新後に侯爵家、御三家は子爵家となった。

明治以降、11代・直大の娘・信子が会津松平家の恒雄に嫁いで秩父宮勢津子を産み、伊都子は皇族・梨本宮守正王に嫁ぎ、さらに孫の直泰は明治天皇の孫・紀久子を妻に

家系図　鍋島家系図

始祖　鍋島勝茂　現当主　鍋島直晶《なおまさ》

来歴

もとは九州の龍造寺家に仕える家臣だった。鍋島直茂の時代に権力を握り、佐賀藩鍋島家として幕末まで存続した。現在もその血は続いている。

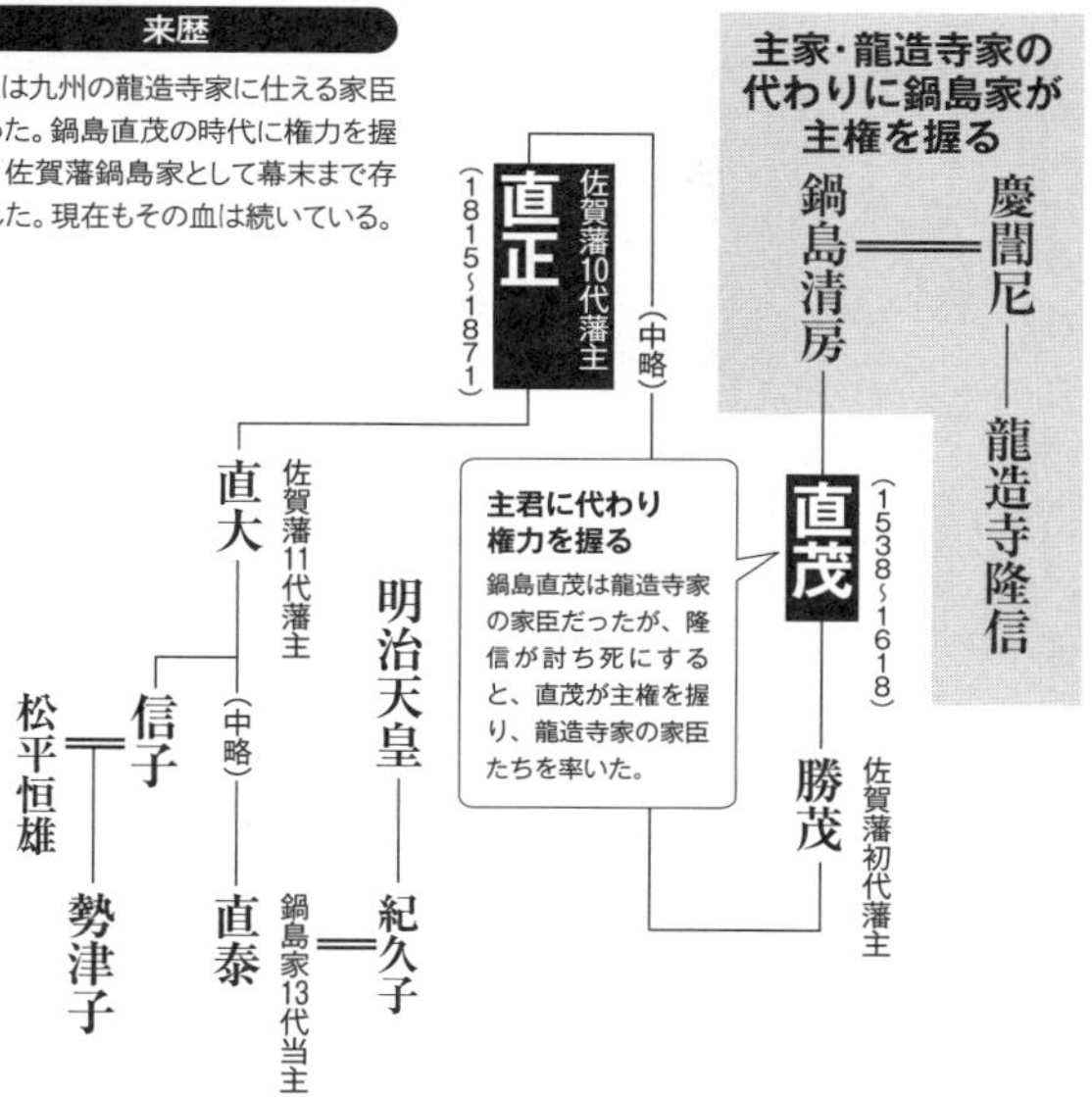

迎えるなど、天皇家とも密接なつながりを持つに至る。

　現在、鍋島家が所有していた国宝・重要文化財は12代・直映が建てた徴古館に寄贈され、その管理は鍋島報效会が行っている。徴古館では例年鍋島氏所縁の展示会が催され、皇族につながる一族の歴史をいまに伝えている。

浅野家

天下人・秀吉を支え豊臣の血が流れる名門

『忠臣蔵』で有名な赤穂藩浅野家の本家

忠臣蔵の赤穂浪士で有名な赤穂藩主・浅野内匠頭長矩《ながのり》を生んだ浅野家。この一族の繁栄は戦国時代、浅野長勝の養女・おね（高台院）が豊臣秀吉に嫁いだことにはじまる。

長勝の甥（のちに養子）・長政は豊臣家の五奉行として活躍。3人の男子に恵まれ、幸長《よしなが》は長政の後を継ぎ、長晟《ながあきら》は幸長の養子となり広島藩初代藩主となり、長重《ながしげ》は分家して笠間藩を興した。前述の赤穂藩主・長矩は、この長重の曾孫にあたる。

広島藩は長晟が徳川家康の娘、4代・綱長は尾張藩主・徳川光友の娘を正室に迎え、2代・光晟《みつあきら》は加賀藩主・前田利常の娘を正室に迎えるなど、将軍家・前田家と婚姻を重ねた。また6代・綱晟の妻の祖母は豊臣完子《とよとみさだこ》（秀吉の甥・秀勝と江の娘）であり、浅野家は豊臣家の血筋も受け継いでいる。

最後の藩主・長勲《ながこと》は早い時期に尊王の立場を鮮明にし、明治維新後は貴族院議員を歴任。のちに侯爵となり幼少期の昭和天皇の養育係を務めた。

家系図　浅野家系図

始祖 浅野幸長　**現当主** 浅野長孝

木下時代からの秀吉の仲間
浅野家はもとは織田家に仕える一家臣だった。長勝の養女・おねがのちの豊臣秀吉である木下藤吉郎に嫁いだことで、浅野家の人々は藤吉郎の出世とともに力を持つようになり、浅野長政も豊臣政権の五奉行の筆頭となった。

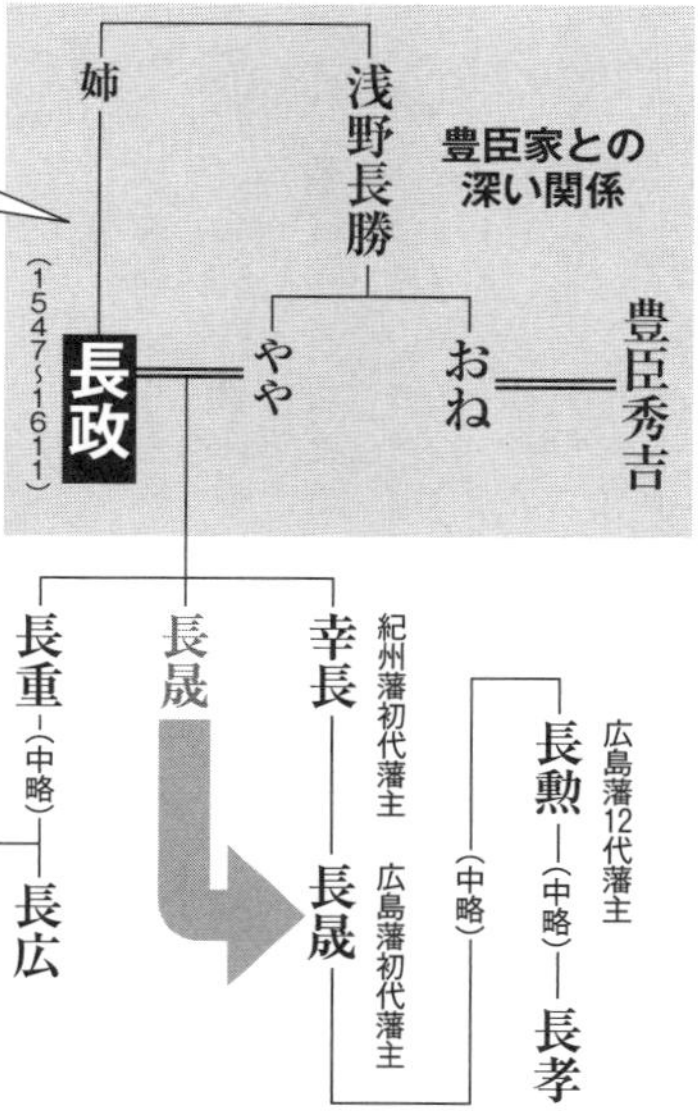

来歴
もとは織田家に仕える家臣だったが、豊臣秀吉と婚姻関係となり、豊臣政権で要職に就く。『忠臣蔵』で取り上げられる、浅野内匠頭は分家の当主であった。

一方、長矩の血筋も弟・長広が旗本として家を再興し明治維新を迎えたが、現在は血筋が絶えている。

また、浅野家の私立図書館「浅野図書館」、私立美術館「観古館」は広島県に寄贈され、「広島市立中央図書館」「広島県立美術館」として残り、現当主・長孝は公益財団法人芸備協会の代表理事となっている。

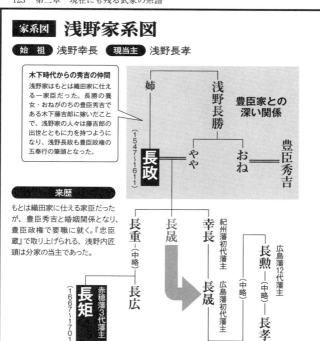

黒田家

日本野鳥の会をつくった名軍師の末裔

天下人・豊臣秀吉を支えた名軍師の末裔

豊臣秀吉の軍師として名高い黒田官兵衛孝高《よしたか》の黒田家。豊臣家の重臣でありながら、孝高の子・長政は関ヶ原の戦いで徳川家康に属し、功績により福岡藩初代藩主となった。長政は豊臣家の重臣・蜂須賀正勝《はちすかまさかつ》の娘を正室に迎え、継室には徳川家康の養女（保科正直の娘）・栄姫《えいひめ》を迎える。栄姫が産んだ子のうち忠之は2代藩主となり、長興《ながおき》と高政《たかまさ》は分家としてそれぞれが秋月藩、東蓮寺《とうれんじ》藩を興した。

しかし長政の血筋は6代藩主・継高《つぐたか》で絶え、その後は徳川御三卿・一橋家宗尹《むねただ》の五男・治之《はるゆき》が継ぐ。さらに8代藩主・治高《はるたか》（京極高慶《たかよし》の子）、9代藩主・斉隆《なりたか》（一橋治《はる》済《さだ》の子）、11代藩主・長溥《ながひろ》（島津重豪《しげひで》の子）と養子の藩主が続き、最後の藩主・長知《ながとも》もまた津藩藩主・藤堂高猷《たかゆき》の次男で養子の藩主であった。

明治時代に侯爵家となった黒田家。14代当主・長礼《ながみち》は閑院宮載仁《かんいんのみやことひと》親王の娘・茂子《しげこ》を正室に迎え、鳥類学者としても活躍。日本野鳥の会の発起人のひとりとしても知られ、

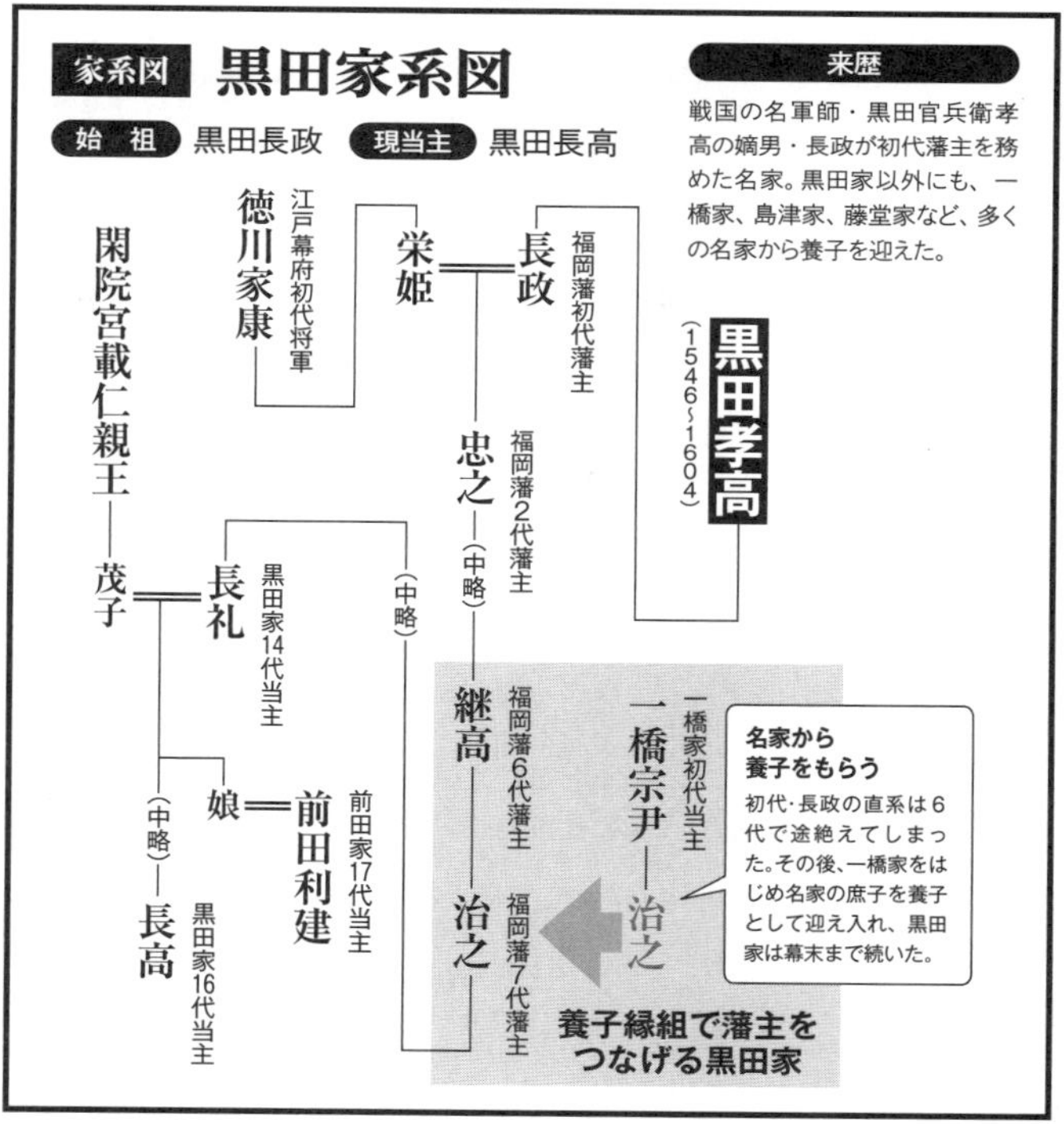

その娘は加賀前田家17代・前田利建に嫁いだ。

黒田家は質素倹約を尊ぶ孝高の教えにより豪壮な大名庭園はつくらなかったが、藩校・修猷館《しゅうゆうかん》は福岡県立修猷館高等学校として現在も福岡県教育の一翼を担っている。また上屋敷があった外務省庁舎の外周には石垣が残り、鬼瓦も東京国立博物館に展示され、当時の面影を伝えている。

真田家

将軍家から養子を迎えた武門名誉の家

幕末四賢候の血筋を受け継ぐ松代真田家

戦国時代末期、二度にわたる上田合戦で寡兵をもって徳川勢を打ち破った真田昌幸。その長男・信之は徳川四天王のひとり・本多忠勝の娘を妻に迎えて松代藩の藩祖となり93歳の長寿を保つ。また次男・信繁（幸村）は大坂の陣で徳川勢を相手に武名を轟かせた。江戸時代に入ると信之の男系の血筋は6代藩主・幸弘《ゆきひろ》で絶え、以後は彦根藩主・井伊直幸の子・幸専《ゆきたか》、老中・松平定信の子・幸貫《ゆきつら》など度々養子の藩主が生まれた。最後の藩主・幸民《ゆきもと》もまた宇和島藩主・伊達宗城《むねなり》の子で、明治維新後に子爵家、次いで伯爵家となる。

なお幸民の三男は伏見宮家出身で臣籍降下していた清棲《きよす》家教《いえのり》の養子となり、伏見宮博恭《ひろやす》王の第2皇女・敦子と結婚、清棲幸保《ゆきやす》と名乗った。幸保は鳥類学者として『日本鳥類大図鑑』の編集に関わり、その息子の保之もまた鳥類学者として活躍している。

一方、大坂夏の陣で戦死した信繁の血筋は、その遺児・大八が仙台藩の片倉家に匿

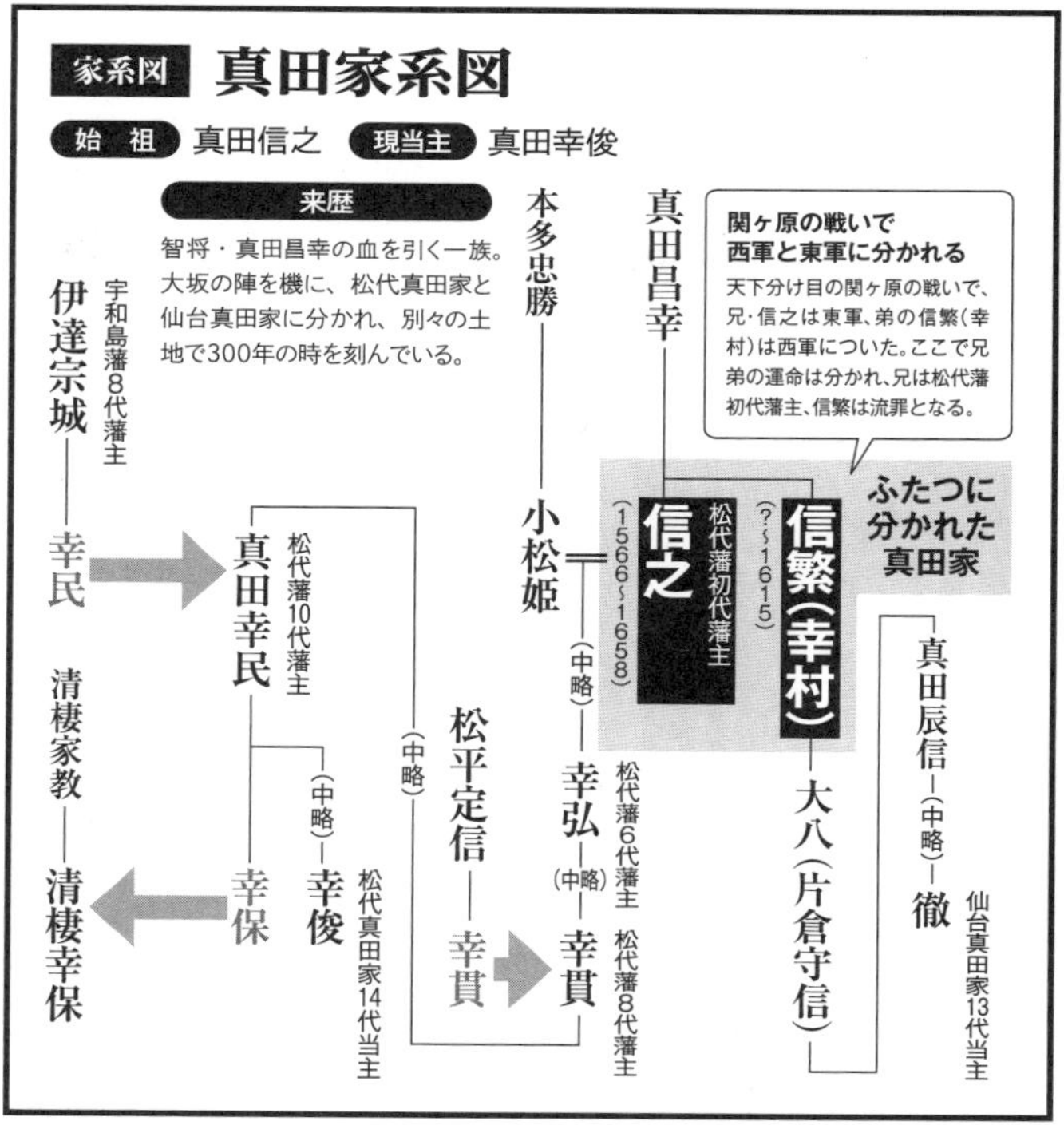

われたことにより一時、片倉姓を名乗っていた。3代将軍・徳川家光の時代に真田姓に復帰。仙台真田家として残り、幕末には直言の烈士・幸歓《ゆきよし》が仙台藩の軍事を司った。

現在、松代真田家の14代当主・幸俊は工学者、慶応義塾大学教授として教鞭を執り、仙台真田家の末裔で現当主の徹は信州上田観光大使になっている。

特集・天皇家を祖とするふたつの武家系譜

系図でたどる源平合戦

ともに天皇家から枝分かれした系図を持っていながら、長年にわたって勢力争いを繰り広げた源氏と平氏。一説にはその系譜が天下統一の行方をも左右したといわれる。

源平の対立と戦国武将とのつながり

武将たちの出自をたどる際に、よく出てくるのが「清和源氏」、「桓武平氏」という言葉である。中世に各地で勢力を持った武家が、自分たちの系図をさかのぼると清和天皇、桓武天皇につながるのだと、出自の確かさを誇ったことに由来する。もちろん、天皇家から枝分かれした氏族は他にも数多くあるが、武士たちの間では、前九年の役などで活躍した源義家や、平将門の乱で活躍した平貞盛らを英雄視する風潮があったため、特に清和源氏と桓武平氏につながることが盛んに喧伝された。

源氏と平氏というと、常に対立していたイメージがあるが、保元の乱では、平清盛と源義朝はともに同じ陣営に属して戦ってもいる。しかし、平治の乱では清盛と義朝は敵同士となり、義朝が清盛に敗れたことで、両者の遺恨は決定的なものになる。伊豆に落ち延びた義朝の息子である源頼朝は、妻の実家である北条氏の力を借りて挙兵し、弟の源義経らを率いて平家を滅ぼすことになる。

その後の歴史上の人物とのつながりで見ると、源氏の流れをくむ武将では、河内源氏の子孫として明智光秀や竹中半兵衛がおり、甲斐源氏からは武田信玄が生まれている。また、足利氏は室町幕府を開く足利尊氏の他、細川藤孝（幽斎）や、今川義元にもつながる。さらに戦国時代を終わらせて幕府を開く徳川家康も源氏の流れをくんでおり、新田氏の後裔を名乗っていた。一方、桓武平氏の末裔には、関東で活躍した北条早雲や、武田信玄と死闘を繰り広げた上杉謙信などがいる。

なお、征夷大将軍に任命され、幕府を開いた氏族は3家あるが、源氏、足利氏、徳川氏とすべて清和源氏である。そのため、源氏の棟梁にしか征夷大将軍になることが許されなかったとの説が唱えられており、織田信長や豊臣秀吉が最終的に幕府を開くことがなかったのも、彼らが平氏を名乗っていたからだという。時に系図は歴史上の大きな謎を解く手がかりにもなり得るのである。

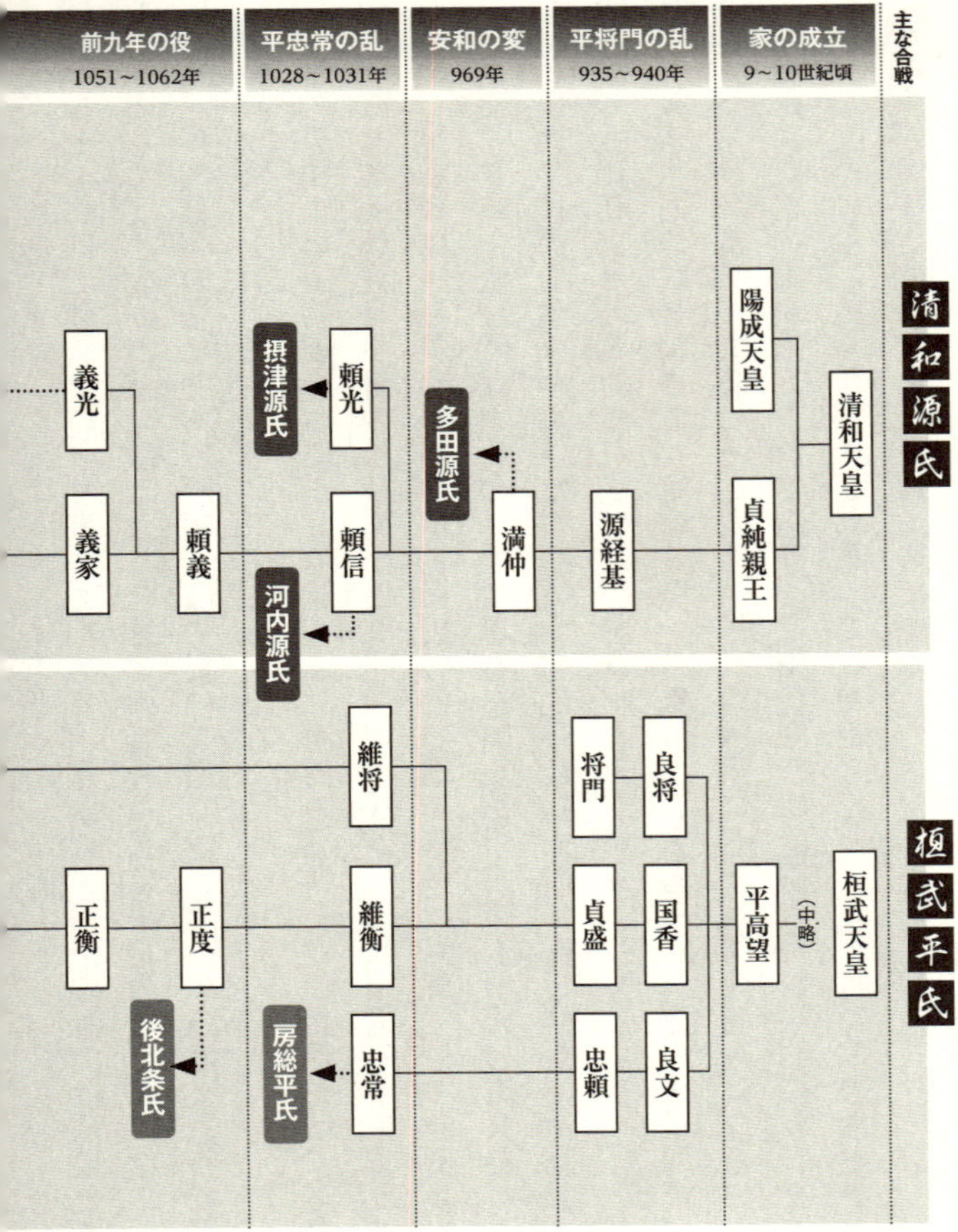
主な合戦
家の成立
9～10世紀頃
平将門の乱
935～940年
安和の変
969年
平忠常の乱
1028～1031年
前九年の役
1051～1062年
清和源氏
清和天皇
陽成天皇
貞純親王
源経基
満仲
多田源氏
頼光
摂津源氏
頼信
河内源氏
頼義
義光
義家
桓武平氏
桓武天皇
(中略)
平高望
良将
将門
国香
貞盛
良文
忠頼
維将
維衡
忠常
房総平氏
正度
後北条氏
正衡

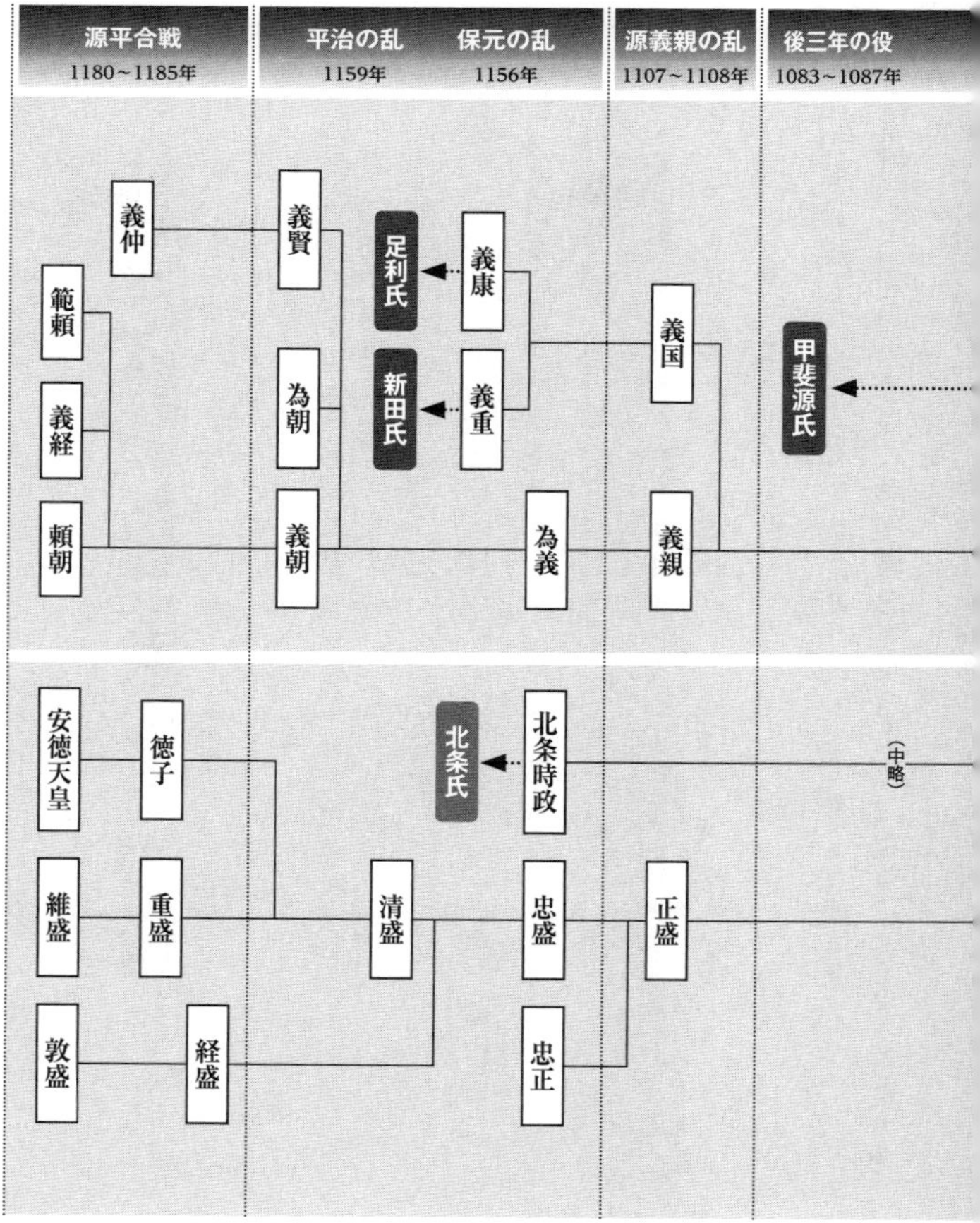
源平合戦
1180～1185年
平治の乱
1159年
保元の乱
1156年
源義親の乱
1107～1108年
後三年の役
1083～1087年
義仲
範頼
義経
頼朝
義賢
為朝
義朝
足利氏
新田氏
義康
義重
為義
義国
義親
甲斐源氏
安徳天皇
徳子
維盛
重盛
敦盛
経盛
清盛
北条氏
北条時政
（中略）
忠盛
忠正
正盛

column

戦国に散った武家のその後

家系図を見てたどる猛将たちの家の「その後」

群雄割拠の戦国時代。英傑たちが苛烈な戦いを繰り広げる中で、お家断絶となってしまった武家は数知れない。しかし、一般に滅亡したと思われている武将でも、家系図をよく見てみるとその血筋が続いている場合がある。

1582（天正10）年、天下統一を目前に本能寺の変で倒れた織田信長。このとき嫡男の信忠も殺され、一族は滅んだかに見えた。

しかし、実際は信長の次男・信雄と、信長の13歳年下の弟・長益が織田の血を継いでいる。伊勢の名跡・北畠家を継いで北畠を名乗っていた信雄は、本能寺の変以降織田姓を名乗るようになり、秀吉らと争った。

秀吉が天下人となった際には改易の処分を受けるも、江戸時代になってから家康により再び大名の座に舞い戻った。本能寺の変の際、信忠に従って二条御所にいた長益は、途中で脱出し逃げ延びたという。後年は秀吉に仕え、剃髪して有楽と名乗った。千利休に茶を学び、茶人として大成している。

本能寺の変の黒幕・明智光秀の血筋も途絶えたわけではない。光秀自身は山崎の戦いで敗れ、近江へ逃げる途中で無惨な最期を遂げたが、その血は光秀の娘・玉によって後世へと受け継がれている。玉の夫は関ヶ原の戦いなどで武功を挙げた細川忠興。玉は忠興との間に3人の子を設け、光秀の血は細川家の中に組み込まれながら続いていくことになる。

他にも、華々しく散ったとされる武将の家系が戦国以降も続いている例は少なくない。足利将軍家の縁戚である今川家は、桶狭間の戦いで今川義元が討ち死にした後は嫡男の氏真が継いでいるが、家康や武田信玄ら猛将の勢いに抗えず衰退の一途をたどった。しかし江戸時代には家康に召し出され、高家として存続している。

室町幕府を開いた足利家も、家系図をたどると意外な「その後」が見えてくる。将軍家としての権威はとうに失墜し、艱難辛苦の日々を送った15代将軍・義昭。自身を擁立した信長に反旗を翻したことで追放の憂き目に遭い、将軍家としての足利家はここで滅ぶ。

しかし、後年秀吉の庇護によって足利義明の孫・国朝が古河公方家を継ぎ、足利家は再興することとなった。江戸時代には喜連川氏と名乗ったが、明治維新後に再び足利氏に戻り、そしてその血はいまでも連綿と受け継がれている。

第四章

天皇家、秋篠宮家、伏見宮家……

近代の天皇家と宮家

天皇家とつながる現存宮家と皇統を支えた近代の宮家の歴史

天皇家

激動の近代史に重なる近代天皇家の歴史

近代日本を象徴する4代の天皇系譜

――立憲君主、神、象徴……大きく変化した天皇の役割

近代天皇家の歴史は明治天皇にはじまる。父は孝明天皇で、妹宮に徳川家茂に降嫁した和宮親子内親王がいる。

10代で践祚《せんそ》した明治天皇は、事実上の東京遷都を行い、日本の近代化の過程で神格化されていく。近代国家日本の指導者として尽力し、皇室ではタブーであった牛肉や牛乳を進んで飲食したといった逸話が残っている。皇后は公家出身の一条美子《はるこ》で、教育などの社会事業に功績を残し、崩御の際に昭憲皇太后と追号された。実子はなかったが、側室の柳原愛子《なるこ》が産んだ嘉仁親王（大正天皇）を養子とした。幕末から明治にかけて、朝廷と幕府、そして有力諸大名家の思惑が交錯した時代を表すように、当時の天皇家の系図に、公家の他に徳川宗家や島津家などの名前が見えるのが興味深い。

次代の大正天皇は、初めて一夫一婦制度を採った天皇である。皇后の節子《さだこ》は九条家出身で、夫帝を支えながら社会事業に理解を示し、崩御後は貞明皇后を追号された。大正天皇との間に4人の皇子をもうけ、のちの昭和天皇となる裕仁親王以外の3人の皇子は独立して、秩父宮、高松宮、三笠宮という宮家を創始した。

後を継いだ昭和天皇の生涯は、20世紀の日本の歩みと同様に波乱の連続だった。昭和恐慌、日中戦争を経て、太平洋戦争の戦局悪化を鑑みポツダム宣言受諾を決断。戦後は「人間宣言」を行った。昭和天皇の皇后・香淳皇后は皇族出身で、御名を良子《ながこ》といった。薩摩藩主・島津忠義の娘を母に持つ。皇太子妃に内定した際、家系に色覚異常の遺伝があるとして婚約辞退を迫られる「宮中某重大事件」が起きるが、昭和天皇の意向もあり内定は揺るがなかった。おふたりの仲は睦まじかったという。

上皇は1989（平成元）年に践祚。上皇の皇后は正田美智子で、皇族・華族以外からの初めての皇太子妃であった。正田家は群馬県の旧家であり、祖父・正田貞一郎は日清製粉の創業者である。

今上天皇・徳仁は1993（平成5）年に、小和田雅子と御成婚。2001（平成13）年には待望の第一子が誕生、愛子内親王と命名された。

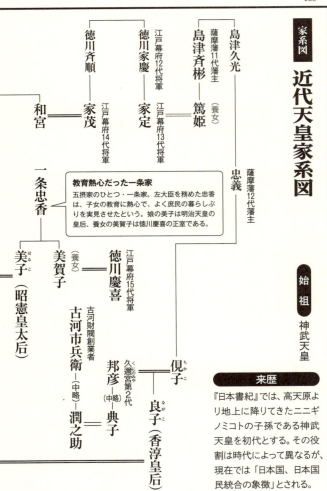

家系図

近代天皇家系図

始祖
神武天皇

来歴
『日本書紀』では、高天原より地上に降りてきたニニギノミコトの子孫である神武天皇を初代とする。その役割は時代によって異なるが、現在では「日本国、日本国民統合の象徴」とされる。

島津久光
薩摩藩11代藩主 島津斉彬 — （養女）篤姫
薩摩藩12代藩主 忠義 — 俔子《ちかこ》
江戸幕府12代将軍 徳川家慶 — 江戸幕府13代将軍 家定
徳川斉順 — 江戸幕府14代将軍 家茂
和宮
一条忠香

教育熱心だった一条家
五摂家のひとつ・一条家。左大臣を務めた忠香は、子女の教育に熱心で、よく庶民の暮らしぶりを実見させたという。娘の美子は明治天皇の皇后、養女の美賀子は徳川慶喜の正室である。

（養女）美賀子 — 江戸幕府15代将軍 徳川慶喜
美子《はるこ》（昭憲皇太后）
久邇宮《くにのみや》第2代 邦彦 —（中略）— 典子
古河財閥創業者 古河市兵衛 —（中略）— 潤之助
良子《ながこ》（香淳皇后）

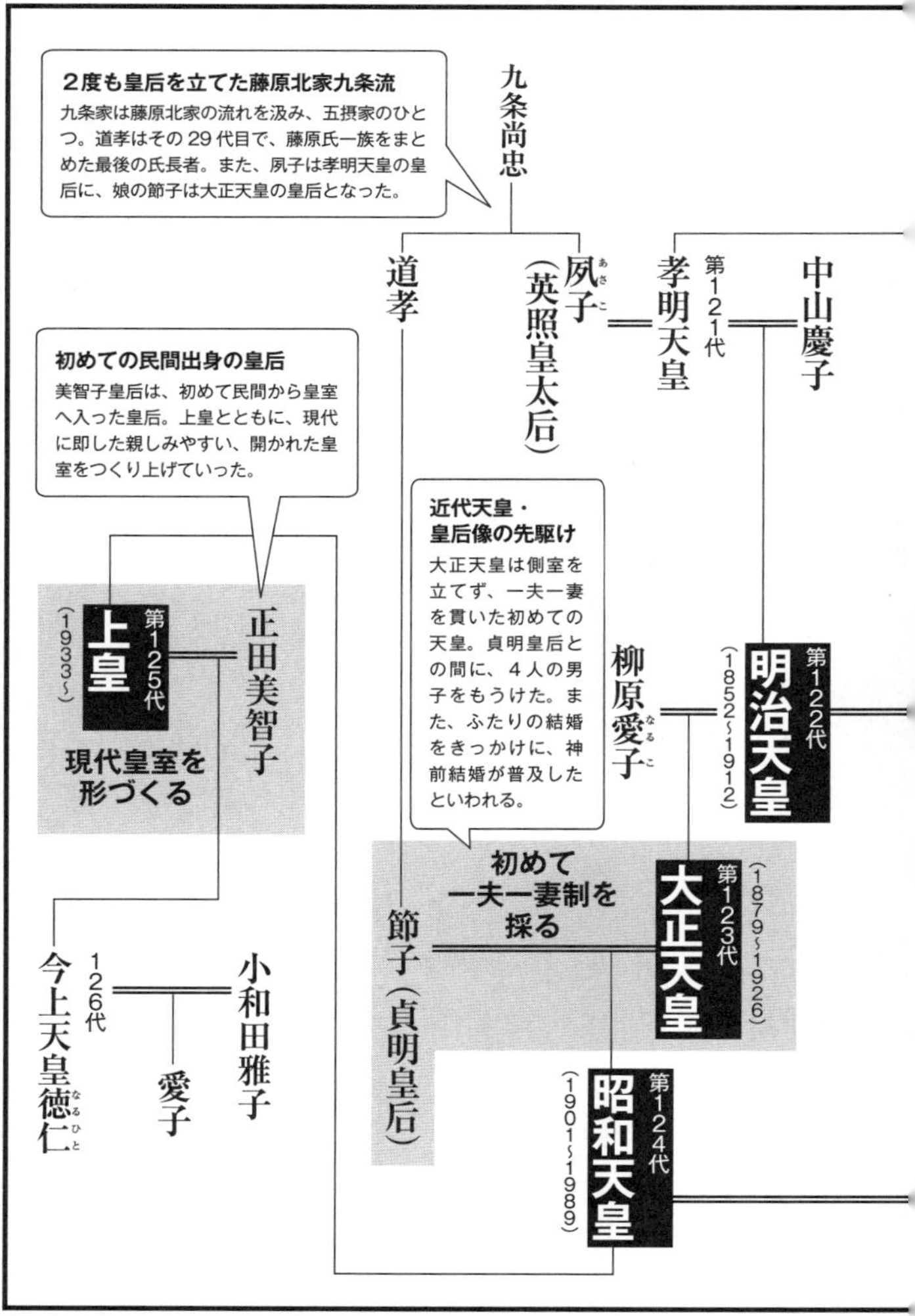

中山慶子
第121代
孝明天皇
九条尚忠
夙子《あさこ》（英照皇太后）
道孝
2度も皇后を立てた藤原北家九条流
九条家は藤原北家の流れを汲み、五摂家のひとつ。道孝はその29代目で、藤原氏一族をまとめた最後の氏長者。また、夙子は孝明天皇の皇后に、娘の節子は大正天皇の皇后となった。
第122代
明治天皇
（1852～1912）
柳原愛子《なるこ》
近代天皇・皇后像の先駆け
大正天皇は側室を立てず、一夫一妻を貫いた初めての天皇。貞明皇后との間に、4人の男子をもうけた。また、ふたりの結婚をきっかけに、神前結婚が普及したといわれる。
第123代
大正天皇
（1879～1926）
初めて一夫一妻制を採る
節子（貞明皇后）
第124代
昭和天皇
（1901～1989）
初めての民間出身の皇后
美智子皇后は、初めて民間から皇室へ入った皇后。上皇とともに、現代に即した親しみやすい、開かれた皇室をつくり上げていった。
正田美智子
第125代
上皇
（1933～）
現代皇室を形づくる
小和田雅子
126代
今上天皇徳仁《なるひと》
愛子

現存宮家

天皇家を支える4つの現存宮家

皇族の多様性を示す、やんごとなき人々

――後継者不在で断絶が懸念される

2014（平成26）年秋、現存宮家のひとつである高円宮家の典子女王と出雲大社の神主・千家国麿の婚礼が、記紀神話の因縁を連想させ、大きな話題になった。このように人々の関心を集める宮家だが、秋篠宮を除き、その多くが断絶の危機にある。

秋篠宮家は、上皇の第二皇子、文仁親王が創始した宮家である。文仁親王は1990（平成2）年、学習院大学の後輩である川嶋紀子と御成婚。文仁親王と紀子妃の間には、小室眞子、佳子内親王、皇位継承順位第2位である悠仁親王がいる。

常陸宮家は、昭和天皇の第二皇子、正仁親王が創始した。1935（昭和10）年生まれの正仁親王は、癌の研究に取り組むなど、学者として豊富な成果を上げており、学究肌であった父帝・昭和天皇の気質をよく受け継いでいるといわれる。華子妃は、

陸奥弘前藩主であった津軽家の出身である。1964（昭和39）年の御成婚に伴い、戦後初の宮家が創設されることになった。昭和天皇の大喪の礼の際は、華子妃が香淳皇后の名代を務めるなど、女性皇族としての重責を果たしている。正仁親王と華子妃の間に子女はなく、この代で断絶となる可能性が高い。

三笠宮家は、大正天皇の第四皇子・崇仁親王が独立、創始した宮家である。崇仁親王と百合子妃との間には三男二女があり、第一男子・寛仁親王は御成婚とともに独立した皇族の待遇を受けた。寛仁親王妃・信子は元首相・麻生太郎の実妹である。豪放な人柄で「ヒゲの殿下」として国民に親しまれた寛仁親王だが、男児のないまま2012（平成24）年に薨去した。

高円宮家は、三笠宮崇仁親王の第三男子・憲仁親王が独立して創始した。学習院大学法学部を卒業後、カナダのクイーンズ大学に留学。1984（昭和59）年、ケンブリッジ大学に留学した才媛であり、崇仁親王の通訳・助手を務めた鳥取久子と御成婚。三女に恵まれたが、2002（平成14）年に憲仁親王はスカッシュの練習中に倒れ、薨去。現当主は久子妃が務めるが、男子がいないため他の宮家同様に断絶の可能性がある。

家系図

現存宮家（秋篠宮家・三笠宮家・常陸宮家・高円宮家）系図

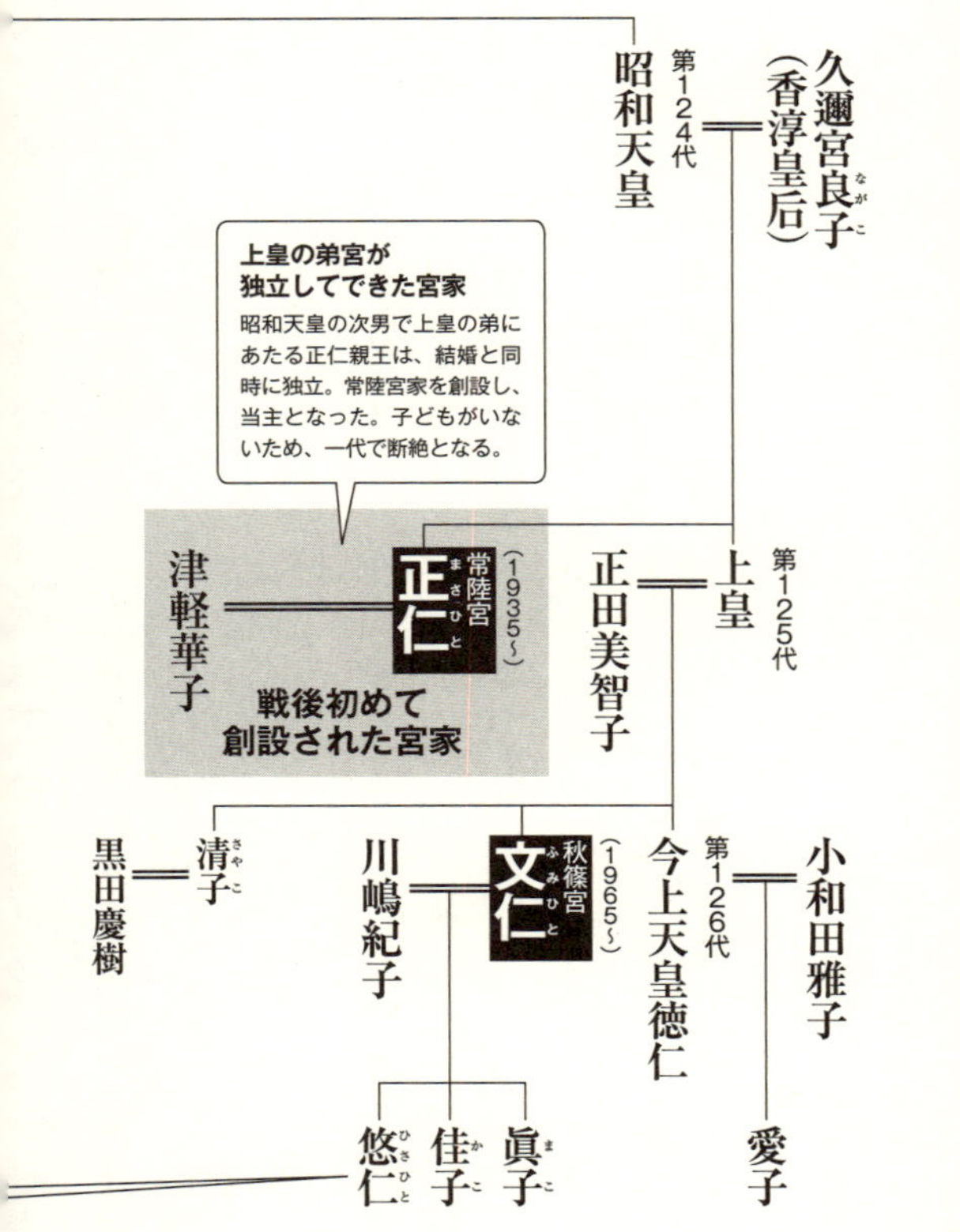
久邇宮良子《ながこ》（香淳皇后）
第124代 昭和天皇
上皇の弟宮が独立してできた宮家
昭和天皇の次男で上皇の弟にあたる正仁親王は、結婚と同時に独立。常陸宮家を創設し、当主となった。子どもがいないため、一代で断絶となる。
第125代 上皇
正田美智子
常陸宮 正仁《まさひと》（1935～）
津軽華子
戦後初めて創設された宮家
小和田雅子
第126代 今上天皇徳仁
秋篠宮 文仁《ふみひと》（1965～）
川嶋紀子
清子《さやこ》
黒田慶樹
愛子
眞子《まこ》
佳子《かこ》
悠仁《ひさひと》

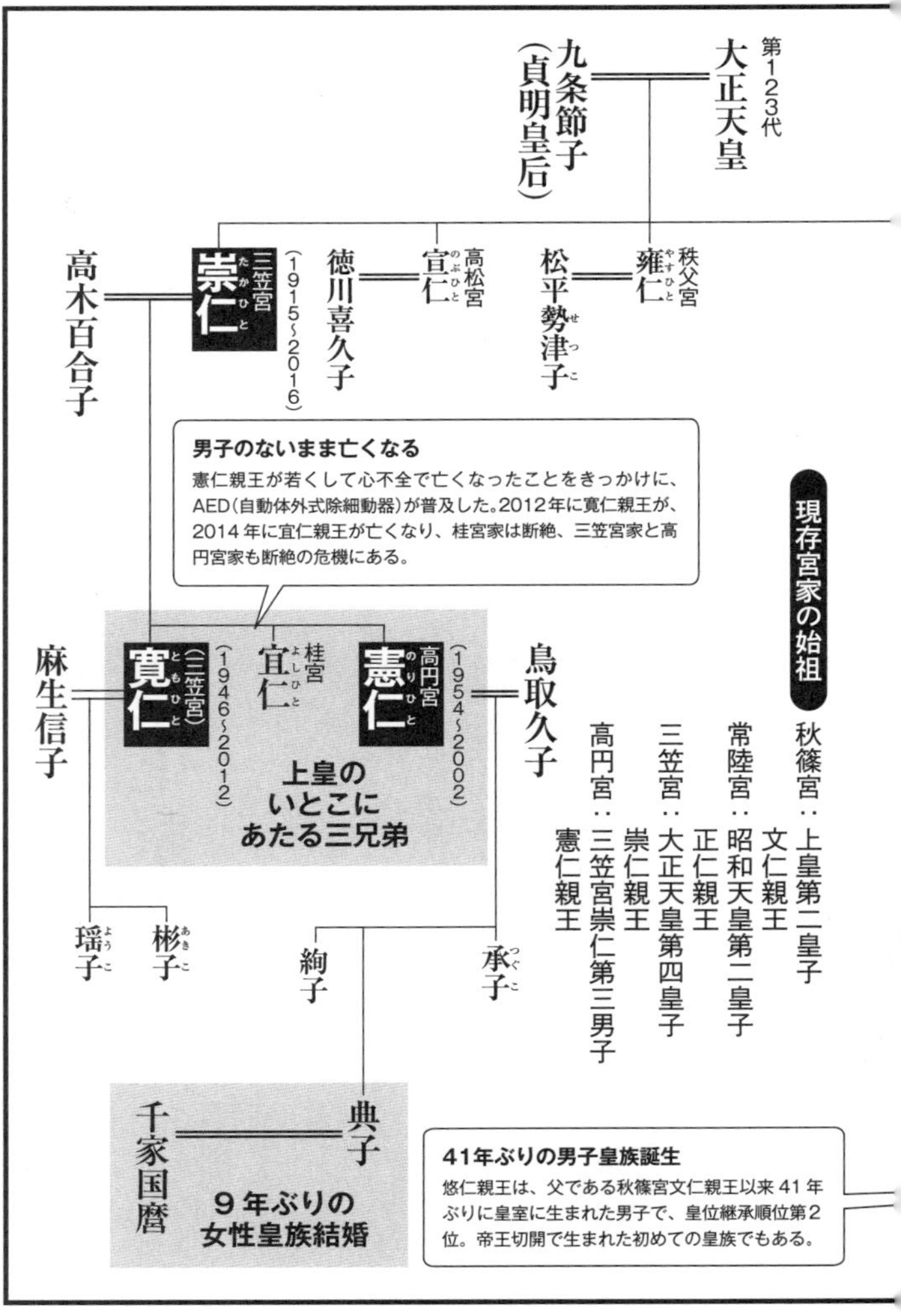

第123代
大正天皇
九条節子（貞明皇后）
秩父宮
雍仁《やすひと》
松平勢《せ》津《つ》子《こ》
高松宮
宣仁《のぶひと》
徳川喜久子
三笠宮
崇仁《たかひと》
（1915～2016）
高木百合子
男子のないまま亡くなる
憲仁親王が若くして心不全で亡くなったことをきっかけに、AED（自動体外式除細動器）が普及した。2012年に寛仁親王が、2014年に宜仁親王が亡くなり、桂宮家は断絶、三笠宮家と高円宮家も断絶の危機にある。
現存宮家の始祖
秋篠宮：上皇第二皇子 文仁親王
常陸宮：昭和天皇第二皇子 正仁親王
三笠宮：大正天皇第四皇子 崇仁親王
高円宮：三笠宮崇仁第三男子 憲仁親王
高円宮
憲仁《のりひと》
（1954～2002）
鳥取久子
桂宮
宜仁《よしひと》
（三笠宮）
寛仁《ともひと》
（1946～2012）
麻生信子
上皇のいとこにあたる三兄弟
承《つぐ》子《こ》
絢子
彬《あき》子《こ》
瑶《よう》子《こ》
典子
千家国麿
9年ぶりの女性皇族結婚
41年ぶりの男子皇族誕生
悠仁親王は、父である秋篠宮文仁親王以来41年ぶりに皇室に生まれた男子で、皇位継承順位第2位。帝王切開で生まれた初めての皇族でもある。

伏見宮家

５世紀半に及ぶ世襲親王家の血脈

多数の宮家の祖となって存在感を発揮

——近代には軍人として実力を発揮した当主を輩出

伏見宮《ふしみのみや》家は、１４０９（応永16）年に栄仁《よしひと》親王によって創始され、約５５０年にわたって続いた。伏見宮・桂宮《かつらのみや》・閑院宮《かんいんのみや》・有栖川宮《ありすがわのみや》の４つの世襲親王家の中で最もルーツが古い。栄仁親王は、北朝の崇光天皇の第一皇子であったが、複雑な時勢により即位は叶わず、御領にちなんだ伏見宮家の歴史がはじまった。１４２８（正長元）年には、伏見宮から後花園天皇が出ている。伏見宮家は、第19代・貞敬《さだよし》親王、第20代・邦家親王がいずれも子沢山であったため、山階宮・久邇宮・北白川宮など、多数の宮家が創始されることになった。第22代・貞愛《さだなる》親王は当初、妙法院門跡となったが、還俗して伏見宮家を継いだ。維新後に陸軍に入り、日露戦争などに従軍。１９１５（大正４）年には陸軍最高位である元帥となった。

近代史において大きな存在感を発揮したのが、貞愛親王の第一男子である第23代博恭王である。当初は、後継ぎのなかった華頂宮を継承したが、弟・邦芳《くにか》王が病弱であったため伏見宮に復籍、1923（大正12）年に正式に継承した。夫人は公爵・徳川慶喜の娘の経子である。

博恭王は1889（明治22）年にヨーロッパに渡り、ドイツで最先端の軍事学を学んだ。海軍大学校長、海軍大将などを歴任し、1932（昭和7）年には海軍元帥となった。皇族軍人は実権を持たないのが通例であったが、博恭王は実戦・実務の経験が豊富な人物であった。質素な食事を好み、洗濯も自ら行うといった生活、率先して前線に立つ姿勢は海軍内で評価が高かった。一方、日米開戦直前まで海軍軍令部総長の役職にあったため、日米開戦を防げなかったことへの批判も存在する。

博恭王は1946（昭和21）年に薨去、後を継いだ嫡孫の博明王は1947（昭和22）年に臣籍降下、宮家としての歴史に終止符が打たれた。

伏見宮家の系譜は華麗である。明治天皇の4人の皇女が伏見宮の一門に輿入れし、邦家親王をルーツとする宮家がさらに分家して新たな宮家を創設した。近代において、伏見宮家は4つの世襲親王家の中で最も繁栄を享受できたといえるだろう。

家系図

伏見宮家系図

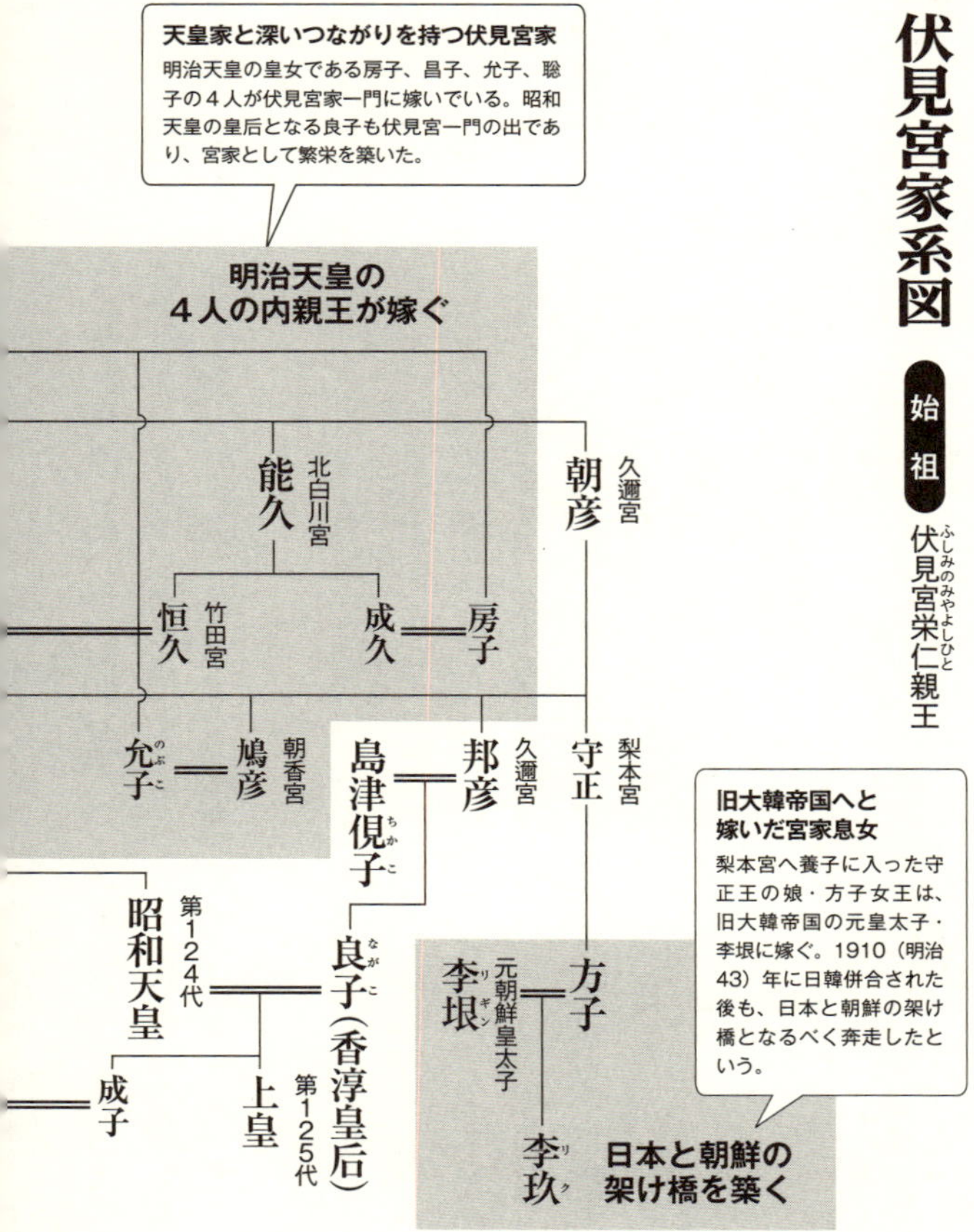
始祖
伏見宮栄仁親王《ふしみのみやよしひと》
天皇家と深いつながりを持つ伏見宮家
明治天皇の皇女である房子、昌子、允子、聡子の４人が伏見宮家一門に嫁いでいる。昭和天皇の皇后となる良子も伏見宮一門の出であり、宮家として繁栄を築いた。
明治天皇の
４人の内親王が嫁ぐ
久邇宮
朝彦
北白川宮
能久
竹田宮
恒久
成久
房子
梨本宮
守正
久邇宮
邦彦
島津俔子《ちかこ》
朝香宮
鳩彦
允子《のぶこ》
第124代
昭和天皇
良子《ながこ》（香淳皇后）
第125代
上皇
成子
方子
元朝鮮皇太子
李垠《リギン》
李玖《リク》
日本と朝鮮の
架け橋を築く
旧大韓帝国へと
嫁いだ宮家息女
梨本宮へ養子に入った守正王の娘・方子女王は、旧大韓帝国の元皇太子・李垠に嫁ぐ。1910（明治43）年に日韓併合された後も、日本と朝鮮の架け橋となるべく奔走したという。

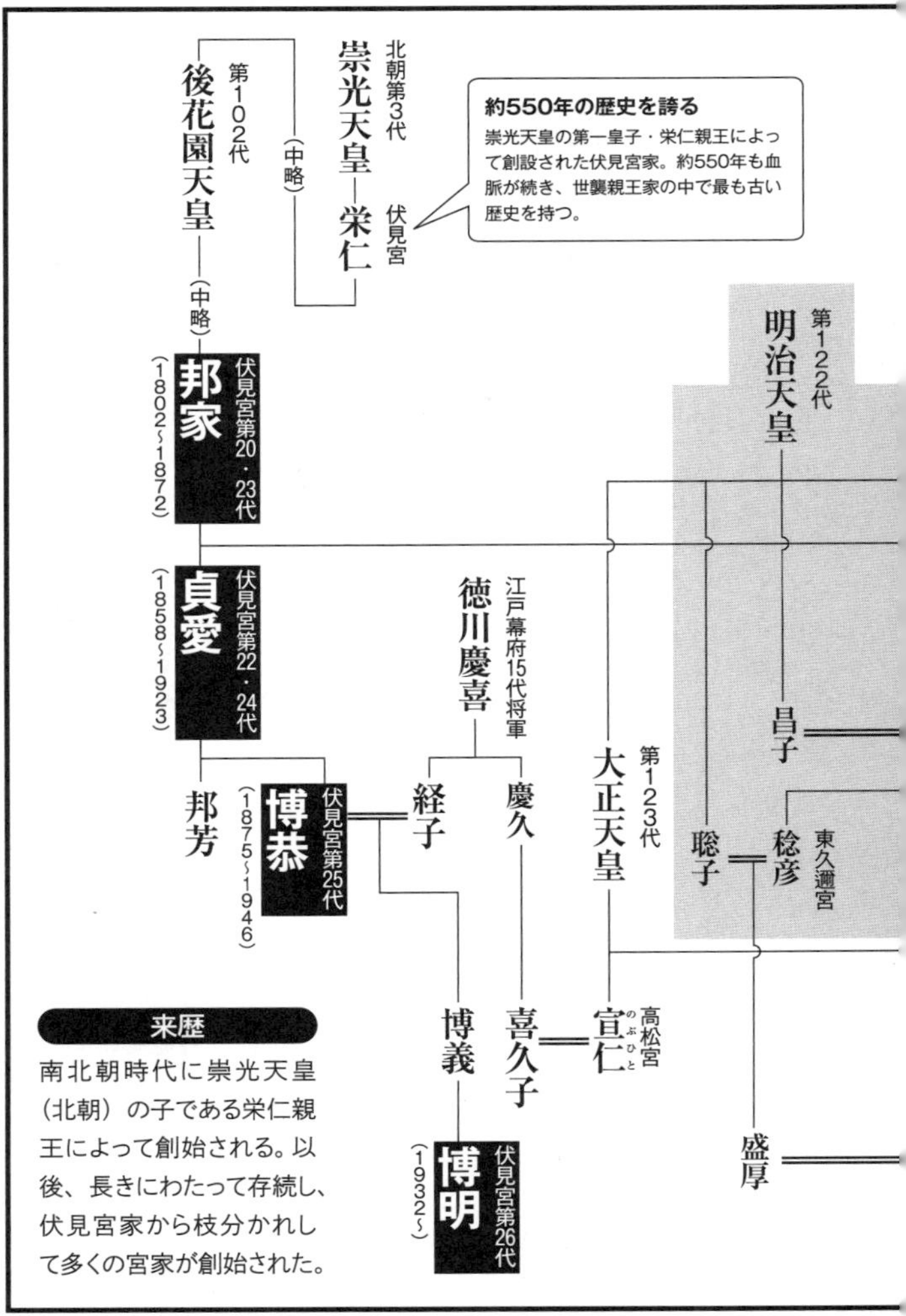

来歴

南北朝時代に崇光天皇（北朝）の子である栄仁親王によって創始される。以後、長きにわたって存続し、伏見宮家から枝分かれして多くの宮家が創始された。

桂宮家

女性当主を出した異色の宮家

危機を乗り越え明治まで続いた桂宮《かつらのみや》

——幾度も存続の危機に陥るが、伝統は明治まで続く

４つの世襲親王家のひとつである桂宮のルーツは、後陽成天皇の弟宮・智仁親王まで遡る。智仁親王は１５８６（天正14）年に豊臣秀吉の猶子（養子に準ずる存在）となり、将来の関白職を約束されていた。しかし、秀吉に男子が生まれたことで、豊臣家を離れることになる。智仁親王は改めて３０００石の知行地を献じられ、八条宮家を創設することとなった。その智仁親王の別邸が、京都市西京区に現存する桂離宮である。桂離宮は江戸時代初期に構築され、書院造を基調とした数寄屋風の書院や回遊式の庭園で名高い。その美しい建築物からは、和歌・書道を嗜《たしな》んだという、文化人としての智仁親王の美意識を偲ぶことができる。

その後、宮号は常磐井宮、次いで京極宮と改称され、桂宮の宮号を名乗ることにな

ったのは、1810（文化7）年のこと。出生したばかりの光格天皇第四皇子・盛仁《たけひと》親王が京極宮を継承して第10代当主となり、桂宮の宮号を賜った。しかし、盛仁親王は翌年1歳で薨去。1835（天保6）年に後を継いだ節仁《みきひと》親王も4歳で薨去した。

その後、第12代当主の座を継承したのは、仁孝天皇第三皇女、淑子《すみこ》内親王であった。彼女は節仁親王と異母姉弟の関係にあり、孝明天皇は異母弟、和宮親子内親王は異母妹である。また、明治天皇から見ると伯母にあたる。閑院宮愛仁親王と婚約していたが、愛仁親王の薨去により結婚には至らなかった。

1863（文久2）年、淑子内親王は四半世紀にわたって当主不在となっていた桂宮を継承する。当主の薨去によって女性皇族が宮家の当主格になった例はあるが、皇統に属する女性皇族が宮家の当主になったのはこの桂宮の例だけである。また、淑子内親王は准后・一品《いっぽん》といった異例の高い序列を与えられている。大変内気な性格で、御所の庭を散歩するときも輿に乗り、簾の合間から外を見ていたという。

淑子内親王は、桂宮家継承後も独身を貫き、後継ぎのないまま1881（明治14）年に53歳で薨去した。それに伴い、桂宮家は断絶となった。

なお、三笠宮崇仁親王の第二皇子・宜仁親王が称した桂宮家とは関係ない。

家系図

桂宮家系図

始祖 八条宮智仁

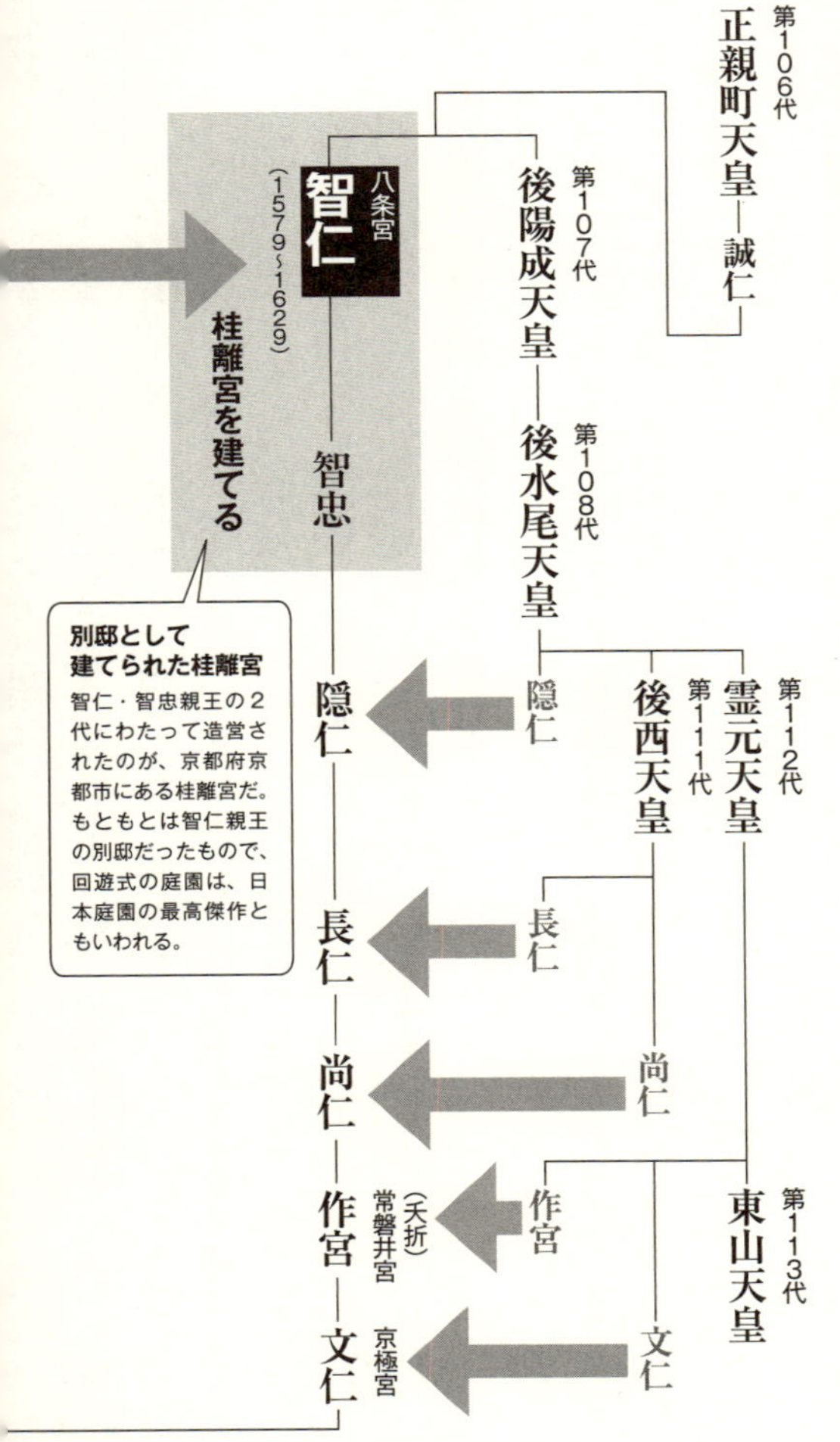
第106代 正親町天皇
誠仁
第107代 後陽成天皇
第108代 後水尾天皇
第112代 霊元天皇
第111代 後西天皇
隠仁
長仁
尚仁
作宮
文仁
第113代 東山天皇
八条宮 智仁（1579～1629）
桂離宮を建てる
智忠
隠仁
長仁
尚仁
作宮
（夭折）常磐井宮
文仁
京極宮
別邸として建てられた桂離宮
智仁・智忠親王の2代にわたって造営されたのが、京都府京都市にある桂離宮だ。もともとは智仁親王の別邸だったもので、回遊式の庭園は、日本庭園の最高傑作ともいわれる。

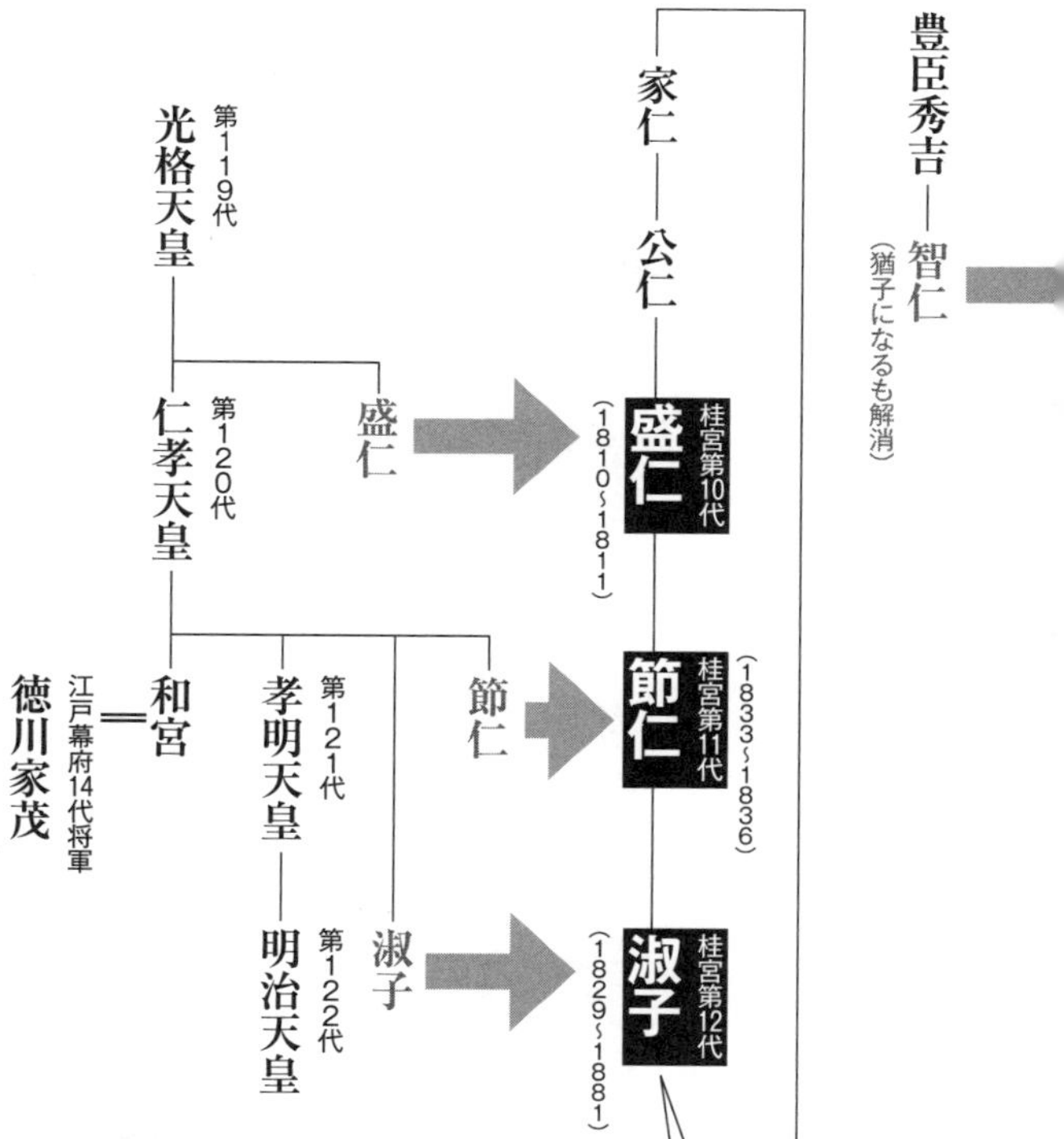
豊臣秀吉
智仁
（猶子になるも解消）
家仁
公仁
桂宮第10代
盛仁
（1810~1811）
第119代
光格天皇
盛仁
第120代
仁孝天皇
節仁
桂宮第11代
節仁
（1833~1836）
和宮
江戸幕府14代将軍
徳川家茂
第121代
孝明天皇
第122代
明治天皇
淑子
桂宮第12代
淑子
（1829~1881）

女性当主が誕生するも断絶

桂宮最後の当主となった淑子内親王。当主が亡くなり、宮家が妃だけで構成されることはあるが、女性が当主となるのは非常に珍しい。

来歴

正親町天皇の孫にあたる八条宮智仁を始祖とする。名称は八条宮から常磐井宮、京極宮、桂宮と頻繁に変わった。何度も断絶の危機に遭いながらも、明治時代まで世襲親王家としての格式を伝えた。

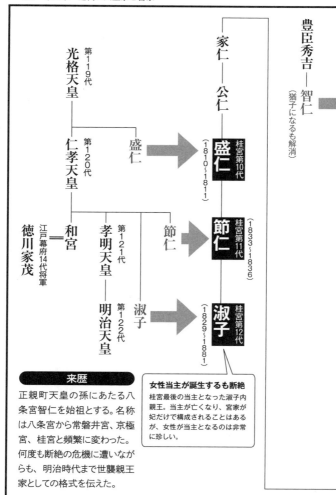

有栖川宮家

明治政府初代総裁も務めた文武両道の一家

戦場に身を投じた有栖川宮《ありすがわのみや》家の当主たち

――高い文化の素養を伝え、優れた軍人を輩出

有栖川宮家は代々書道・歌道の師範として皇室の信頼厚く、徳川将軍家とも姻戚関係にあった。有栖川宮家の起源は、後陽成天皇第七皇子・好仁親王が1625（寛永2）年に高松宮家を創始したのにはじまる。好仁親王は江戸幕府2代将軍・徳川秀忠の養女・亀姫を妃としたが後継者がなく、甥の良仁親王を養子に迎え、高松宮家を継がせた。その後、良仁親王は後西天皇として即位し、その第二皇子・幸仁親王が宮家を継いで宮号を有栖川宮に改めた。

第8代当主・幟仁《たかひと》親王は幕末維新期に明治天皇の歌道・書道師範を務め、「五箇条の御誓文」の正本を揮毫《きごう》したことで歴史に名を残した。明治時代以降、皇室の行事では洋装が義務づけられたが、生涯洋装を拒んだ幟仁親王だけは和装を許されていた。

幟仁親王の第一男子・熾仁《たるひと》親王は、孝明天皇の妹宮・和宮の婚約者であった。しかし、公武合体運動の高まりで親子内親王は徳川家茂に降嫁することになり、婚約解消を余儀なくされた。

その後、熾仁親王は尊王攘夷を掲げ長州藩に接近。これが孝明天皇の不興を買って謹慎処分を受けたが、王政復古のクーデターが成功した際には、明治新政府の総裁に就任。新政府軍の東征大総督を志願し、西郷隆盛らと東海道を進軍、江戸へ向かった。

この時、かつて婚約者であった和宮から書状が届き、熾仁親王の判断もあって江戸城無血開城が実現。徳川慶喜を助命した新政府の判断の陰には、熾仁親王の働きかけがあったともいう。１８７７（明治10）年の西南戦争でも功を立て陸軍大将に任命された。なお、西南戦争中に日本赤十字社の前身の設立を認可したのも熾仁親王である。

明治天皇の絶大な信任を受け、参謀本部長、近衛都督などを歴任、日清戦争では参謀総長として広島の大本営にあったが、腸チフスにかかり薨去した。後を継いだ威仁《たけひと》親王は海軍に入り、海軍大将、元帥となった。妃は加賀藩主・前田家の血を引く前田慰子《やすこ》である。次女の實枝子《みえこ》女王は徳川慶喜の嫡子・慶久に降嫁した。しかし後継ぎの男子は早世、１９１３（大正2）年に威仁親王は薨去、有栖川宮家は断絶となった。

家系図

有栖川宮家系図

始祖 高松宮好仁親王

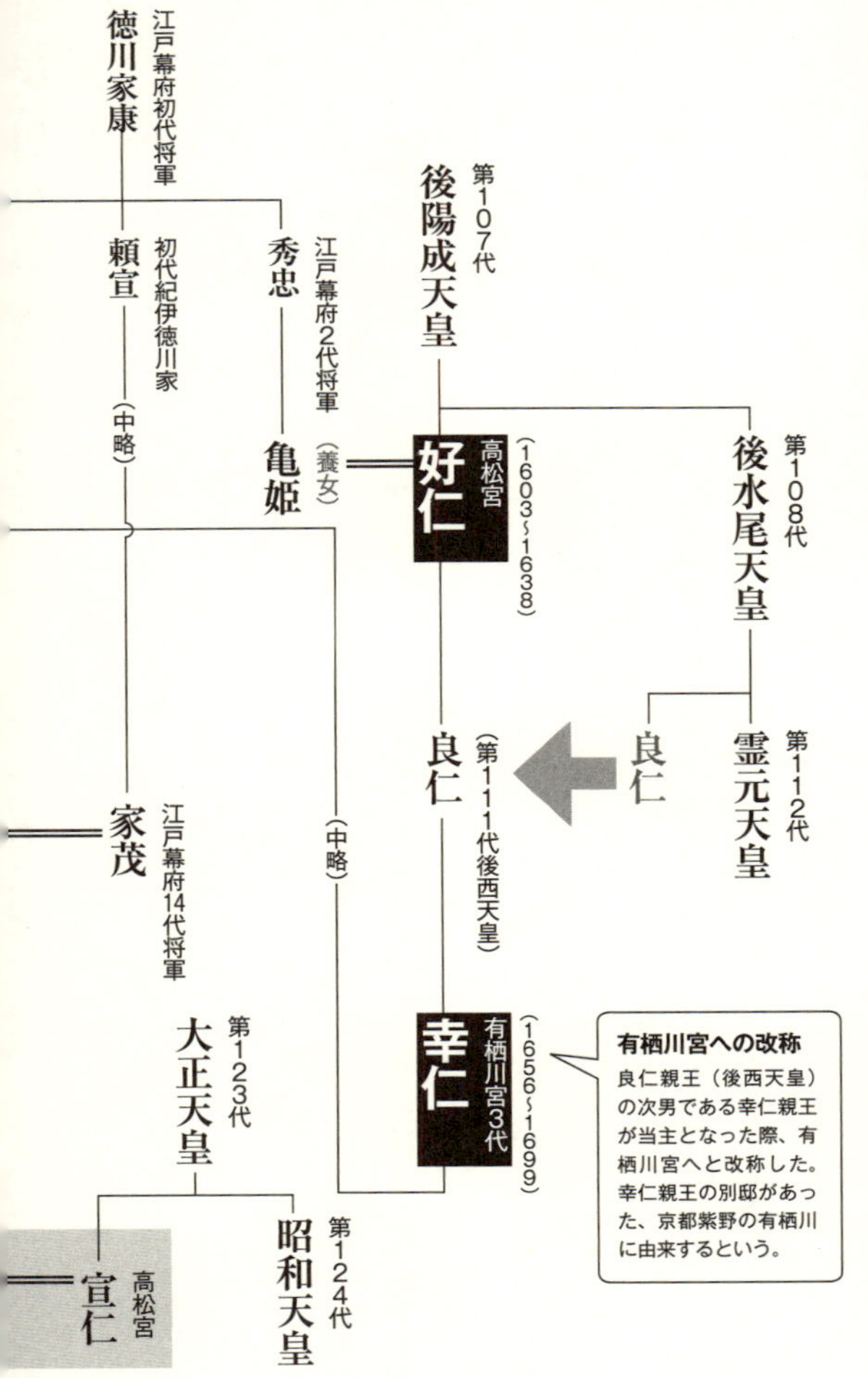

第107代 後陽成天皇
第108代 後水尾天皇
高松宮 好仁（1603〜1638）
江戸幕府初代将軍 徳川家康
江戸幕府2代将軍 秀忠
亀姫（養女）
初代紀伊徳川家 頼宣
（中略）
良仁
第112代 霊元天皇
良仁（第111代後西天皇）
有栖川宮3代 幸仁（1656〜1699）
（中略）
江戸幕府14代将軍 家茂
第123代 大正天皇
第124代 昭和天皇
高松宮 宣仁
有栖川宮への改称
良仁親王（後西天皇）の次男である幸仁親王が当主となった際、有栖川宮へと改称した。幸仁親王の別邸があった、京都紫野の有栖川に由来するという。

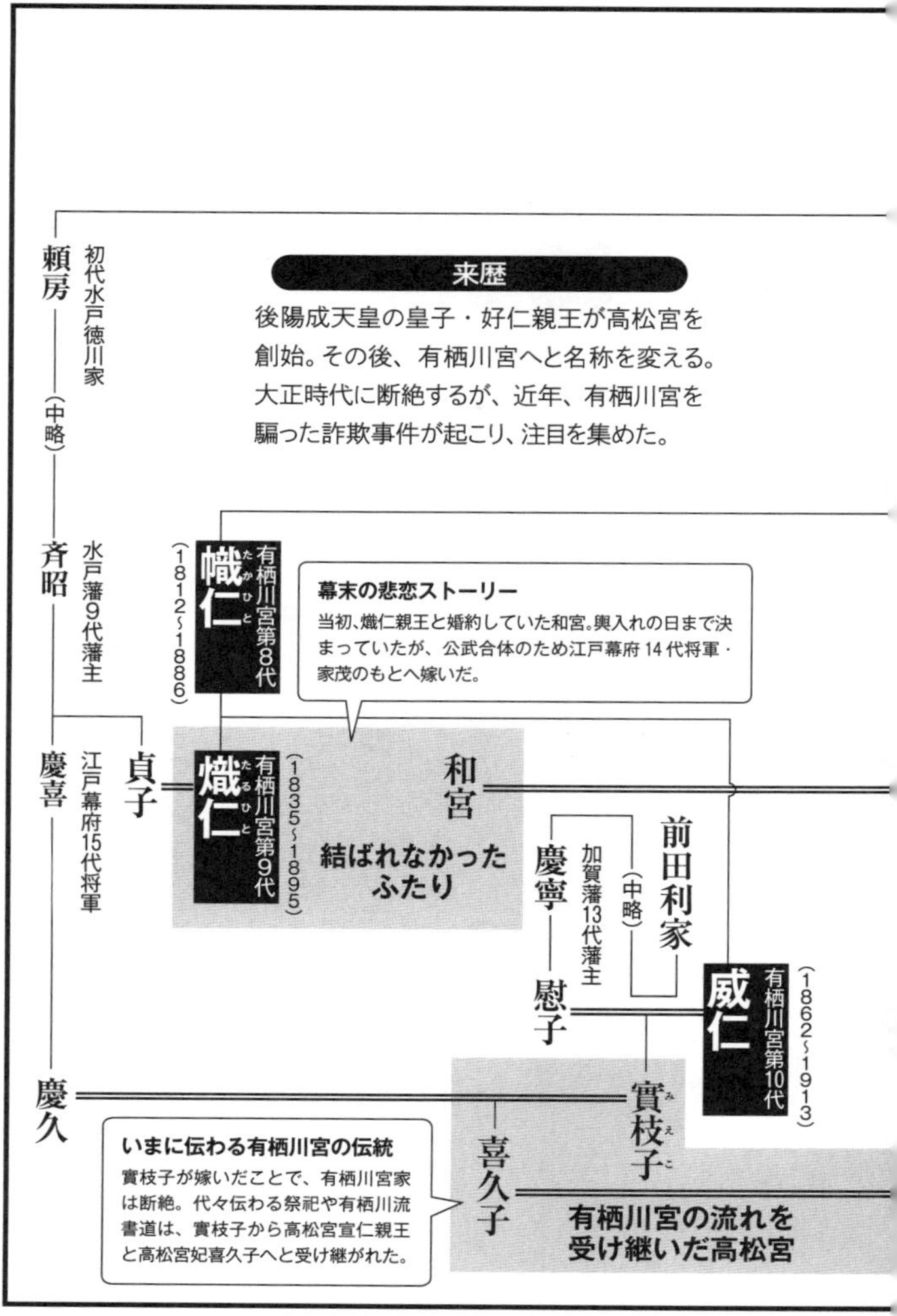
来歴
後陽成天皇の皇子・好仁親王が高松宮を創始。その後、有栖川宮へと名称を変える。大正時代に断絶するが、近年、有栖川宮を騙った詐欺事件が起こり、注目を集めた。
初代水戸徳川家
頼房
（中略）
水戸藩9代藩主
斉昭
江戸幕府15代将軍
慶喜
慶久
貞子
有栖川宮第8代
熾仁《たかひと》
（1812～1886）
幕末の悲恋ストーリー
当初、熾仁親王と婚約していた和宮。輿入れの日まで決まっていたが、公武合体のため江戸幕府14代将軍・家茂のもとへ嫁いだ。
有栖川宮第9代
幟仁《たるひと》
（1835～1895）
和宮
結ばれなかったふたり
前田利家
（中略）
加賀藩13代藩主
慶寧
慰子
有栖川宮第10代
威仁
（1862～1913）
實枝子《みえこ》
喜久子
いまに伝わる有栖川宮の伝統
實枝子が嫁いだことで、有栖川宮家は断絶。代々伝わる祭祀や有栖川流書道は、實枝子から高松宮宣仁親王と高松宮妃喜久子へと受け継がれた。
有栖川宮の流れを受け継いだ高松宮

閑院宮家

今上天皇の家系につながる光格天皇を輩出

皇統をつないだ閑院宮家《かんいんのみや》の歴史

――皇統存続のため創設。その血は今上天皇につながる

閑院宮は江戸時代中期、幕府の主導によって創設された宮家である。当時、皇位継承予定者以外の親王は、世襲親王家を継ぐ場合を除いて出家するのが慣例となっていた。そのため、1654（承応3）年に後光明天皇が若くして崩御した際に、後継問題が紛糾した。この苦い経験から、幕臣・新井白石は幕府に対し「皇統といえども断絶なしとはいえず」と述べ、血縁関係の近い備えの存在が必要であるという意見を出す。当時はすでに世襲親王家として伏見宮・有栖川宮・桂宮が存在していたが、いずれも天皇とは遠縁になっていた。

朝廷側も同様の考えを持っており、東山天皇の第六皇子である直仁親王を初代に新宮家の創設が決まり、閑院宮の宮号と1000石の所領が与えられた。

白石の慧眼は、第2代当主・典仁《すけひと》親王の代に証明された。1779（安永8）年に後桃園天皇が世継ぎの生まれる前に崩御、典仁親王の第六皇子・兼仁《ともひと》親王が光格天皇として即位することになった。現在の皇統は、この光格天皇から続いている。

こうして天皇家の後継ぎ問題は一件落着したが、今度は閑院宮家の第5代当主・愛仁《なるひと》親王が25歳の若さで薨去。仁孝天皇の第三皇女・淑子《すみこ》内親王との婚儀の直前であり、嗣子がいなかったため、伏見宮邦家親王の皇子である載仁《ことひと》親王が6代当主として迎えられた。彼は日露戦争で戦果を残し、1931（昭和6）年には参謀総長に就任、立派な口髭を蓄えた風貌から「髭の参謀総長」と呼ばれた。妃は三条実美の娘・智恵子である。大日本婦人教育会の総裁を務めるなど、社会活動に熱心であった。

載仁親王は1945（昭和20）年に薨去、春仁王が第7代当主となる。妃は公家・一条家出身の直子である。1947（昭和22）年に皇籍離脱、姓を閑院と改め、のちに名も純仁と改名した。1966（昭和41）年に直子と離婚。直子は、純仁が同性愛者であったと証言し、閑院家は一時スキャンダルに見舞われた。純仁は1988（昭和63）年に死去。嗣子はおらず閑院家は絶家となった。

家系図

閑院宮家・三条家系図

始祖 閑院宮直仁親王

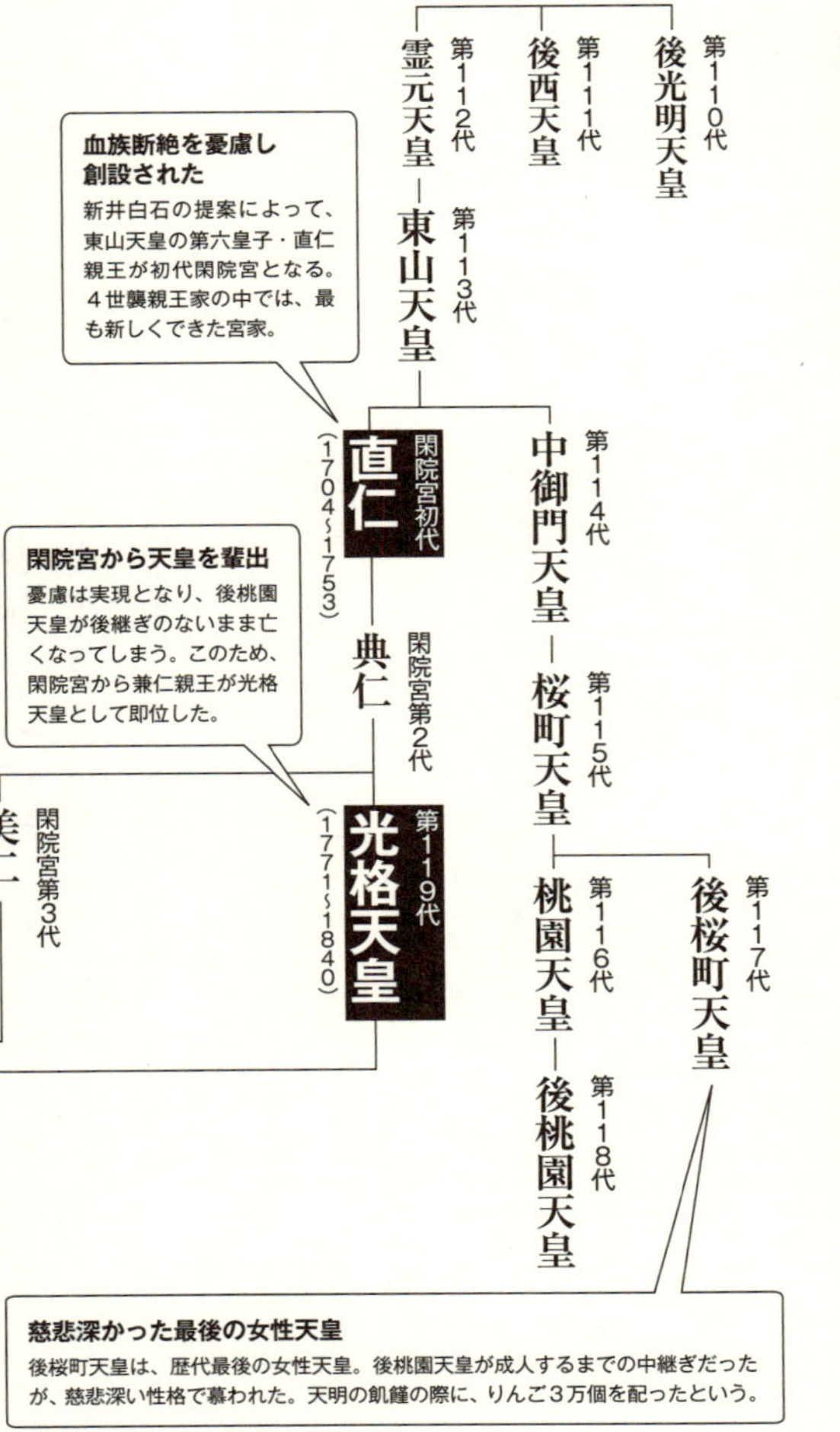

第110代 後光明天皇
第111代 後西天皇
第112代 霊元天皇
第113代 東山天皇
閑院宮初代 直仁（1704～1753）
第114代 中御門天皇
第115代 桜町天皇
第116代 桃園天皇
第117代 後桜町天皇
第118代 後桃園天皇
閑院宮第2代 典仁
第119代 光格天皇（1771～1840）
閑院宮第3代 美仁
血族断絶を憂慮し創設された
新井白石の提案によって、東山天皇の第六皇子・直仁親王が初代閑院宮となる。4世襲親王家の中では、最も新しくできた宮家。
閑院宮から天皇を輩出
憂慮は実現となり、後桃園天皇が後継ぎのないまま亡くなってしまう。このため、閑院宮から兼仁親王が光格天皇として即位した。
慈悲深かった最後の女性天皇
後桜町天皇は、歴代最後の女性天皇。後桃園天皇が成人するまでの中継ぎだったが、慈悲深い性格で慕われた。天明の飢饉の際に、りんご3万個を配ったという。

来歴

東山天皇の皇子である直仁親王を始祖として、天皇家に後継ぎが不在だった場合の備えとして創始された。実際、閑院宮からは光格天皇が即位している。

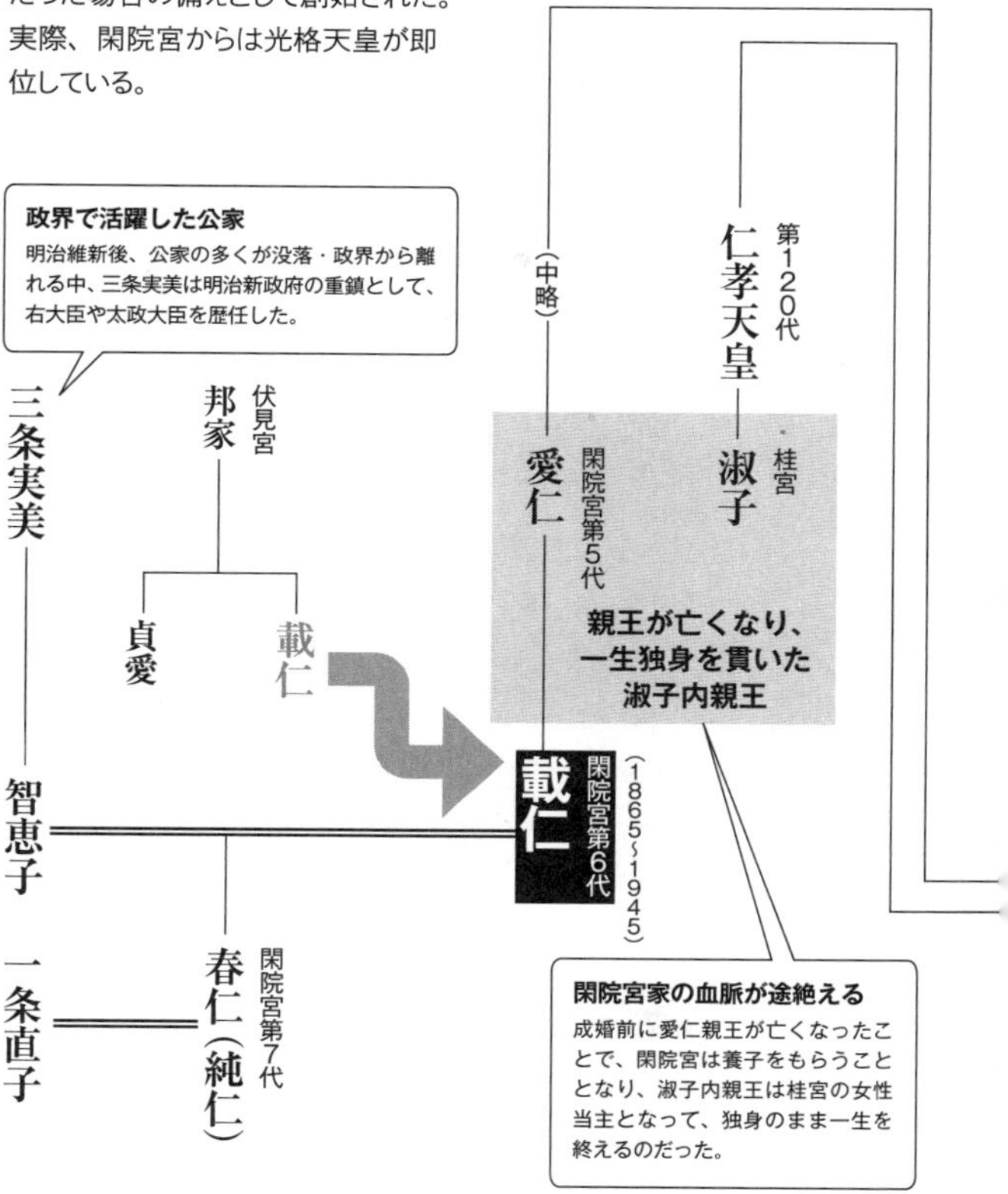
第120代
仁孝天皇
桂宮
淑子
（中略）
閑院宮第5代
愛仁
親王が亡くなり、一生独身を貫いた淑子内親王
閑院宮家の血脈が途絶える
成婚前に愛仁親王が亡くなったことで、閑院宮は養子をもらうこととなり、淑子内親王は桂宮の女性当主となって、独身のまま一生を終えるのだった。
閑院宮第6代
載仁
（1865～1945）
伏見宮
邦家
貞愛
載仁
政界で活躍した公家
明治維新後、公家の多くが没落・政界から離れる中、三条実美は明治新政府の重鎮として、右大臣や太政大臣を歴任した。
三条実美
智恵子
閑院宮第7代
春仁（純仁）
一条直子

竹田宮家

「スポーツの宮様」として国民に親しまれる

東京に五輪を呼んだ竹田宮家《たけだのみや》の人々

――オリンピックに挑んだスポーツ好きの当主たち

竹田宮家は、恒久王を初代当主として1906（明治39）年に創始された。父は北白川宮能久親王、妃は明治天皇の第六皇女・昌子内親王である。陸軍大学校を卒業して陸軍少将まで昇進するが、1919（大正8）年、スペイン風邪のため薨去した。

第2代当主となったのは恒久王第一男子である恒徳王《つねよし》で、家督継承時はわずか10歳であった。父の影響もあって陸軍軍人を志し、陸軍士官学校本科を卒業。日中戦争では前線行きを志願し、陸軍省人事局長と電話で直談判までして戦地へと向かったという。太平洋戦争でも大本営参謀を務めていたが、しばしば前線視察を希望し、視察を強行するなど、戦場にあっても大胆な行動を好んだ。関東軍参謀となった際は、清国最後の皇帝にして満州国皇帝の溥儀《ふぎ》と交流を持った。

1947（昭和22）年、皇籍離脱。日本スケート連盟の会長就任を打診されたことをきっかけに、スポーツの振興に尽力し、「スポーツの宮様」として親しまれた。騎兵隊将校であった恒徳は特に馬術を得意とし、オリンピック出場を目指したほどだった。日本オリンピック委員会委員長、国際オリンピック委員会理事といった役職を歴任、1964（昭和39）年の東京オリンピックや、1972（昭和47）年の札幌オリンピックの招致にも力を尽くした。1984（昭和59）年のサラエボオリンピックでは日本選手団長も務める。また、旧・体育の日（10月10日）の制定にも関わった。

竹田家はスポーツに縁が深く、その振興に力を注いでいる一家といえる。恒徳の長男で、現竹田家当主である恒正は東京ゴルフ倶楽部理事長、日本ゴルフ協会副会長を歴任。次男の恒治は、学生時代にラグビーやアイスホッケーの選手として活躍。三男の恒和は馬術の選手として2度、オリンピックに出場。日本オリンピック委員会や国際オリンピック委員会の委員も務め、2020年オリンピックの東京招致委員会委員長として招致を実現させたが、一方で招致活動における贈収賄疑惑が持たれている。

なお、恒和の長男・恒泰は旧皇族としての観点から、著書の出版やテレビ番組を通じて言論活動を行っている。

家系図

竹田宮家・根津家系図

始祖 竹田宮恒久王

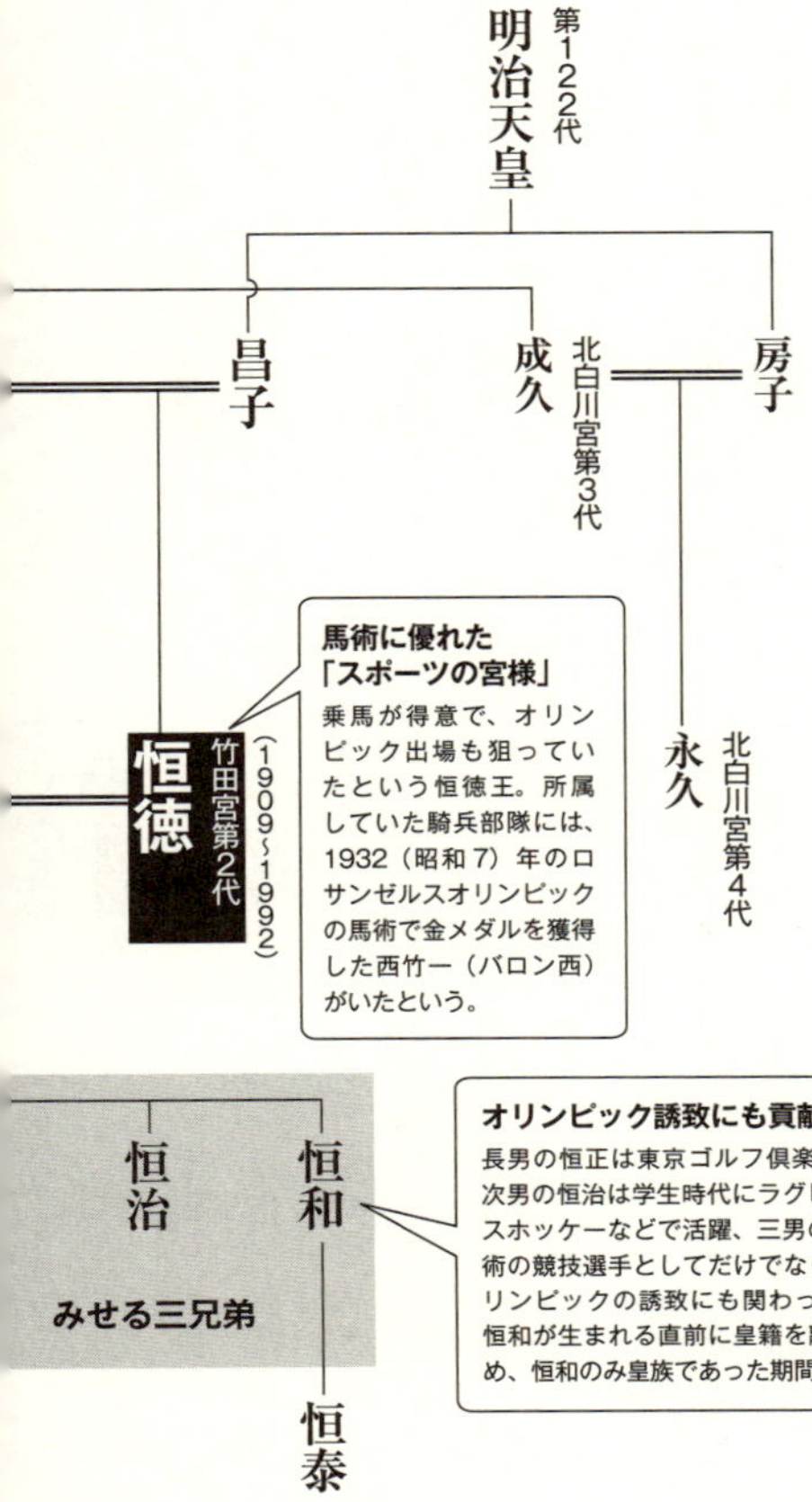

第122代
明治天皇
房子
北白川宮第3代
成久
昌子
北白川宮第4代
永久
竹田宮第2代
恒徳
（1909～1992）
恒和
恒治
恒泰
みせる三兄弟

馬術に優れた「スポーツの宮様」

乗馬が得意で、オリンピック出場も狙っていたという恒徳王。所属していた騎兵部隊には、1932（昭和7）年のロサンゼルスオリンピックの馬術で金メダルを獲得した西竹一（バロン西）がいたという。

オリンピック誘致にも貢献

長男の恒正は東京ゴルフ倶楽部理事長、次男の恒治は学生時代にラグビーやアイスホッケーなどで活躍、三男の恒和は馬術の競技選手としてだけでなく、東京オリンピックの誘致にも関わった。なお、恒和が生まれる直前に皇籍を離脱したため、恒和のみ皇族であった期間がない。

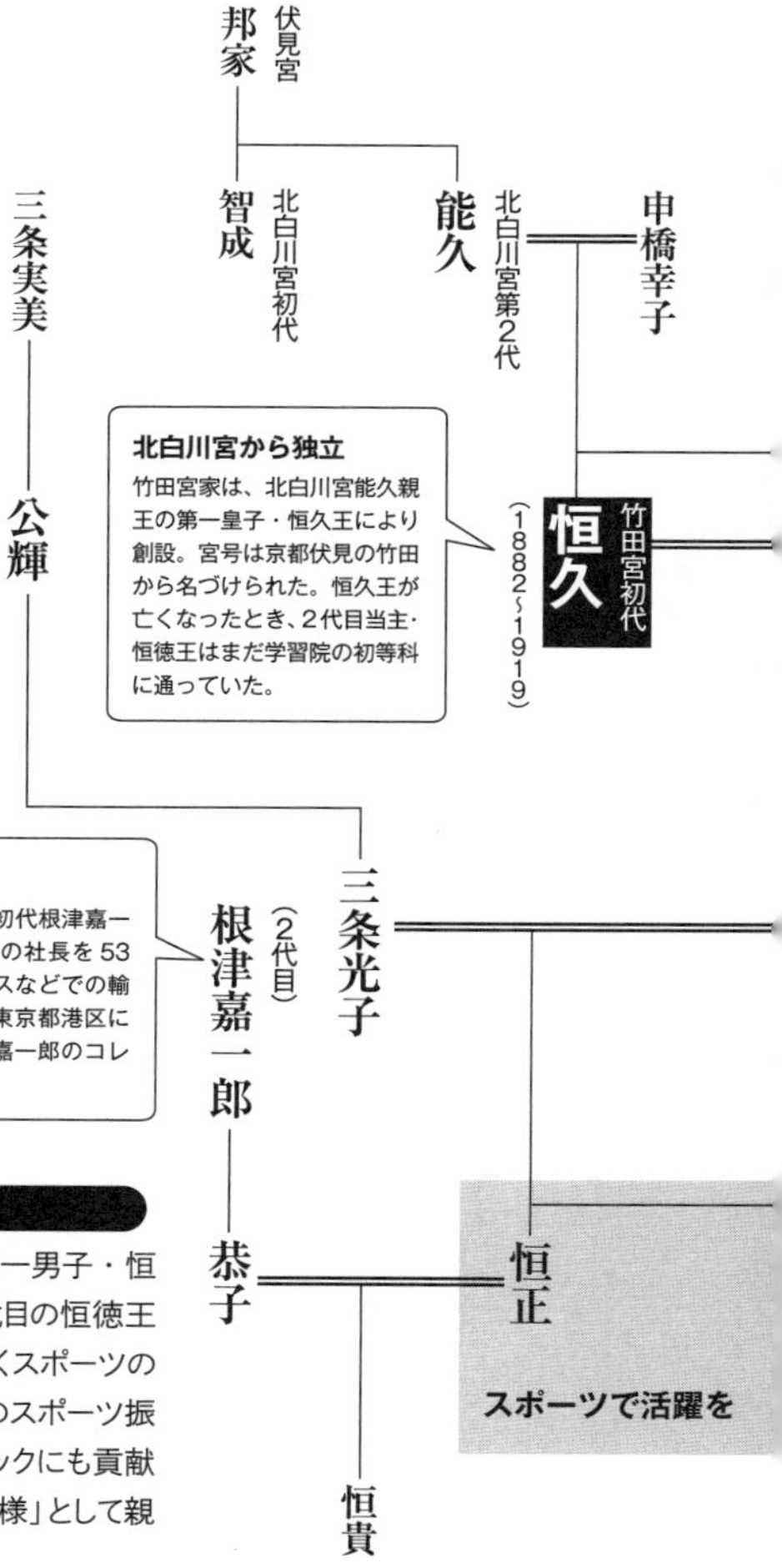
伏見宮
邦家
北白川宮初代
智成
北白川宮第2代
能久
中橋幸子
三条実美
公輝
竹田宮初代
恒久
（1882～1919）
三条光子
（2代目）
根津嘉一郎
恭子
恒正
スポーツで活躍を
恒貴

北白川宮から独立

竹田宮家は、北白川宮能久親王の第一皇子・恒久王により創設。宮号は京都伏見の竹田から名づけられた。恒久王が亡くなったとき、2代目当主・恒徳王はまだ学習院の初等科に通っていた。

東武鉄道中興の祖

恒正の妻・恭子の父は、初代根津嘉一郎の後を継いで東武鉄道の社長を53年間近く務め、電車やバスなどでの輸送強化を行った。また、東京都港区にある根津美術館は、初代嘉一郎のコレクションを展示している。

来歴

北白川宮能久親王の第一男子・恒久王によって創設。2代目の恒徳王は臣籍降下後、いち早くスポーツの世界に飛び込み、日本のスポーツ振興に尽力した。オリンピックにも貢献しており、「スポーツの宮様」として親しまれた。

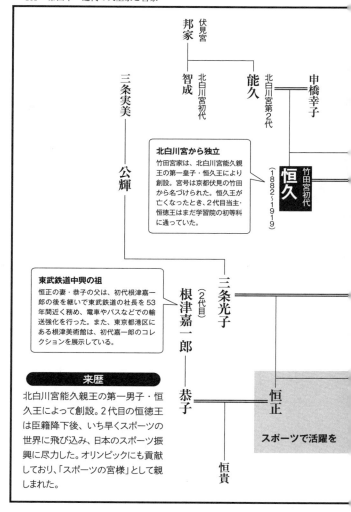

column

天皇位の継承と儀式

国家と国民へ祈りを捧げながら血統を守ってきた

２０１９年に天皇（現・上皇）が生前に譲位され、今上天皇が即位すると、元号が「平成」から「令和」へと改められた。元号は、天皇が即位する際に新しく定められ、一世一元の制（現在の元号法）により天皇が在位中は元号を変えることはない。

ただし、これは明治以降に定められた制度で、それ以前は頻繁に元号が変えられた。江戸時代までは生前に天皇位を降りる譲位がたびたび行われていたため、ひとつの元号が長く続くことがあまりなかった。また、災害などの凶事を断ち切るため、逆に縁起の良い出来事にあやかって、元号を改めることもあった。

天皇として即位するためには、様々な儀式をこなさなければならない。先帝が亡くなった直後、内々に「剣璽等承継の儀」が行われる。この儀式によって三種の神器を受け継ぎ、新天皇となる。これと別に行われる「即位礼」は、即位したことを宣言し披露する儀式で、ヨーロッパ王室における戴冠式にあたる。即位式の後には、古代から皇位継承に伴う、一世一度の最高儀礼「大嘗祭」が執り行われる。天皇が国家と国民のために祈りを捧げるのだが、新穀を供えなければならないため、即位礼との間隔が開くことがある。

これらの儀式と平行して、天皇として多忙な生活がはじまる。日本国憲法第一条において、厳格に「象徴天皇制」が敷かれているため政治に関わることはないが、内閣総理大臣や最高裁判所長官の任命や、外国への訪問、各国の王室や大統領との会見の公務を行う。また、これらとは別に、古式の衣装をまとった祭儀を年間約20件、それ以外にも宮中で大小様々な祭祀を行っている。

現在126代目を数え、少なくとも1500年以上続いてきた「万世一系」と称される天皇家だが、近年はその皇位継承が危ぶまれていた。

皇室に関する制度をまとめた『皇室典範』で、天皇となれるのは「男系男子のみ」と定められているにもかかわらず、秋篠宮文仁親王以来41年間も皇室に男子が生まれなかった。２００６年（平成18）に悠仁親王が誕生し、ひとまず皇位継承者不在の心配はなくなった。

皇位継承権は年齢順ではなく長子優先であり、一親等から順位がつけられる。そのため、悠仁親王は今上天皇の弟、文仁親王に続く第２位の皇位継承権を持つ。続いて上皇の弟である常陸宮正仁親王が続く。

第五章

一条家、九条家、近衛家……

宮廷文化を伝える明治貴族

明治時代に華開いた日本の社交界文化
その主役たちの人生と系譜をたどる

一条家

九条家と本家を争う皇室に連なる名家

明治維新後初の皇后を輩出

――明治天皇の皇后となった「国母」一条美子

一条家は、五摂家のひとつである九条家から鎌倉時代に分家し、九条道家の三男・実経が始祖となり誕生した。その際、九条家の嫡流をどちらに認めるかという対立が起こった。一条も九条も、自らが九条流を継ぐ優位性があると主張し続け、最終的には天皇による「九条も一条も嫡流としては同格である」という結論でいったんは落ち着く。しかし室町中期以降には、九条家が一条家をしのいで栄えたため、九条家の人々は、自分たちこそが九条流の嫡流であると主張し、九条家本流をめぐり、両者の間にはしこりが残った。

一条家の系図で注目されるのは、幕府を批判したとして安政の大獄に連座した一条忠香《ただか》の三女・美子である。彼女はのちに明治天皇に嫁ぎ、昭憲皇太后と追号された。

表舞台に立つことが少なかった歴代の皇后の中にあって、積極的に人前に出て明治維新後の女性のあるべき姿を身をもって国民に示したことから、「国母」と称された。

美子は女性の教育に強い関心を持ち、1874（明治7）年に東京女子師範学校（現・お茶の水女子大学）が設立されたときにはその費用の一部を下賜し、開校式やその他式典にも参列している。また、社会福祉にも力を入れ、博愛社（現・日本赤十字社）の創立にも協力。1912（明治45）年に国際赤十字に10万円（現在のおよそ1億3300万円相当）を寄付したことから、昭憲皇太后基金がつくられた。

美子がこうした運動に力を入れた背景には、父・忠香の影響が色濃く見える。幕末の騒乱期に新時代の到来を予測した忠香は、子女教育の重要性を感じ、自邸に「物見の台《うてな》」と呼ばれる櫓をつくった。そして彼は子どもたちとともに櫓に昇り、塀の外側に暮らす庶民の暮らしを実見させた。その中で美子は、施薬院という医療施設があることを知り、のちの社会福祉に尽力するきっかけになったという。

なお、一条家は徳川宗家とも婚姻で結ばれており、13代・徳川家定へ一条秀子が、最後の将軍である徳川慶喜へは一条美賀子が嫁いでるが、秀子は結婚1年で病死。また、美賀子と慶喜とは長く別居生活が続くなど、上手くはいかなかったようである。

家系図

一条家・九条家系図

始祖　一条実経《いちじょうさねつね》

現当主　一条實昭《いちじょうさねあき》

来歴

鎌倉時代に九条家当主である九条道家の四男・実経にはじまる五摂家のひとつ。九条家と本家本流の座を争った。室町時代には学者として名高い一条兼良を輩出。また、分家である土佐一条家は戦国大名となって土佐の一部を領有した。

九条家嫡流　九条教実 ― 九条忠家

二条家始祖　二条良実

一条忠香（1812～1863）

一条秀子 ＝ 江戸幕府13代将軍　徳川家定

近代初の皇后として、それまでの皇后と違い積極的に外に出ていくようになった。

明治維新後初の皇后誕生

第122代　明治天皇 ＝ 昭憲皇太后　美子（1849～1914）

一条実良 ―（中略）― 弁護士　一条實昭

美賀子 ＝ 江戸幕府15代将軍　徳川慶喜

九条道家

九条家から生まれたこの三家と、近衛家、近衛家から分家した鷹司家を合わせた五家は、天皇家に次ぐ摂家のポジションにいるため五摂家と呼ばれる。

九条家から分家し一条家と二条家が誕生

一条実経　一条家始祖

（中略）

一条兼良　養子（二条良実から5代目の子）

一条家きっての歌の名手
室町幕府将軍・足利義政や日野富子にも重用され、当時の詩歌会には常に招かれるほど評判が高かった。

一条教房　土佐一条氏の祖

土佐に根付いた戦国大名
兼良の嫡男・教房は戦乱を避けて所領のある土佐幡多群に下った。その子孫が土佐一条氏となるものの、戦国時代には長宗我部元親に敗れ所領を失った。

（中略）

一条兼定

一条冬良

（中略）

一条昭良　後陽成天皇第9皇子

（中略）

一条忠良

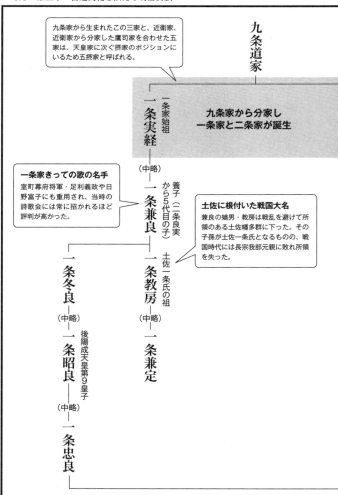

九条家

九条家で産まれたふたりの皇后

近代において縁戚関係で力をつける

――劇的な人生を送った九条家の女性たち

五摂家のひとつである九条家は、孝明天皇の皇后である英照《えいしょう》皇太后（九条夙子《あさこ》）、大正天皇の皇后である貞明皇后（九条節子）の2人を輩出し、近代史に大きな影響を与えた。

まず、英照皇太后は孝明天皇が36歳で崩御したため、皇太后（先代天皇の皇后を指す）と呼ばれる時間の方がはるかに長かったが、夫に先立たれた後も学校教育や社会福祉の現場を行啓し、能楽の再興や養蚕事業への援助などの活動を行っている。

英照皇太后は2人の子どもを出産したものの、いずれも夭逝しており、天皇家と九条家のつながりがなくなってしまうことを嘆いていたという。のちに姪の九条節子が大正天皇の皇后となり、縁戚関係は続くことになるが、英照皇太后は、この婚礼を見ることなく、3年前にこの世を去っていた。

大正天皇に入内した九条節子（のちの貞明皇后）は大正天皇との間に昭和天皇、秩父宮、高松宮、三笠宮と4人の男子をもうけた。大正天皇が側室を持たなかったのは、貞明皇后が4人の皇子を産んだこともあるが、大正天皇も貞明皇后も側室の子であったために子どもには同じ不遇を味わわせたくないという思いがあったのかもしれない。

こうした個人の悲喜交々はあったものの、幕末・明治期の九条家は第31代当主・九条道孝が、姉・夙子と四女・節子を皇室に嫁がせた他、次女・範子を山階宮菊麿妃として嫁がせるなどして、名門の地位を揺るぎないものとしている。男子も皇室の職務に就き、道孝・道実・道秀と3代続けて宮中祭祀を担当する掌典の職に就いている。

また、皇室とのつながりとは別に、九条家は本願寺の大谷家とも縁が深い。九条武子は西本願寺の第21世法主・大谷光尊の次女で、大正三美人のひとりにも数えられた。しかし、九条籌子の勧めで九条分家の九条良致に嫁いだものの、良致が興した養老信託株式会社が1922（大正11）年に不渡り手形を出してしまう。さらに弟を心配する義姉の籌子から夫婦生活に口を挟まれ、武子は大変な苦労を負うことになる。その結果、和歌や慈善事業に逃避するように没頭。悲劇のヒロインとして世間の注目を集めた。

家系図

九条家・天皇家系図

始祖 九条兼実《くじょうかねざね》

現当主 九条道成《くじょうみちなり》

九条家の祖
九条兼実が興した九条家は、五摂家のひとつでのちに一条家と二条家を生み出した。

九条家の始祖
九条兼実 ―（中略）― 九条道家 ― 九条教実 ―

実家を支えた九条家の女性たち

第121代 孝明天皇 ＝ 英照皇太后（九条夙子）（1835〜1897）

第122代 明治天皇

第123代 大正天皇 ＝ 貞明皇后（九条節子）（1884〜1951）

第124代 昭和天皇

第125代 上皇

来歴

藤原忠通の三男・九条兼実を始祖とする。一条家とは本家本流の座を争ったこともあったが、明治時代にともに皇室に嫁いだ九条夙子と一条美子との関係は良好だったという。

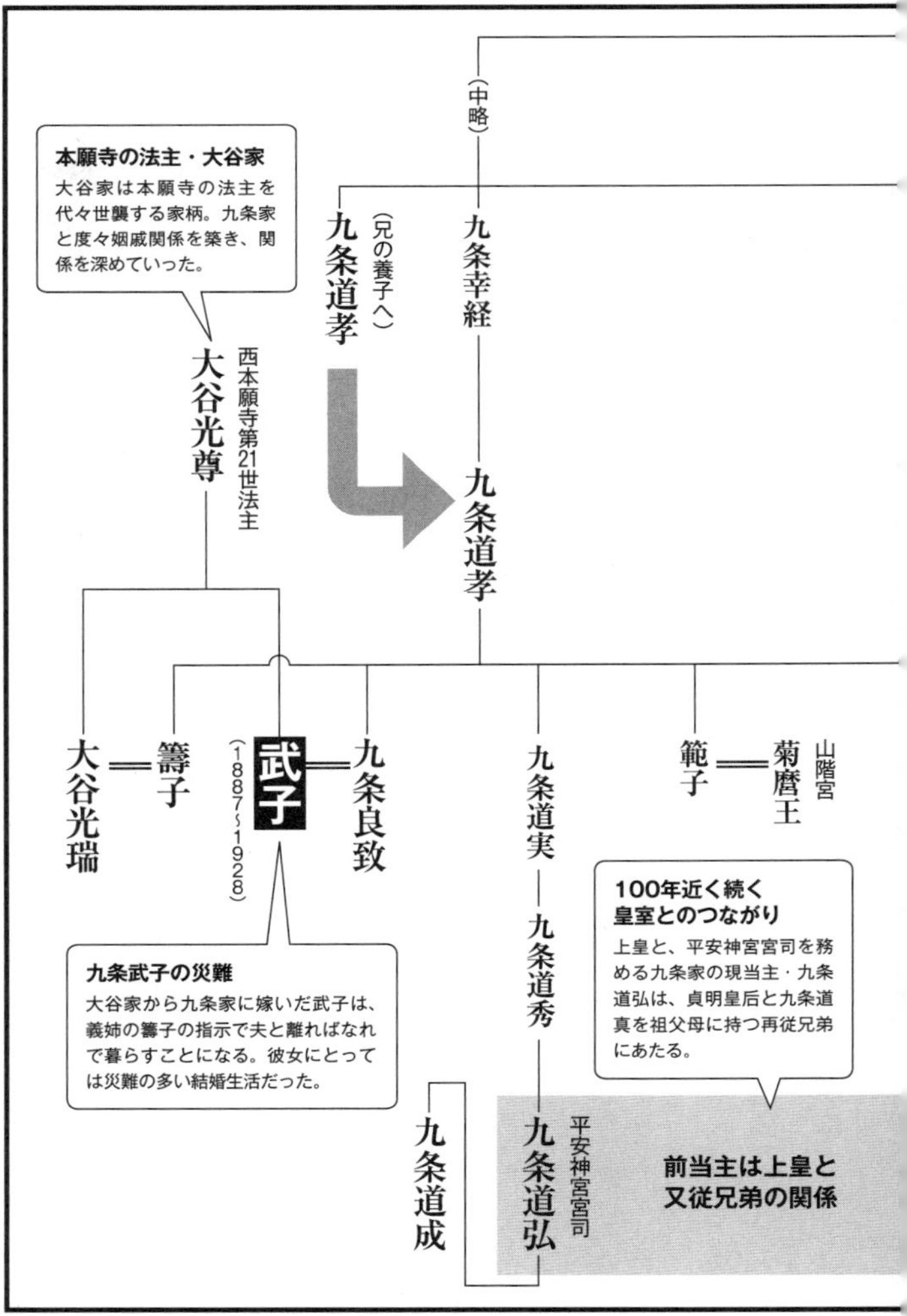

（中略）
九条幸経
（兄の養子へ）
九条道孝
九条道孝
本願寺の法主・大谷家
大谷家は本願寺の法主を代々世襲する家柄。九条家と度々姻戚関係を築き、関係を深めていった。
西本願寺第21世法主
大谷光尊
大谷光瑞
籌子
武子
（1887〜1928）
九条良致
九条道実
範子
山階宮
菊麿王
九条武子の災難
大谷家から九条家に嫁いだ武子は、義姉の籌子の指示で夫と離ればなれで暮らすことになる。彼女にとっては災難の多い結婚生活だった。
九条道秀
100年近く続く皇室とのつながり
上皇と、平安神宮宮司を務める九条家の現当主・九条道弘は、貞明皇后と九条道真を祖父母に持つ再従兄弟にあたる。
九条道成
平安神宮宮司
九条道弘
前当主は上皇と又従兄弟の関係

近衛家

時代の波に揉まれた五摂家の筆頭

重荷を背負う近衛家の苦難の歴史

――天皇に仕える近衛家の、大名家との血縁関係

近衛家はもともと五摂家筆頭の家格で、近衛という言葉には「陛下の近くをお衛りする」という意味があるという。古くから続く名家であるがゆえに、世が乱れるたび、野心家たちは近衛家に近づいた。戦国時代においては、関白の座を狙う羽柴秀吉の強い要求により、近衛前久は秀吉を養子にする。いかに名家とはいえ、当時、飛ぶ鳥を落とす勢いだった秀吉に刃向かうことは難しかった。実際、これに異議を唱えた、前久の息子・信尹は薩摩に流されてしまう。

次に近衛家が歴史上に登場するのは、またもや騒乱の時代だった。日本が戦争へと突入していく1937～1941（昭和12～16）年の4年間、近衛文麿は総理大臣を務めた。長身で貴公子然とした姿に国民の人気も高かったという。父の篤麿、文麿と

2代にわたって政治家となり、どちらも貴族院議長を務めている。このふたりに影響を与えたのは、西園寺公望であった。篤麿が23歳のときに渡欧したのは西園寺に従ってのことであったし、政局が軍部独裁へと傾いていく中で、文麿の内閣総理大臣に推薦したのも公望であった。しかし、文麿はその期待に応えることはできず、太平洋戦争開戦直前に、近衛内閣は解散する。

文麿の妻の千代子は、豊後佐伯藩の旧毛利家の令嬢であったが、その血筋をたどると母方の祖父に大老・井伊直弼がいる。毛利家は子爵で、家柄で見れば近衛の家格とは不釣り合いであったが、それでも文麿が家柄を気にせずに結婚したのは、当時、学習院女子部に通っていた千代子に一目惚れしたからであった。他のお嬢様とは一線を画す、勝ち気ではつらつとした千代子の姿に、文麿は好意を持ったのだろう。

文麿の弟の秀麿は政治とは無縁の人生を送り、大正から昭和にかけて音楽家として活躍した。日本のオーケストラにとってパイオニアとも呼べる存在だ。大学の校歌の作曲も数多く手がけ、現在のNHK交響楽団の前身である新交響楽団の創設にも関わった。文麿は千代子との間に4人の子どもをもうけている。次女の温子は肥後の細川護貞に嫁いでおり、その間に生まれた子が元内閣総理大臣の細川護熙である。

家系図

近衛家・羽柴家・島津家系図

始祖　近衛《このえ》基実《もとざね》
現当主　近衛《このえ》忠煇《ただてる》

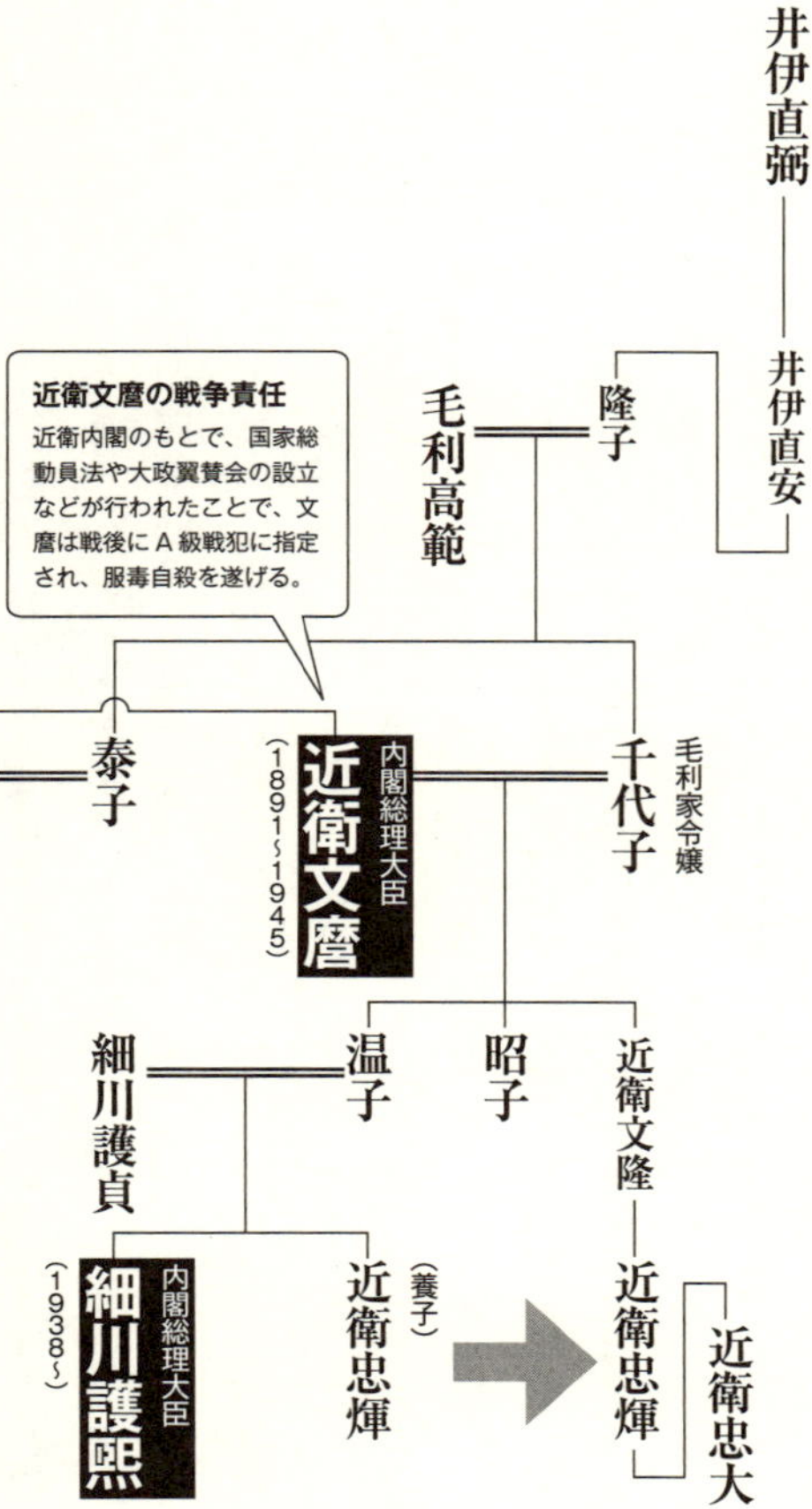

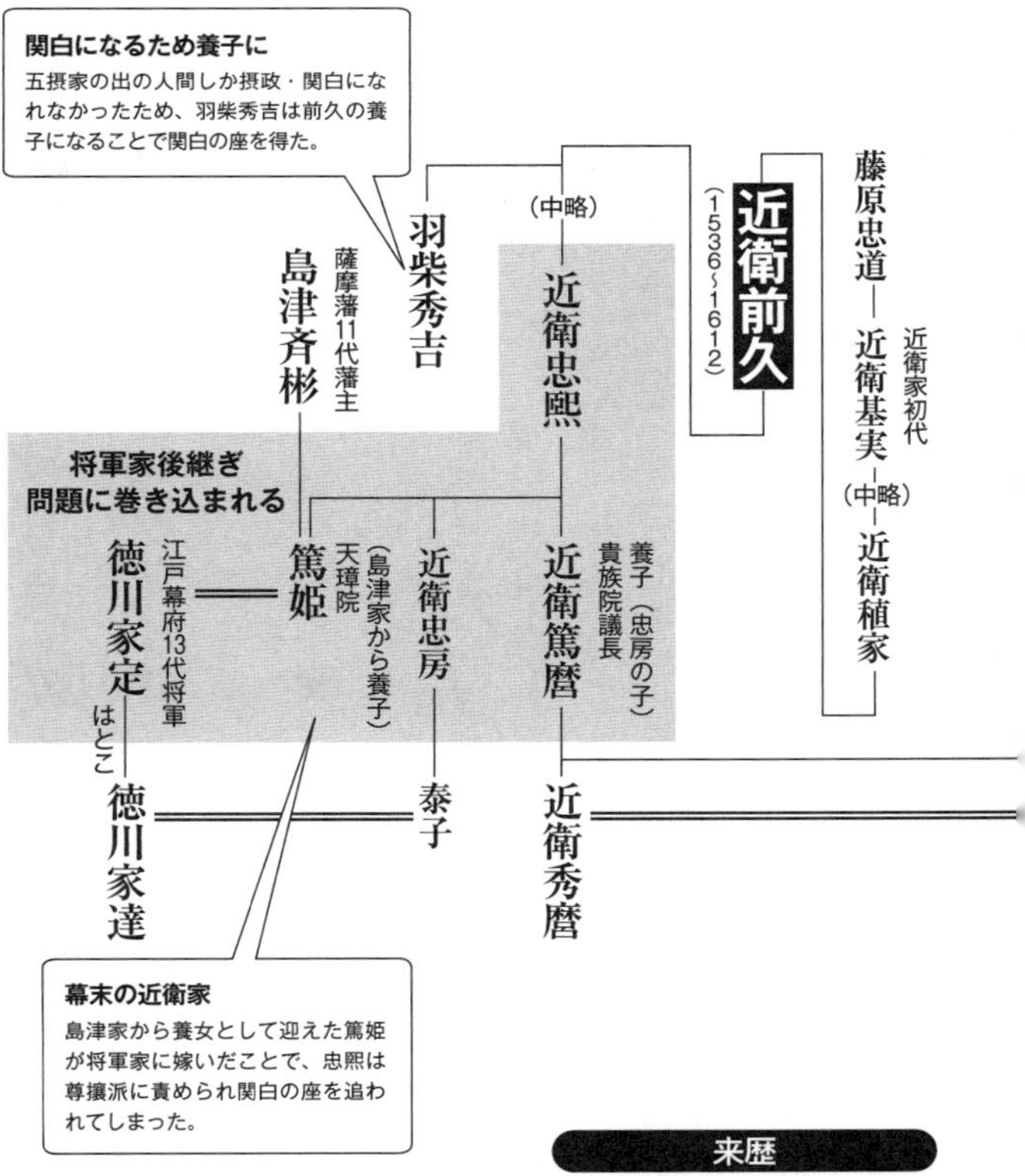
関白になるため養子に
五摂家の出の人間しか摂政・関白になれなかったため、羽柴秀吉は前久の養子になることで関白の座を得た。
藤原忠道
近衛家初代
近衛基実
（中略）
近衛稙家
近衛前久
（1536～1612）
（中略）
羽柴秀吉
近衛忠熙
薩摩藩11代藩主
島津斉彬
将軍家後継ぎ
問題に巻き込まれる
養子（忠房の子）
貴族院議長
近衛篤麿
近衛忠房
（島津家から養子）
天璋院
篤姫
江戸幕府13代将軍
徳川家定
はとこ
徳川家達
泰子
近衛秀麿
幕末の近衛家
島津家から養女として迎えた篤姫が将軍家に嫁いだことで、忠熙は尊攘派に責められ関白の座を追われてしまった。

来歴

保元の乱を起こした藤原頼長の兄である藤原忠通の長男・近衛基実を始祖とする。近衛家は、古代から近世にかけて摂関・関白を独占した五摂家のひとつ。

西園寺家

社交界の注目を集めた最後の元老の醜聞

政・宮・財の頂点に立った西園寺公望とその兄弟

――様々な逸話が伝わる公望の兄弟と愛人たち

明治維新後フランスに留学し、自由主義の洗礼を受けて帰国した西園寺公望。リベラルな思想と国際的視野を身につけ、内閣総理大臣を辞めた後も、最後の元老として、政界に睨みをきかせた。しかし、軍部が力をつけてくるにつれて、日米協調路線をはかる公望は力を失っていく。

西園寺家は五摂家に次ぐ家格だが、公望の生家は徳大寺家である。幕末に尊王攘夷派の公家として活躍した徳大寺公純の次男として生まれ、西園寺師季の養子となった。一方、公望より10歳年長だった兄の徳大寺実則は実家を継ぎ、明治天皇の崩御に至るまで、30年近く侍従長として側に仕えた。兄弟ではあっても、両者の立場や考え方は大きく異なり、公望がフランスから帰国後、中江兆民とともに『東洋自由新聞』を創刊して社長になると、実則は宮内卿名義の勅命を使い、公望を辞職させたという逸話が残っている。

また、弟の徳大寺隆麿（のち住友友純）は大財閥である住友家に婿養子に入る。住友家は公望に対して政治資金や渡航資金、さらに邸宅建設の資金まで豊富に提供した。これは政治家・西園寺公望に対する投資だったといわれる。政商が活躍した明治の日本において、商人が政治家と強いつながりを持つことは重要な意味があった。このように兄弟がそれぞれに異なる家を継ぐことで、徳大寺家の3兄弟は政・宮・財の頂点に立つことになる。また、公望は娘の新子の婿として旧長州藩主・毛利元徳の八男・八郎を迎え入れている。

政界の中心にいた公望は、女性関係も派手だった。正室を置かなかったものの、第一夫人に名妓の菊子を、第二夫人にも名妓の房子を据えている。また、70歳も近い頃には親子以上に年齢の離れた花子という25歳の女中を見初めている。1919（大正8）年のパリ講和会議の際には花子を同伴し、色白で愛嬌のある花子は、「パリの社交界の花」として人気を集めた。そんな花子に嫉妬する菊子とふさ子……。3人の女性と公望をめぐるお家騒動は、当時の一大スキャンダルとなり、世間の注目を集めた。

家系図

西園寺家・徳大寺家系図

始祖　西園寺《さいおんじ》通季《みちすえ》

現当主　西園寺《さいおんじ》公友《きみとも》

来歴

鳥羽天皇の外戚として権勢をふるった藤原公実の子・通季を祖とする。五摂関家に次ぐ家格であり、太政大臣に就く資格を持つ清華家のひとつ。

住友家断絶を養子で乗り切る

明治時代に入ると住友家当主である友親とその息子の友忠が相次いで急死。住友家の男系継承者が途絶えてしまったため、登久が当主を継ぐとともに、娘の満寿に徳大寺から婿養子を取ることで危機を乗り切った。

住友家12代当主　住友友親 ＝ 住友家14代当主　登久《とく》

住友家13代当主　友忠

満寿

住友家15代当主（徳大寺隆麿）　住友友純（1865〜1926）

鷹司政通 ― 徳大寺公純（徳大寺家へ養子）→ 徳大寺公純

徳大寺実堅 ― 徳大寺公純

明治天皇の侍従長　徳大寺実則（1840〜1919）

住友家16代当主　住友友成

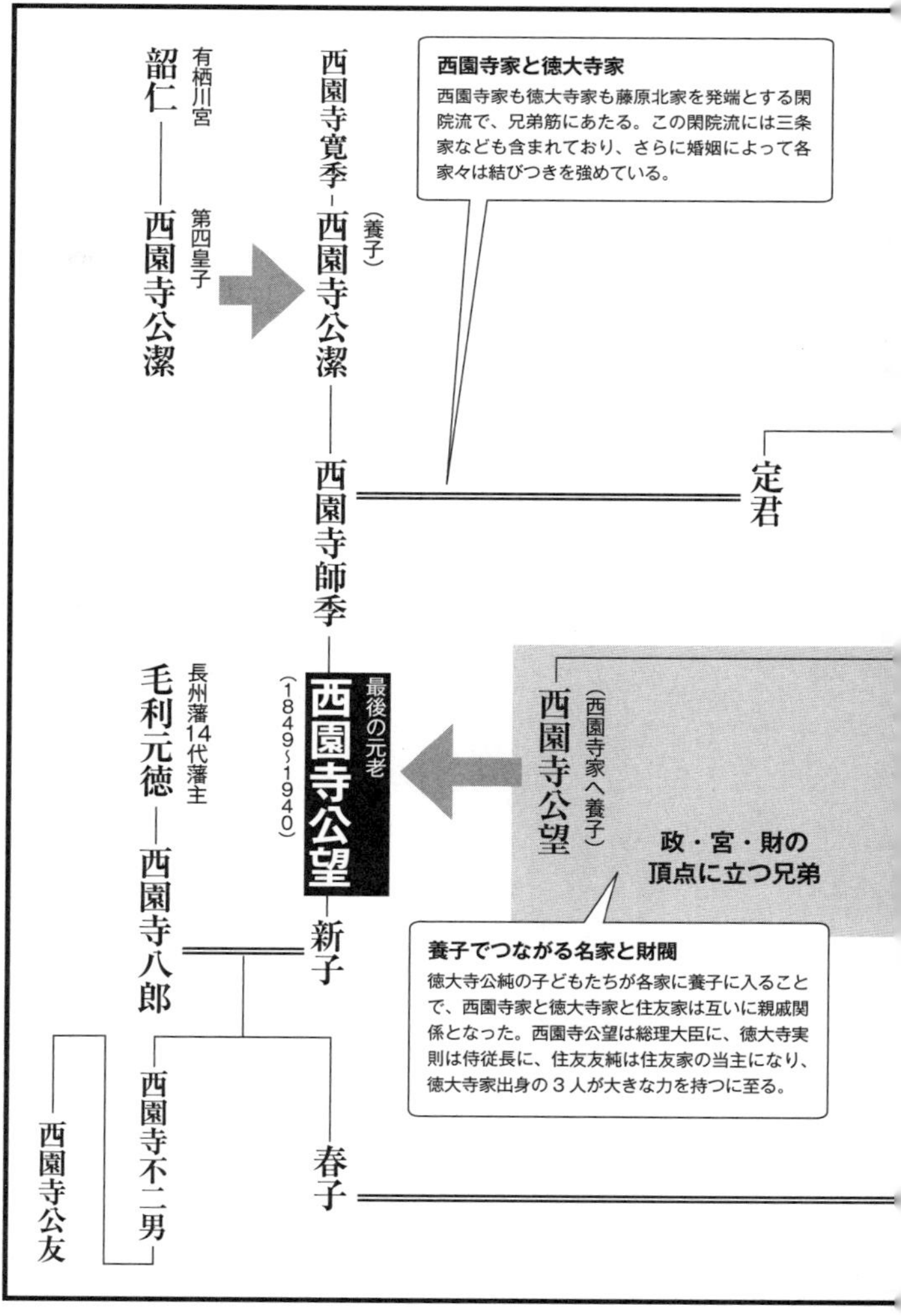
有栖川宮
韶仁
第四皇子
西園寺公潔
西園寺寛季
（養子）
西園寺公潔
西園寺師季
定君
西園寺家と徳大寺家
西園寺家も徳大寺家も藤原北家を発端とする閑院流で、兄弟筋にあたる。この閑院流には三条家なども含まれており、さらに婚姻によって各家々は結びつきを強めている。
最後の元老
西園寺公望
（1849～1940）
（西園寺家へ養子）
西園寺公望
政・宮・財の
頂点に立つ兄弟
長州藩14代藩主
毛利元徳
西園寺八郎
新子
養子でつながる名家と財閥
徳大寺公純の子どもたちが各家に養子に入ることで、西園寺家と徳大寺家と住友家は互いに親戚関係となった。西園寺公望は総理大臣に、徳大寺実則は侍従長に、住友友純は住友家の当主になり、徳大寺家出身の３人が大きな力を持つに至る。
西園寺不二男
春子
西園寺公友

岩倉家

歴史に刻んだ謀略家の系譜
倒幕に命をかけた岩倉具視とその家族

――洛中追放の苦難を乗り越え新時代で活躍した公家

岩倉家は、江戸時代に生まれた新しい家で、公家とはいえ家格は高くなかった。しかし、岩倉具視が五摂関家のひとつである鷹司家に仕えたことにより、大きな後ろ盾を得ることに成功する。

そして幕末の動乱の中、皇女・和宮を徳川将軍家に降嫁させるために奔走し、実現にこじつけた。これには和宮降嫁に反対していた和宮の兄である孝明天皇の説得が不可欠だったが、孝明天皇から寵愛を受けていた具視の妹・堀河紀子の協力が功を奏したようだ。しかし、尊王攘夷派から佐幕派と見なされた具視は京都を追放。領地である洛外の岩倉村に身を寄せた。これに連座するかたちで紀子も宮中から追放され、出家を余儀なくされている。この暮らしの最中に、具視の思想は倒幕へと傾き、尊王攘夷派の公家や薩摩藩士と密書で連絡を取るようになる。岩倉村を離れられない具視の代わりに密書を伝えていたのは側室の槇子や槇子を生母とする具定・具経兄弟だった。

こうした具視と家族たちの苦労は、幕府の終焉と新政府の発足というかたちで実を結ぶ。維新後は岩倉使節団の団長として渡欧するなど存在感を見せる一方で、公卿や諸侯の権限も守ろうとした。その結果、1869（明治2）年、公卿と諸侯は華族に列せられ、彼らの特権が保証された。具視は華族のための団体、華族会館（現・霞会館）の設立に協力し、華族たちの組織化、その統率を取るために尽力した。その出自のためか保守的なところのあった具視は、改革を進める伊藤博文としばしばぶつかることがあった。華族の定義についても、「国家に対して偉功のあった士族も華族に加えるべきだ」との博文の主張に対し、具視は強固に反対したが、具視の死後に博文の意見に添うかたちで、士族の一部が華族に叙された。

具視の三女の極子や、森有礼夫人となった五女の寛子はともに美女として世に知られた。特に極子は「鹿鳴館の華」と呼ばれた。具視直系の子孫はイタリア文学者で、京都外国語大学教授職に就いていた岩倉具忠で、霞会館の理事も務めていた。また、俳優の小桜葉子や息子の加山雄三が岩倉家の遠い親戚にあたる。

家系図

岩倉家・島津家・西郷家系図

始祖 岩倉具堯《いわくらともたか》

現当主 不明

徳大寺維子

近衛尚通

久我晴通

岩倉家の始祖 岩倉具堯

（中略）

岩倉具慶

岩倉家の起源

摂家・近衛家の父と、徳大寺家の娘である母の間に生まれた久我晴通の次男、具堯が分家して興したのが岩倉家だ。その名は所領の岩倉村にちなんでつけられ、具堯の代から岩倉を称するようになった。

岩倉具定

岩倉具経

森有礼

寛子

岩倉具張

岩倉具顕

岩倉具栄

岩倉具忠

岩倉具憲

女優 小桜陽子

歌手 加山雄三

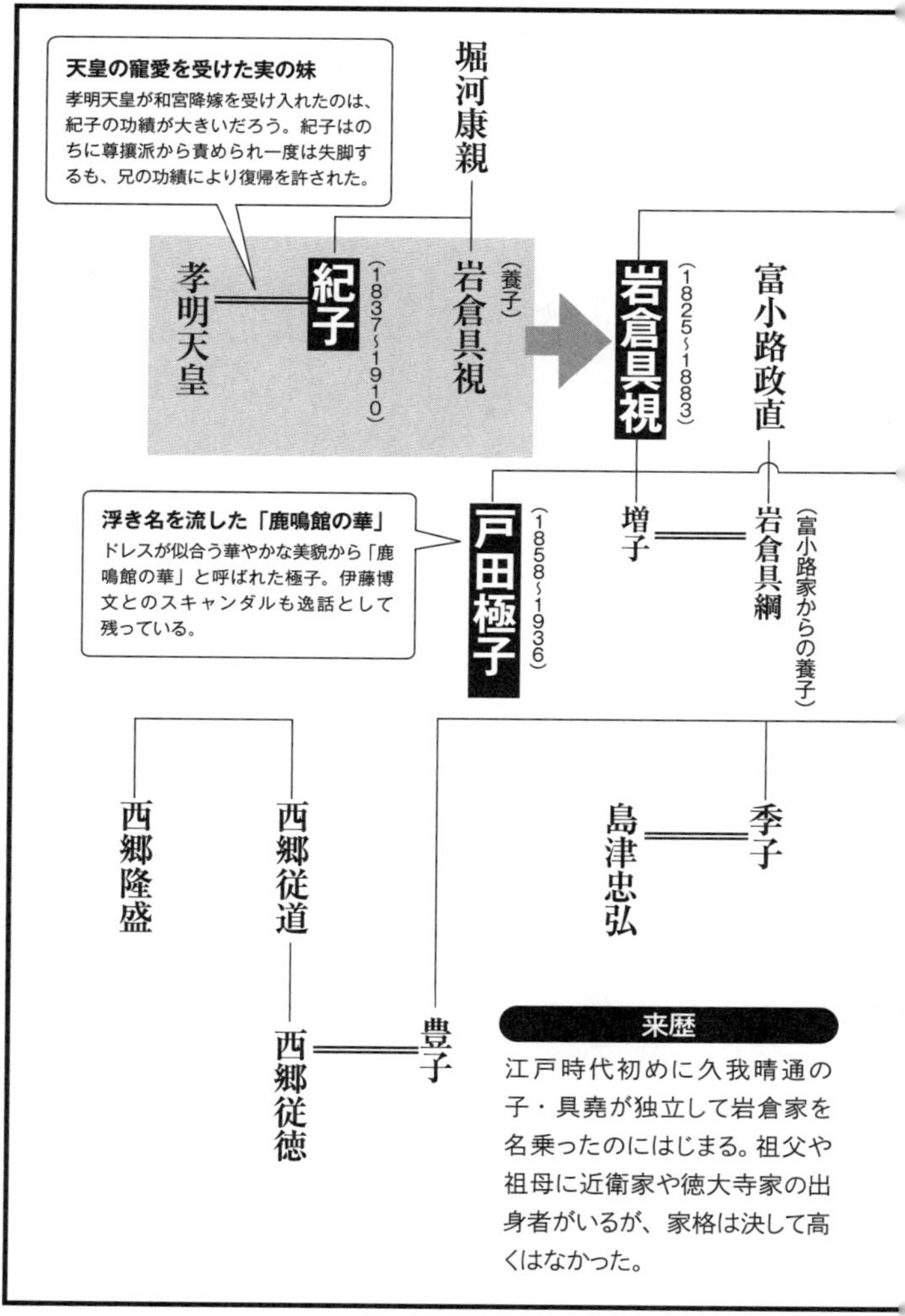
堀河康親
天皇の寵愛を受けた実の妹
孝明天皇が和宮降嫁を受け入れたのは、紀子の功績が大きいだろう。紀子はのちに尊攘派から責められ一度は失脚するも、兄の功績により復帰を許された。
孝明天皇
紀子（1837～1910）
岩倉具視（養子）
岩倉具視（1825～1883）
富小路政直
浮き名を流した「鹿鳴館の華」
ドレスが似合う華やかな美貌から「鹿鳴館の華」と呼ばれた極子。伊藤博文とのスキャンダルも逸話として残っている。
戸田極子（1858～1936）
増子
岩倉具綱（富小路家からの養子）
西郷隆盛
西郷従道
西郷従徳
豊子
島津忠弘
季子
来歴
江戸時代初めに久我晴通の子・具堯が独立して岩倉家を名乗ったのにはじまる。祖父や祖母に近衛家や徳大寺家の出身者がいるが、家格は決して高くはなかった。

column

貴族の源流となった藤原四家

明治まで続いた藤原氏の繁栄

藤原鎌足を始祖とする藤原氏ほど、貴族社会においてその勢力を保ち続けていた一門はないだろう。

はじめ「中臣」と名乗っていた鎌足は、飛鳥時代に活躍した政治家である。大化の改新で活躍した功績を讃えられ、死の直前に藤原姓を賜った。鎌足の息子・不比等は、律令制度の制定や平城京遷都など、政治の中枢を担うだけでなく、自分の娘を天皇に嫁がせるなど、着実に藤原氏の地盤を固めていった。

不比等の死後、武智麻呂・房前・宇合・麻呂という4人の息子が、さらに権力を絶対的なものにするために、聖武天皇に嫁いだ妹の光明子を皇后にしようと考えた。しかし、皇族出身でない女性が皇后になるのは前例がなく、特に、皇族の中でも権力を持っていた長屋王の反発は激しかった。4兄弟は長屋王を無実の罪に陥れて自害させる（長屋王の変）と、光明子を皇后として立て、天皇家の外戚として権力をふるう。また、4人はそれぞれ一家を立ち上げ、武智麻呂の南家、房前の北家、宇合の式家、麻呂の京家に分かれた。ここから藤原氏同士が権力争いを繰り広げることとなる。

この藤原四家の中で最も長きにわたって栄えたのが、房前を祖とする北家である。房前亡き後は落ち目だったが、810年（大同5）に薬子の変が起こって式家の勢力が衰えると、嵯峨天皇の信頼を得て台頭するようになった。また、不比等が行ったような天皇家との婚姻関係を強め、天皇の外戚となって摂政や関白の地位を独占していった。

数多の権力者を輩出した藤原氏の中でも最も隆盛を極めたといえるのは、平安時代にあらゆる栄華を極めた藤原道長だろう。父・兼家は天皇の摂政として権勢をふるっていたが、兼家の五男として生まれた道長に大きな出世は望めなかった。しかし、兄たちが立て続けに亡くなり、最大のライバルである甥の伊周が失脚すると、一気に朝廷のトップに躍り出たのである。また、道長は自分の娘たちを天皇に嫁がせるだけでなく、天皇の正妻である中宮に立て、宮中への影響力を強めた。さらに、後一条天皇・後朱雀天皇・後冷泉天皇と、3代の外祖父となる。道長が宴で詠じた「この世をば 我が世とぞ思ふ 望月の かけたることも なしと思へば」の通り、天下はまさに道長の時代だったのだ。

鎌倉時代には、北家の嫡流や分家である九条家・近衛家・二条家・一条家・鷹司家によって構成された五摂家が成立した。摂政や関白を輩出できるこの五摂家は、以後も公家の頂点に立ち続け、その影響は明治以降まで続くこととなる。

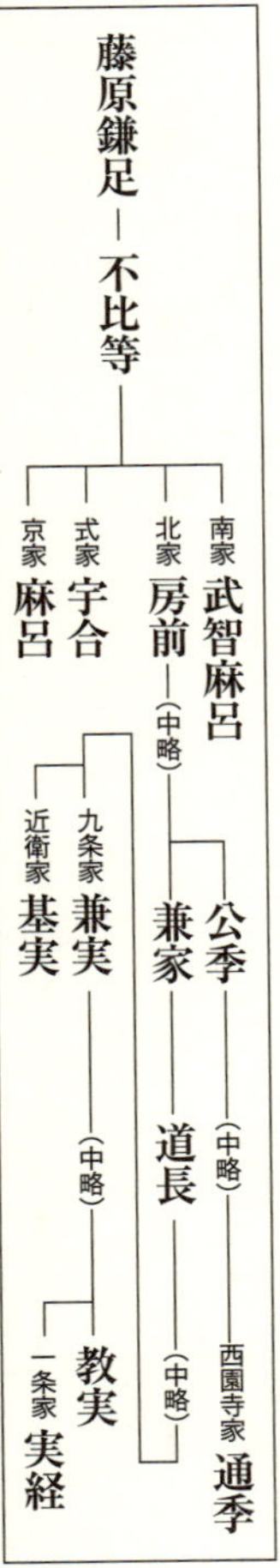
藤原鎌足
不比等
南家 武智麻呂
北家 房前
式家 宇合
京家 麻呂
(中略)
公季
(中略)
西園寺家 通季
兼家
道長
(中略)
九条家 兼実
(中略)
教実
一条家 実経
近衛家 基実

第六章

受け継がれる伝統と名跡

歌舞伎、落語、能、狂言……

日本人の美意識をいまに伝える伝統芸能
しかし、その継承には様々な苦難があった

歌舞伎

名門・市川宗家と芸を重視する上方

なぜ市川團十郎という名が大切なのか

――武士の町江戸で名門市川宗家が誕生

歌舞伎は、江戸時代初期に京都の四条河原で出雲阿国によって行われたのが最初だといわれている。その後江戸へと下った阿国だったが、風俗を乱すなどの理由から禁止され、紆余曲折の末、成人男性のみで演じるという現在上演されている歌舞伎のスタイルが成立した。

徳川家康が幕府を開いた江戸には武士を中心とした男性の多い社会が形成された。武士は戦うことが仕事であったから、強い男性像が求められ、不思議な力を持つヒーローが活躍する話が生まれた。こうしたヒーロー像を次々と生み出していったのが代々の市川團十郎である。

初代の團十郎の家はもともと武士だったが、浪人していたという。團十郎は、14歳のときに坂田公時という怪力の少年を演じて人気が出た。その後もこうしたスーパーヒーローを演じて「荒事」と呼ばれる江戸歌舞伎のスタイルの基礎をつくった。

市川家の歴史は波乱の連続であった。一世を風靡した初代・團十郎は、1704（元禄17）年に舞台の上で弟子の生島半六に刺されて死去。その時にわずか16歳で後ろ盾である父を失った2代・團十郎は、苦労に苦労を重ね、父親が生み出した「荒事」を洗練させ、歌舞伎の第一人者となる。また、4代は松本幸四郎家から養子に入っているが、実は2代の隠し子だといわれている。

7代・團十郎は、余りの人気ゆえに幕府ににらまれて江戸所払いとなるほどであった。また、「歌舞伎十八番」と呼ばれる市川家の得意芸を制定するなど歌舞伎界にも大きな功績を残した。子沢山であった7代・團十郎の子が松本幸四郎の家へ養子に行くなど、市川宗家と松本幸四郎家はその後も密接な関係を持ち続けている。

8代・團十郎は、現在のどんなアイドルでもかなわないほどの人気を誇っていたが、絶頂で自殺。遺書がなかったため原因がわからず、歌舞伎界最大のミステリーとして、たびたび小説の題材として取り上げられるほどだ。

この後を継いだのが、弟の9代・團十郎である。同時期に5代・尾上菊五郎、初

家系図

市川團十郎家・松本幸四郎家系図

主な名跡　市川團十郎家、片岡仁左衛門家、中村吉右衛門家など

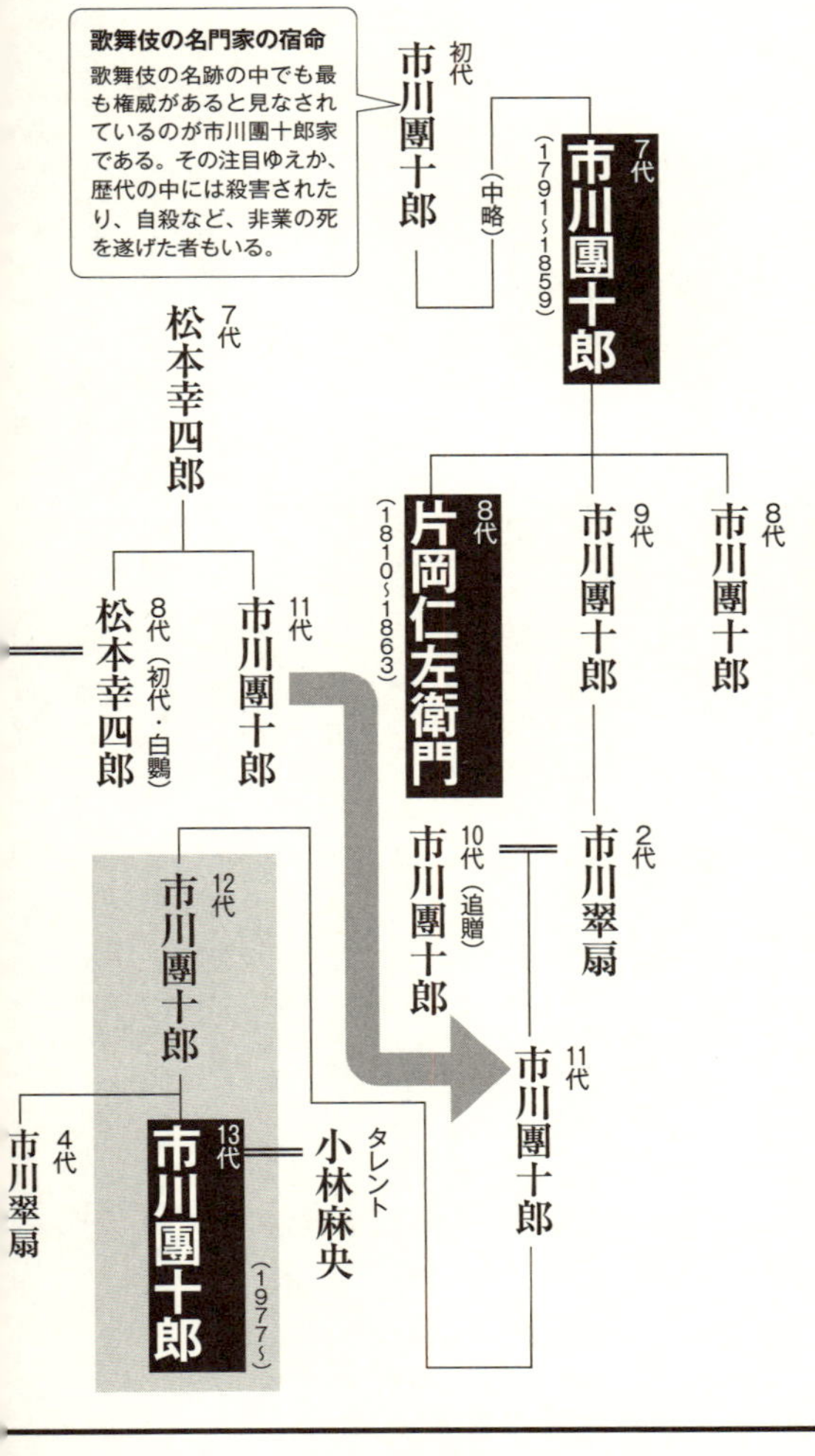

来歴

それまでは野外で演じられていた歌舞伎が、江戸時代中期頃から常設の芝居小屋で行われるようになる。そして人気歌舞伎役者の名跡は、弟子筋や血縁などによって継承され、名門とされる家が誕生した。

3代 中村歌六

初代 中村吉右衛門

正子

2代 松本白鸚（1942～）

藤間紀子

2代 中村吉右衛門（1944～2021）

テレビでもお馴染みの歌舞伎役者

女優 松本紀保

10代 松本幸四郎

女優 松たか子

3代 中村時蔵

4代 中村時蔵

初代 中村萬壽

初代 中村獅童

2代 中村獅童

初代 中村（萬屋）錦之介

17代 中村勘三郎

18代 中村勘三郎

6代 中村勘九郎

前田愛

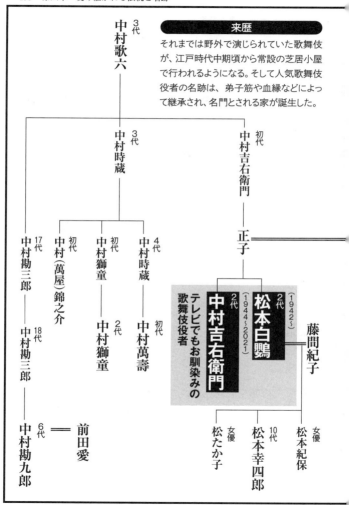

代・市川左團次という人気実力とも伍する役者が出て「団菊左」と呼ばれる時代を築いた。

10代は9代の娘と結婚してから銀行員を辞めて歌舞伎役者となった変わりだね。2022（令和4）年には、役者としても活躍する11代目・市川海老蔵が13代目を襲名した。なお、海老蔵（蝦蔵）という名前は、團十郎がその名を譲った後や、襲名する前に名乗る、市川宗家にとっては大切な名前のひとつである。

――上方の歌舞伎では血より芸が重視された

一方、上方《かみがた》はどうかというと、「傾城買い」というジャンルが人気を集めた。傾城とは客が城を傾けるほど入れ上げてしまう美女のことで、商売女と客との駆け引きを面白おかしく描いたものだった。これがいつしか、恋人との関係をとがめられて男

家系図

片岡仁左衛門家系図

- 7代 市川團十郎
  - 9代 市川團十郎 ― 10代（追贈）市川團十郎 ― 11代 市川團十郎
  - 8代 片岡仁左衛門

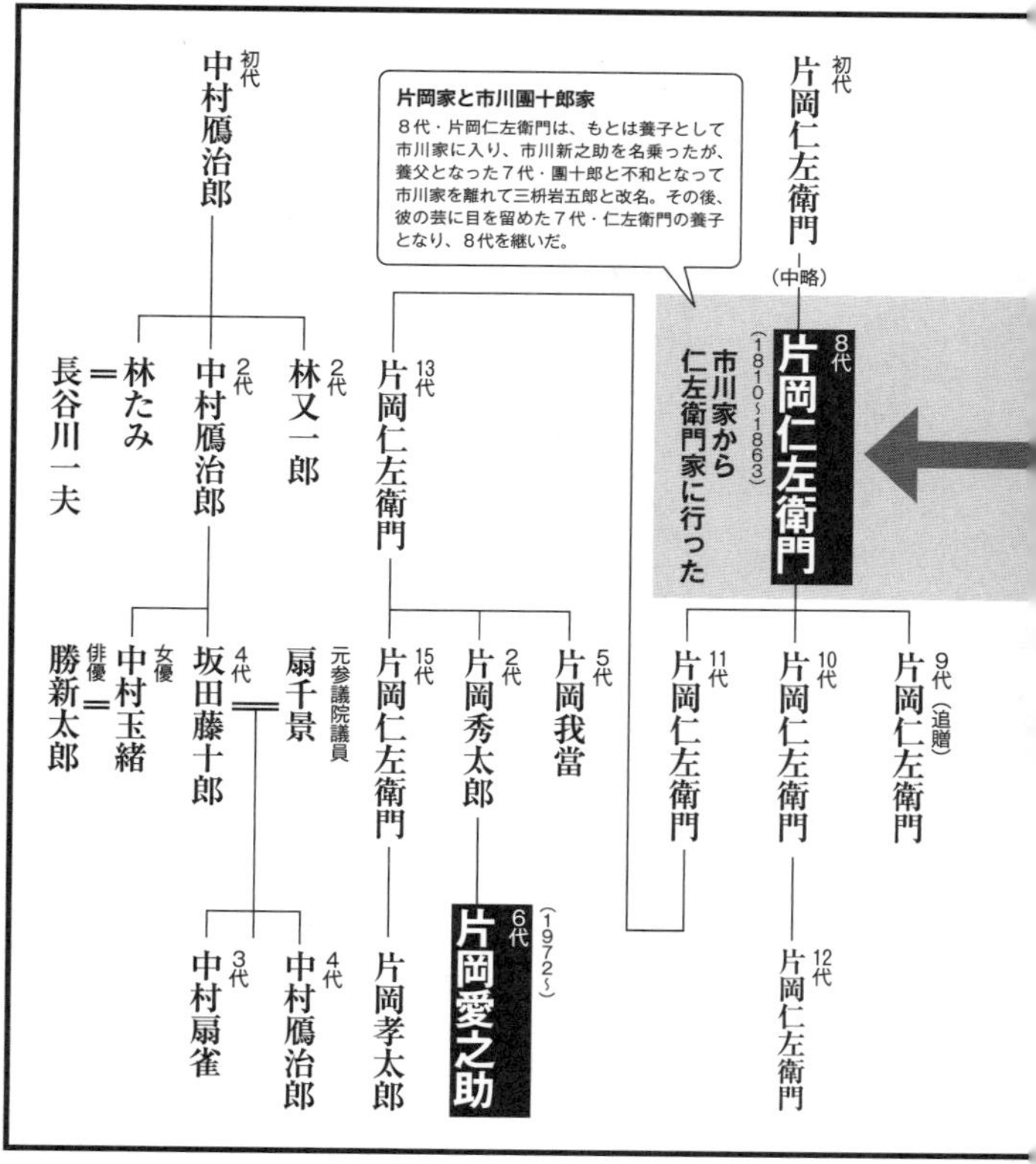

が家を勘当されて、苦労する「和事」と呼ばれるラブロマンスへと発展していく。

上方の俳優たちは、江戸とは違い血統よりも芸に重点が置かれた。「和事」を完成させた初期の上方歌舞伎を代表する坂田藤十郎でさえ、自身の身内ではなく門弟にその名跡を継がせている。

近年人気の出てきた片岡愛之助は歌舞伎の世界とは縁のない家に生まれ、2代・片岡秀太郎の養子となって活躍している。代々の愛之助も歌舞伎とは関係のない家に生まれ仁左衛門の弟子となり活躍した者が多かった。例えば8代仁左衛門は、市川團十郎家に養子に入っていた6代・市川新之助が片岡仁左衛門の養子となって継いでいる。また、9代も養子で歌舞伎関係のない家に生まれ、死後に仁左衛門を送られている。

歌舞伎は大衆芸能なだけに、好みの違う江戸と上方では、その芸風も大きくことなるのが一般的だが、そんな中で上方でも江戸でも人気を博した役者がいる。それが3代・中村歌右衛門である。江戸時代の役者は悪役なら悪役だけ、女役なら女役だけと役柄が決まっていたが、3代・歌右衛門はさまざまな役を演じ、上方で大評判となった後、江戸に下ってきた。

5代は幕臣の子として生まれ、歌舞伎役者とな

家系図

中村歌右衛門家系図

作家
武者小路実篤（1885~1976）— 辰子

＝有紀子

中村梅玉は、本名を河村順之といい、実弟で歌舞伎役者の2代・中村魁春とともに6代・中村吉右衛門の養子となった。彼の妻・有紀子は『友情』などで知られる作家・武者小路実篤の孫にあたる。

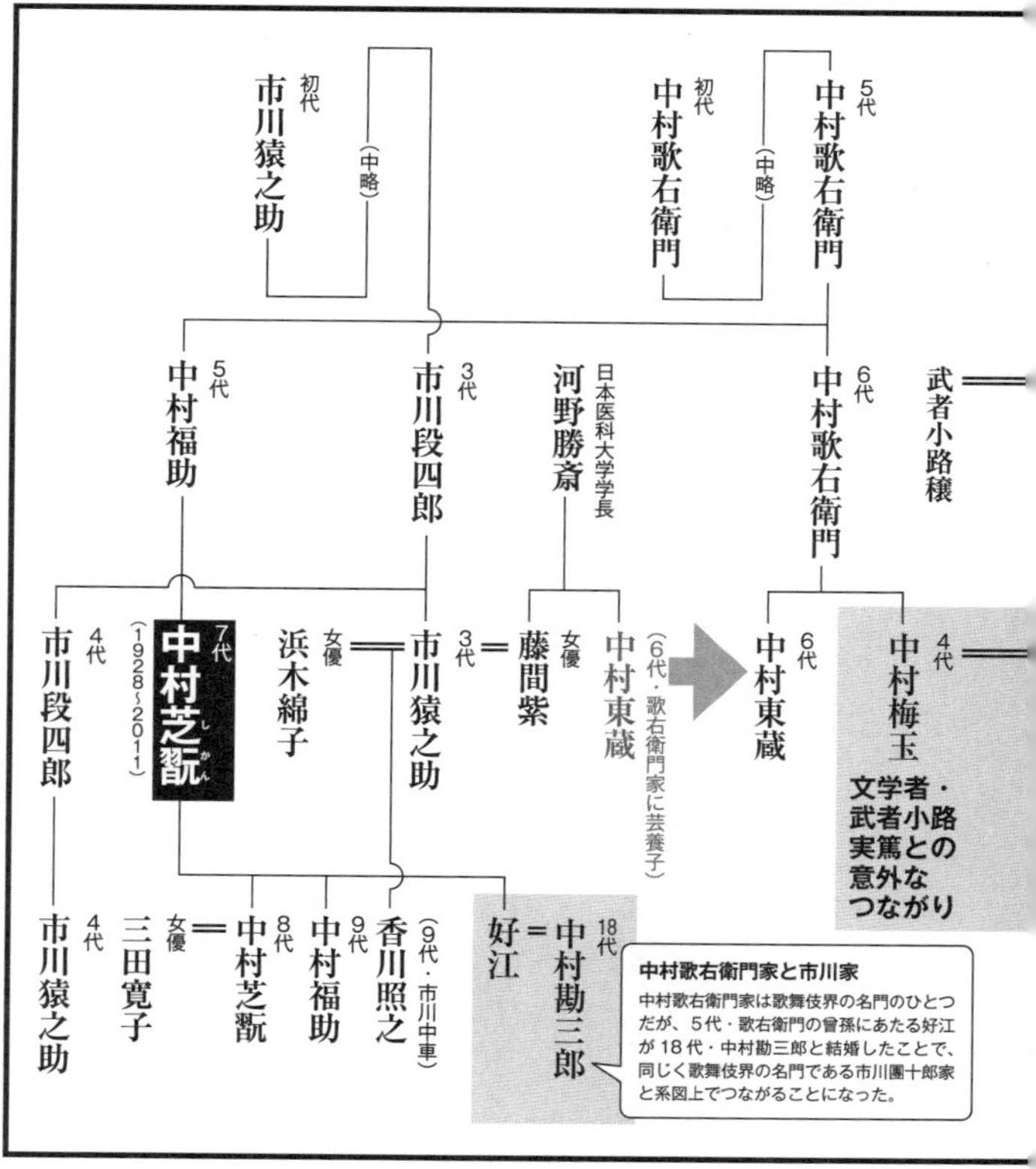

った人物で「東西一の女形」ともいわれ、「団菊左」亡き後の明治時代の歌舞伎界を支えた。

　6代は戦前から戦後にかけて名女形として活躍し、7代を9代・中村福助が2021年に襲名した。

落語

関西生まれの桂派と江戸で生まれた三遊派

血縁よりも技が重視される名跡継承

――桂派の隆盛と上方落語の四天王

落語家は、歌舞伎のように代々決まった家が決まった名前を継ぐという伝統はない。むしろ、「先代が父親で、先々代が祖父」という事例は稀である。しかも「○代は人気がなかったから数えないことにしよう」とか「本当は□代だけれどもキリがいいからひとつとばしてしまえ」などということがあるので、他の伝統芸能と同じに考えてはいけない。

落語家の系統には大きく関西系と江戸系に分けられる。その発生はほぼ同時で、元禄年間（1688～1704年）に関西では京都で露の五郎兵衛が、大坂では米沢彦八が、寺社の境内などで噺を聞かせた。一方、そのころ江戸では鹿野武左衛門が屋敷に招かれて座敷噺をすることを商売にしていた。

その後、大坂では桂文治が出て人気を博す。桂文治は、初代の娘婿が3代を継いで江戸に行ったため、江戸の落語家の名前となったが、関西でも3代・桂文治を名乗る落語家が出て、同時期に同じ名前の落語家が2人いるという事態となった。このため、桂という名は上方と江戸と両方で使われることになった。

上方の桂派は、3代・文治の弟子だった初代・文枝が人気を集め、さらにその弟子たちが活躍したため、関西で最大の流派となった。ちなみに3代・桂春團治、3代・桂米朝、6代・笑福亭松鶴、5代・文枝を上方落語の四天王と呼び、彼らがいなかったら戦後の漫才人気に押されて消失寸前だった関西の落語は存続していなかったとさえいわれている。

一方、桂の名前が江戸へ行ったのとは逆に、初代・林屋正蔵の弟子だった初代・正三が関西にやってきたため、関西でも林家を名乗る落語家が誕生することになる。この林家は染丸という名が一門の留め名で、現在は4代が活躍中。

――江戸落語を育てた可楽とその弟子たち

今につながる江戸落語の直接の祖は、烏亭焉馬が大田南畝などを集めて会を開いた

家系図 三遊派系図

主な名跡
桂派、三遊派、柳派、扇派など

初代 古今亭志ん生
（中略）
2代 古今亭今輔
3代 古今亭志ん生
（中略）
9代 雷門助六

4代 古今亭志ん生

5代 古今亭志ん生（1890～1973）

10代 金原亭馬生
3代 古今亭志ん朝
2代 古今亭圓菊

怪談話を得意とした初代

「怪談の正蔵」と呼ばれた初代。辻で道行く人の足を止めるために派手な演出を好んだ上方に比べ、座敷で聴衆を相手にしていた江戸落語では、怪談噺や人情噺など、情感たっぷりな話芸が発展した。

来歴

落語は江戸時代に京都や大阪で誕生し、桂派などがその流れをくんでいるとされる。一方、江戸でも関西とは違った特色を持つ江戸落語が誕生し、三笑亭可楽を始祖とする流派によって芸が継承された。

いまも愛され続ける名人芸

明治から昭和にかけて活躍した5代・志ん生。その巧みな話芸は多くの落語家に影響を与えたとされる。残された音源も多く、現在でも気軽に彼の噺を聞くことができることもあって、いまでも評価の高い落語家のひとりである。

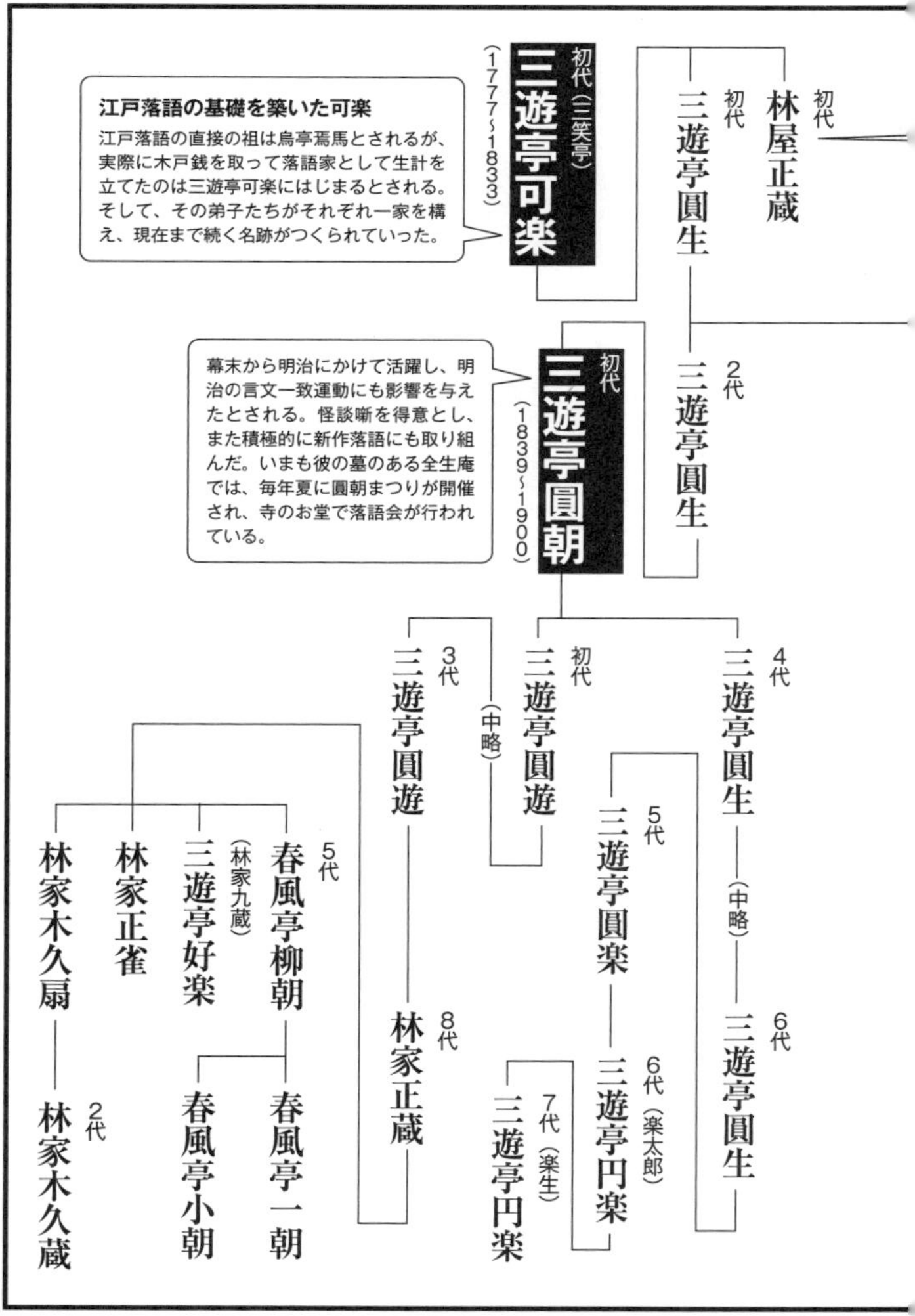
初代 林屋正蔵
初代 三遊亭圓生
初代（三笑亭）三遊亭可楽（1777～1833）
江戸落語の基礎を築いた可楽
江戸落語の直接の祖は烏亭焉馬とされるが、実際に木戸銭を取って落語家として生計を立てたのは三遊亭可楽にはじまるとされる。そして、その弟子たちがそれぞれ一家を構え、現在まで続く名跡がつくられていった。
2代 三遊亭圓生
初代 三遊亭圓朝（1839～1900）
幕末から明治にかけて活躍し、明治の言文一致運動にも影響を与えたとされる。怪談噺を得意とし、また積極的に新作落語にも取り組んだ。いまも彼の墓のある全生庵では、毎年夏に圓朝まつりが開催され、寺のお堂で落語会が行われている。
4代 三遊亭圓生
初代 三遊亭圓遊
（中略）
3代 三遊亭圓遊
5代 三遊亭圓楽
（中略）
6代 三遊亭圓生
6代（楽太郎）三遊亭円楽
7代（楽生）三遊亭円楽
8代 林家正蔵
5代 春風亭柳朝
（林家九蔵）三遊亭好楽
林家正雀
林家木久扇
春風亭一朝
春風亭小朝
2代 林家木久蔵

のであるといわれている。焉馬は江戸本所の竪川近くに住んでいたので、立川焉馬と呼ぶこともある。

この会に影響を受けた落語家に三笑亭可楽がいる。客から3つの言葉を出してもらいその場で新しい噺をつくる「三題噺」で人気が出た。可楽には「可楽十哲」と呼ばれる優れた弟子たちがいて、三笑亭はこの後、江戸の落語の2大派閥のひとつとなっていく。

弟子のひとりである圓生は、得意の物まねを落語に取り入れて評判となり、後に三遊亭圓生と改めた。この初代・圓生のもとから古今亭志ん生が出ており、特に5代・志ん生は、50年以上前に亡くなってもなお、絶大な人気を誇っている。

また、2代・圓生の弟子に「江戸落語の中興の祖」とも「神様」ともいわれる初代・三遊亭圓朝がいる。圓朝は、「牡丹灯籠」や「鰍沢」など現在でもよく口演

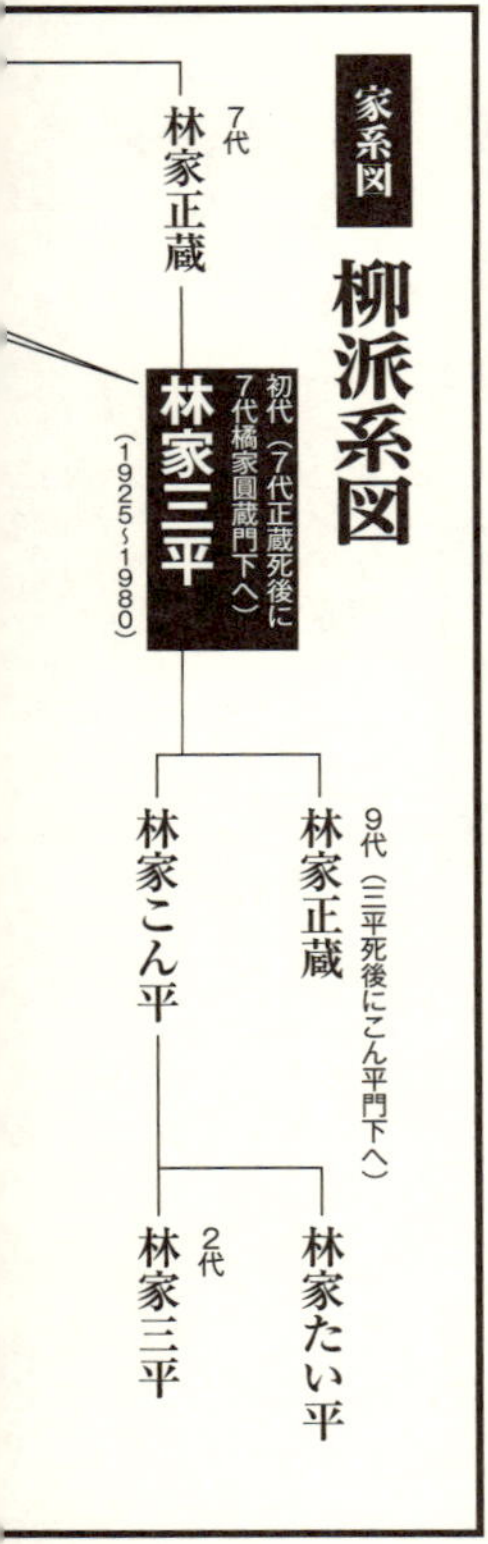
家系図
柳派系図
7代 林家正蔵
初代 林家三平（7代正蔵死後に7代橘家圓蔵門下へ）（1925～1980）
9代 林家正蔵（三平死後にこん平門下へ）
林家こん平
林家たい平
2代 林家三平

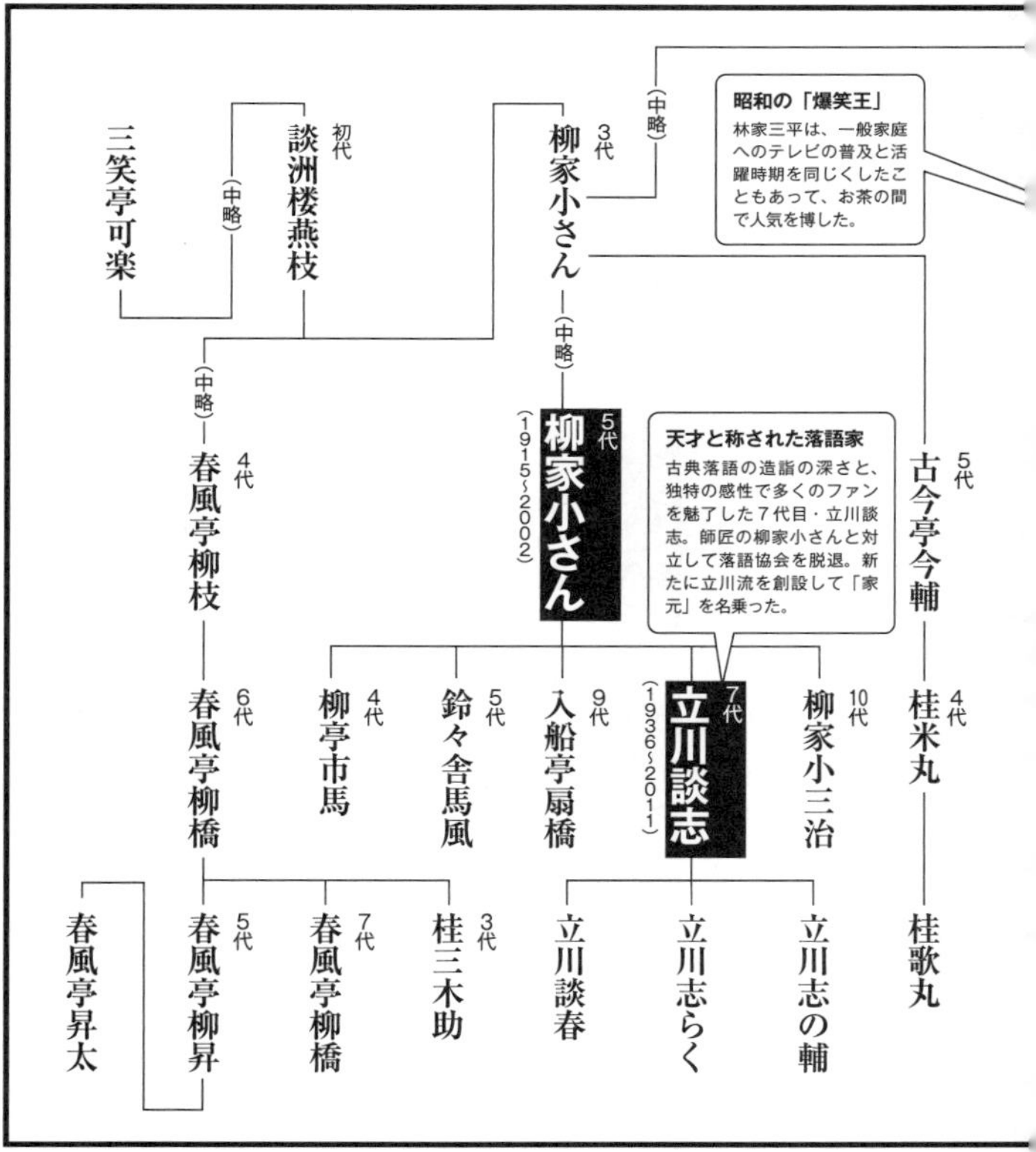
初代 談洲楼燕枝
三笑亭可楽
（中略）
3代 柳家小さん
（中略）
昭和の「爆笑王」
林家三平は、一般家庭へのテレビの普及と活躍時期を同じくしたこともあって、お茶の間で人気を博した。
5代 柳家小さん（1915〜2002）
天才と称された落語家
古典落語の造詣の深さと、独特の感性で多くのファンを魅了した7代目・立川談志。師匠の柳家小さんと対立して落語協会を脱退。新たに立川流を創設して「家元」を名乗った。
4代 春風亭柳枝
5代 古今亭今輔
6代 春風亭柳橋
4代 柳亭市馬
5代 鈴々舎馬風
9代 入船亭扇橋
7代 立川談志（1936〜2011）
10代 柳家小三治
4代 桂米丸
春風亭昇太
5代 春風亭柳昇
7代 春風亭柳橋
3代 桂三木助
立川談春
立川志らく
立川志の輔
桂歌丸

される演目を次々と生み出していった。

その他、可楽十哲に数えられたのが初代・林屋正蔵である。彼が得意とした怪談話は弟子に受け継がれ、8代・正蔵（彦六）も怪談話をよく口演していた。なお、現在活躍中の9代・

正蔵（こぶ平）は、8代とは別系統で、7代・正蔵（竹三郎）の孫にあたる。父は初代・林家三平（榮三郎）で、弟は2代・林家三平（いっ平）である。

江戸2大流派のもうひとつ柳家は、麗々亭柳橋を祖としている。明治20年ごろから3代・春風亭柳枝が師匠の初代・談洲楼燕枝を中心に据えて三遊亭に対抗し、両派が競い合うことで、落語界が活性化した。現在柳家の留め名は「小さん」だが、「柳家小さん」となったのは3代から。彼には有名人のファンが多く、夏目漱石もそのひとり。小説『三四郎』の中で小さんのことに触れている。また、先代の5代・小さんは落語協会の会長を20年以上務め、落語家として最初の人間国宝となった。

この小さんには弟子が多く、東京の落語家として2人目の人間国宝となった10代・柳家小三治や、落語協会から独立して立川流を立ち上げた立川談志などがいる。落語協会の元会長4代・柳亭市馬も5代・小さんの弟子である。

この他の流派

家系図

桂派系図

- 2代 林家染丸
  - 3代 林家染丸
    - （米朝門下へ）月亭可朝
    - 4代 林家小染
    - 4代 林家染丸

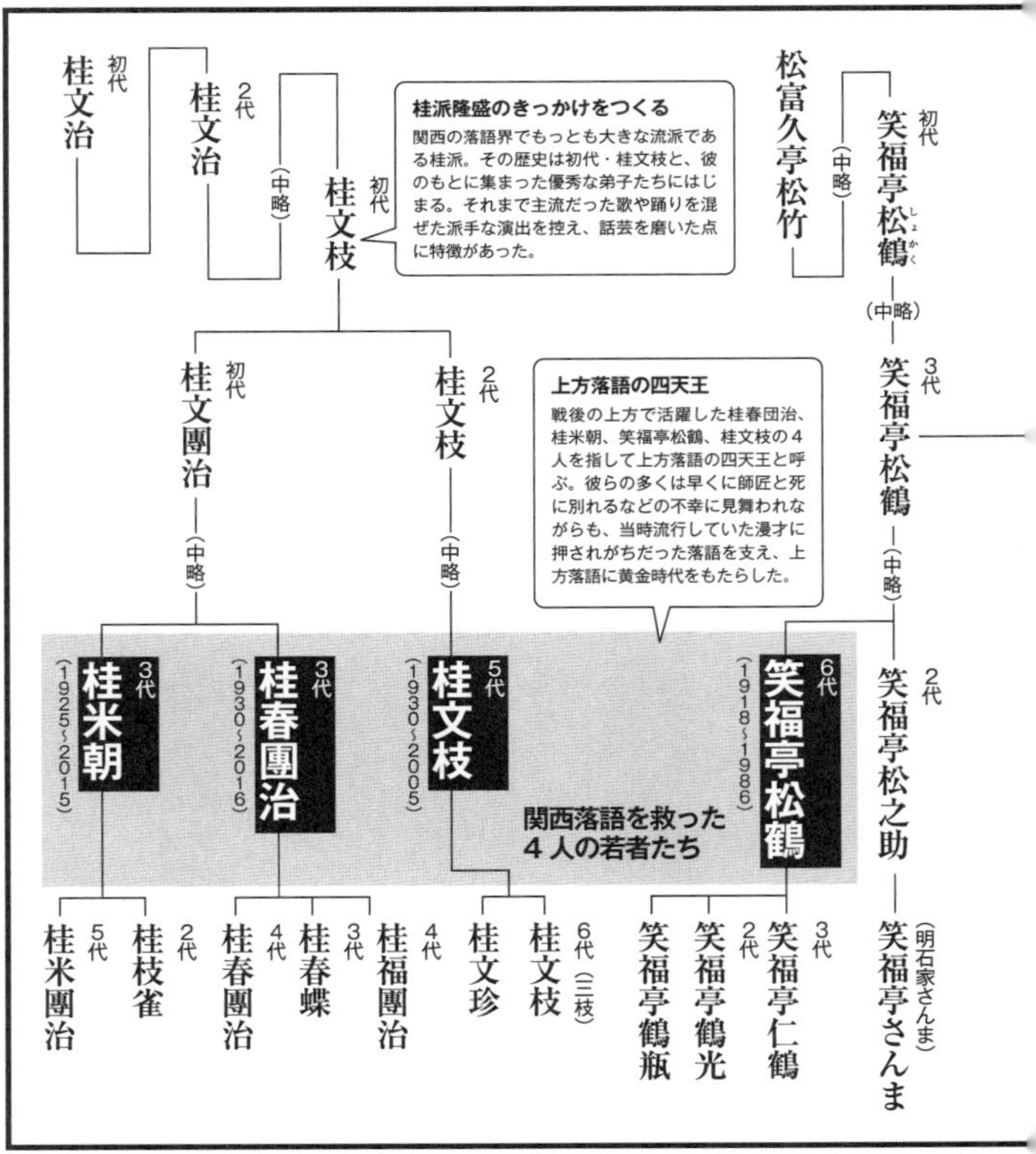

を挙げると、江戸の桂流の留め名である桂文治は現在11代。先代の10代・文治は普段でも和服で通す落語家らしい落語家といわれた。また、人気番組「笑点」の司会を務めた歌丸も桂だが、文治とは別系統。

能

室町時代以前から芸を伝える名門たち

受け継がれる観阿弥の血統

――観世流を頂点とした五つの流派

能の名門として知られる観世流は、観阿弥を始祖としている。彼は能の前身となった田楽や猿楽の天才で、室町幕府3代将軍足利義満に見出された。「観世」という名前も観阿弥の幼名に由来している。

その観阿弥が巡業先で亡くなり、後を継いだ息子の世阿弥は、それまであった演目を見直し、新しい演目をつくり出していった。父親に続いて足利義満の庇護を受け、さらに4代将軍足利義持の好みに合わせて優雅なものへと変化させていった。だが、6代将軍義教の時代となると次々に不幸が降りかかり、最後は佐渡へ流された。世阿弥に替わって、将軍の庇護を受けたのは甥の音阿弥である。だが、この音阿弥が亡くなったころに応仁の乱が勃発。室町幕府の力が弱くなり芸能どころではなくなり、能楽師たちは地方に散っていく。こうした能楽師たちを、そのころ力をつけてきた戦国武将たちがひいきにした。特に徳川家康は、江戸に幕府を開く前から7代・観世宗節と交流を持ち、そのため江戸時代に観世家は、能楽の筆頭として扱われた。

能には観世流の他にもいくつかの流派がある。宝生流は、観世流の祖観阿弥の長兄・室生太夫がはじまりとされる。5代将軍徳川綱吉や加賀の前田家などがひいきにし、11代将軍徳川家斉が愛好したため、江戸末期に力を得て1848（弘化5）年に江戸で盛大な勧進能が行われた。現在も東京や北陸などで活動している。

金春流は、古くから奈良を本拠地として活動し豊臣秀吉や秀頼がひいきとしていた。江戸時代には観世や喜多に押され気味だったが、現在でも奈良で勢力を保っている。

金剛流は、古くから奈良の法隆寺との関わりを持っている流派である。始祖である坂戸孫太郎氏勝は同時代に活躍した世阿弥からの高い評価を受けたが、その後は勢いが振るわず、現在は京都を活動の中心としている。

喜多流は江戸時代初期に確立した一番新しい流派だが、徳川家康やその息子の徳川秀忠、孫の家光がひいきにしたため、大名家で喜多流を取り入れたところが多い。東京よりも地方での人気が高い。

家系図

観世家・金春家・室生家・梅若家系図

主な流派
観世流、室生流、金春流、若宮流など

観世流による能の大成と継承
能を大成した観阿弥の後を継いだ世阿弥は、自身の後継ぎとして息子の元雅を指名する。しかし、時の将軍・足利義教は、元雅ではなくその従兄弟の音阿弥を寵愛した。現在の観世家は、この音阿弥の流れをくんでいる。

室生派の誕生
室生派は、江戸時代に加賀藩主に取り立てられたため、特に北陸で盛んな流派である。その始祖は観阿弥の長男である室生太夫とされている。

奈良を拠点とした金春流
金春流は室町時代に奈良の寺社を中心に興行を行った一派である。金春流を大成したのは毘沙王権守とされ、さらに金春禅竹の時にその芸が高められたとされる。

始祖 **室生太夫**（?）—（中略）— 室生友千 —（中略）— 室生英照 — 室生和秀

始祖 毘沙王権守 —（中略）— **金春禅竹**（1405~1470）—（中略）— 金春安明 — 金春憲和、金春政和

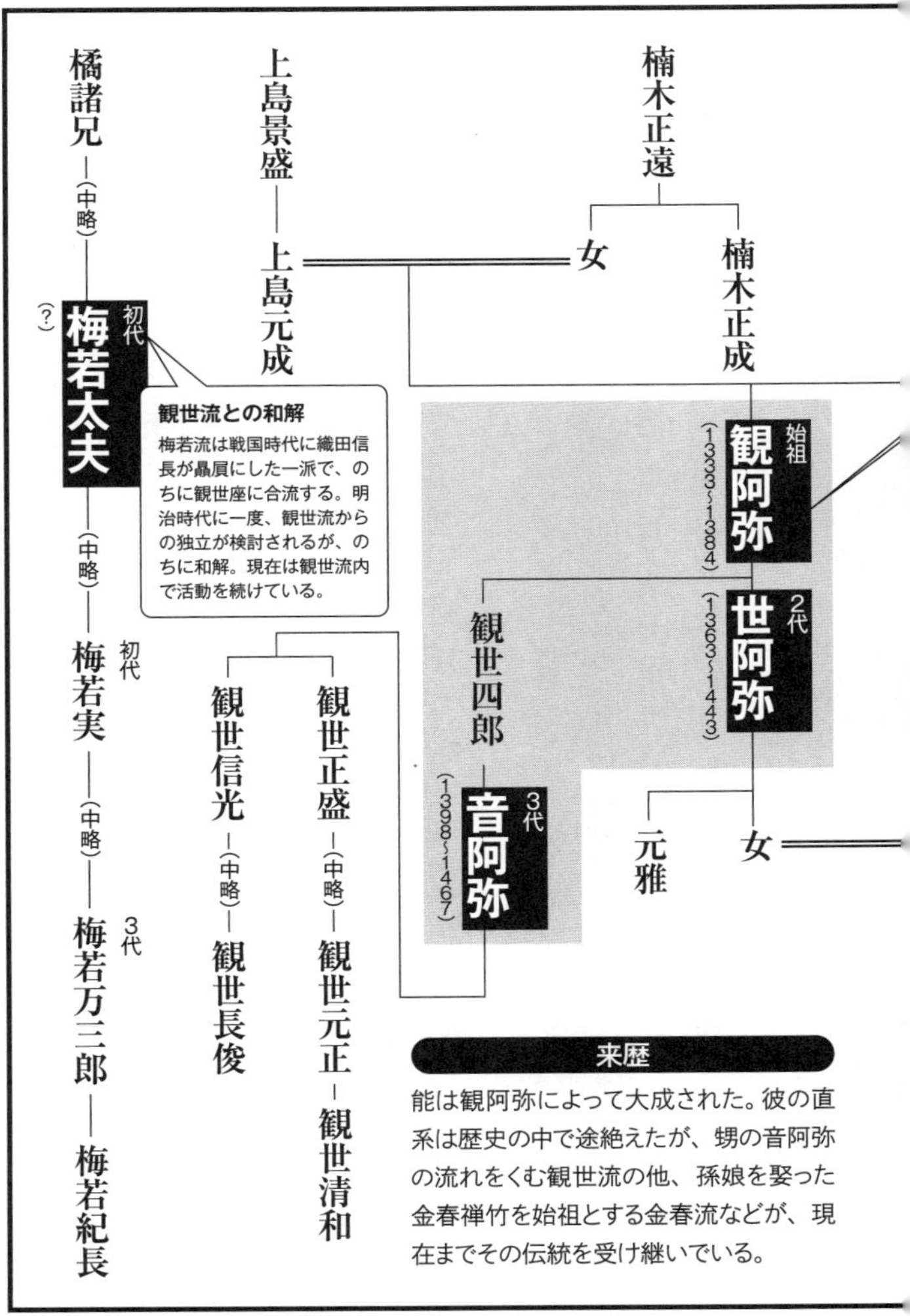
楠木正遠
女
楠木正成
上島景盛
上島元成
始祖 観阿弥（1333〜1384）
2代 世阿弥（1363〜1443）
観世四郎
3代 音阿弥（1398〜1467）
元雅
女
観世正盛
（中略）
観世元正
観世清和
観世信光
（中略）
観世長俊
橘諸兄
（中略）
（?）
初代 梅若太夫
観世流との和解
梅若流は戦国時代に織田信長が贔屓にした一派で、のちに観世座に合流する。明治時代に一度、観世流からの独立が検討されるが、のちに和解。現在は観世流内で活動を続けている。
（中略）
初代 梅若実
（中略）
3代 梅若万三郎
梅若紀長

来歴

能は観阿弥によって大成された。彼の直系は歴史の中で途絶えたが、甥の音阿弥の流れをくむ観世流の他、孫娘を娶った金春禅竹を始祖とする金春流などが、現在までその伝統を受け継いでいる。

狂言

家元不在の流派を弟子が支え受け継ぐ

今昔変わらぬ面白さ

――早くから東京に進出し、現在の地位を築いた和泉流

和泉流宗家の継承を巡る和泉元彌と能楽協会との対立で人々の注目を集めた狂言界だが、狂言の流派は他にも大蔵流、鷺流などがあり、それぞれに特徴ある芸を継承している。

これら三大狂言師の家として最も古いのは大蔵で、南北朝時代の学僧・玄恵法印を祖としている。その次が鷺流で、室町時代初期の路阿弥にはじまる。和泉流は、室町時代前期に近江国坂本に住んでいた佐々木岳楽軒がはじめたとされる。

大蔵流と鷺流は江戸時代、徳川将軍家に抱えられていたが、明治維新で大蔵家は将軍徳川家という庇護者を失ってしまい、家元は東京から故郷の奈良に戻ってしまう。その後、家元不在のまま東京で弟子たちが大蔵流の狂言を受け継ぎ、関西においても

江戸時代から続く弟子の茂山家が大蔵流の狂言を守り続けている。鷺家も同じく庇護者を失い、家元は東京から京都郊外に居を移して暮らしたが1895（明治28）年に最後の家元が死去。息子がいたが後を継がなかったため、鷺家は廃絶する。

一方、和泉流は将軍家ではなく、尾張徳川家に抱えられ、京都の朝廷とも付き合いがあったことで、他の二家よりも打撃が少なかった。和泉流の弟子筋にあたる家々も、加賀の前田家に召し抱えられていた三宅藤九郎家などが明治維新の混乱を乗り切り、その芸を残すことに成功した。

しかしその後は、和泉流は家元が早世したことなどもあり、和泉流の弟子筋にあたる三宅家に属していた初代・野村萬斎とふたりの息子たちが、中心となっていく。長男は1922（大正11）年、家督を相続して6代・野村萬蔵となり、狂言の近代化に務めた。一方、次男の方は絶えていた師匠の家を1936（昭和11）年に継ぎ、9代・三宅藤九郎となった。そしてその息子・保之は、家元山脇元康の引退後に宗家を継ぎ、山脇保之と名乗り、1946（昭和21）年、姓を和泉と改め、のちに和泉元秀となった。そして、元秀の急死により後を継いだ息子の元彌は、現在、能楽協会を離れ、独自に活動を続けている。

家系図

和泉流・大蔵流系図

主な流派

和泉流、大蔵流、鷺流など

大蔵流

9代 茂山千五郎（1810～1886）

（中略）

11代 茂山千五郎

戦後の文化復興に尽力

終戦直後の1946（昭和21）年に11世茂山千五郎を襲名。のちに3世茂山千作を名乗る。人間国宝に認定された。

- 4代 茂山千作
  - 5代 茂山千作
    - 14代 茂山千五郎
    - 茂山茂
  - 2代 茂山七五三
    - 茂山宗彦
    - 茂山逸平
- 2代 茂山千之丞 — 茂山あきら — 3代 茂山千之丞

和泉流

山脇和泉 — 山脇元照 —（中略）— 和泉元秀（1937～1995）— 和泉元彌

- 和泉元彌
  - 和泉采明
  - 和泉元聖

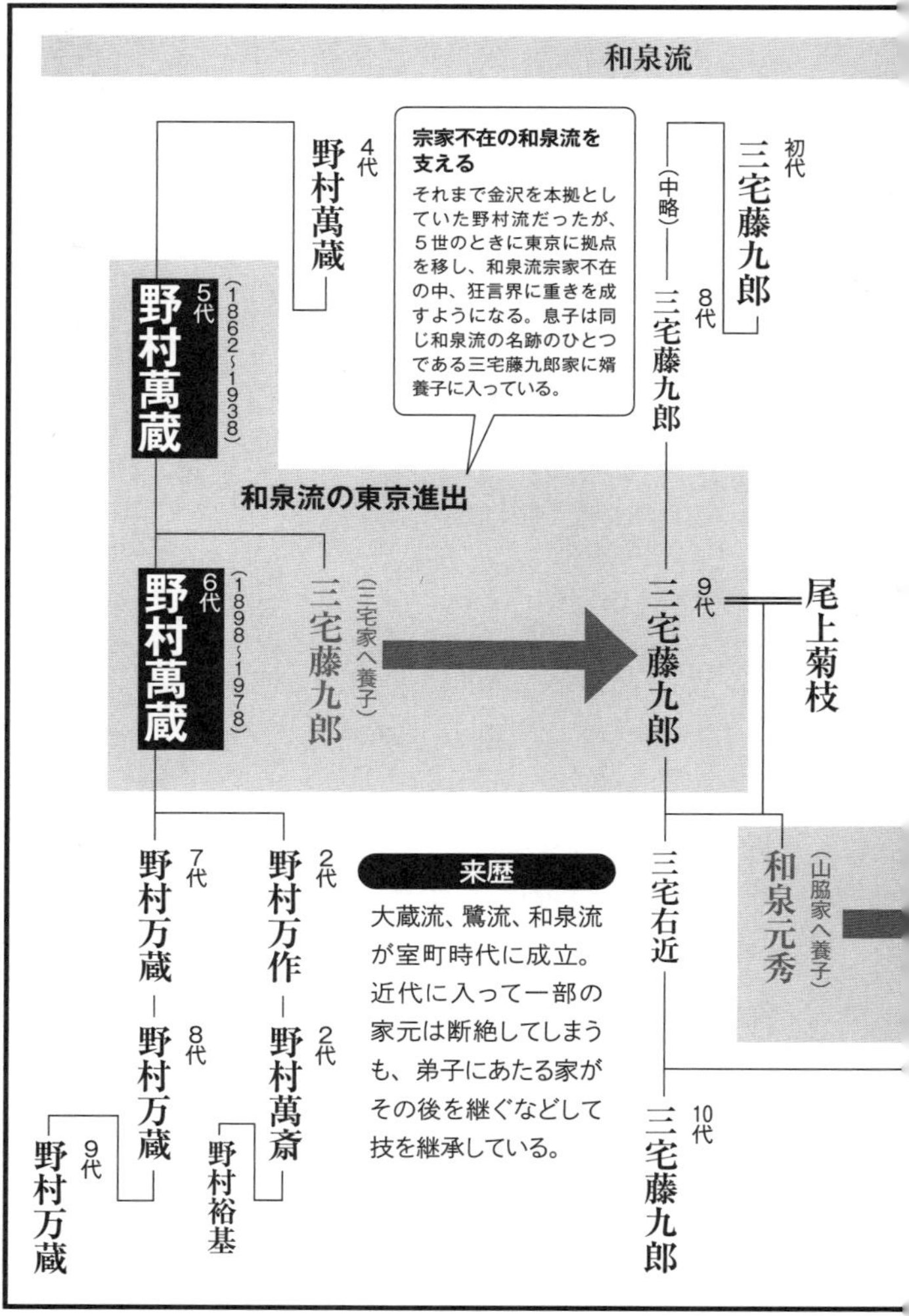
和泉流
初代 三宅藤九郎
（中略）
8代 三宅藤九郎
9代 三宅藤九郎
尾上菊枝
和泉元秀（山脇家へ養子）
三宅右近
10代 三宅藤九郎
4代 野村萬蔵
5代 野村萬蔵（1862～1938）
宗家不在の和泉流を支える
それまで金沢を本拠としていた野村流だったが、5世のときに東京に拠点を移し、和泉流宗家不在の中、狂言界に重きを成すようになる。息子は同じ和泉流の名跡のひとつである三宅藤九郎家に婿養子に入っている。
和泉流の東京進出
6代 野村萬蔵（1898～1978）
三宅藤九郎（三宅家へ養子）
7代 野村万蔵
8代 野村万蔵
9代 野村万蔵
2代 野村万作
2代 野村萬斎
野村裕基
来歴
大蔵流、鷺流、和泉流が室町時代に成立。近代に入って一部の家元は断絶してしまうも、弟子にあたる家がその後を継ぐなどして技を継承している。

茶道

利休の子孫が伝える茶道の名門

利休の曾孫が起こした茶道の三大流派

茶道で名門といえば、千利休の子孫たちによって開かれた表千家、裏千家、武者小路千家の千三家につきるだろう。

千利休自身は、当時の権力者であった豊臣秀吉の勘気をこうむって1591（天正19）年に自害して果てた。この時、千家も断絶の危機を迎えたが、利休の娘婿である少庵が家督を継ぐことを許された。1614（慶長19）年、少庵が亡くなるとその後を孫宗旦が継いだ。宗旦の長男は、早くに亡くなったが、3人の息子がそれぞれ一家を立てて茶道を継承した。

次男の宗守は武者小路小川あたりにあった塗師の入り婿となり、塗師の家業を他の者に譲ってから茶の湯に専念したので、弟たちよりもスタートが遅れたが、1666（寛文6）年から讃岐国高松藩に出仕した。この宗守が武者小路千家の祖となった。

三男の宗左は、利休の庵号不審庵を継ぎ、1642（寛永19）年より、紀州徳川家

家系図　表千家・裏千家・武者小路千家系図

主な流派　表千家、裏千家、武者小路千家、遠州など

来歴

禅宗とともに日本に広まった茶を飲む風習は、戦国時代に千利休によって独特の美意識を持った芸事となった。

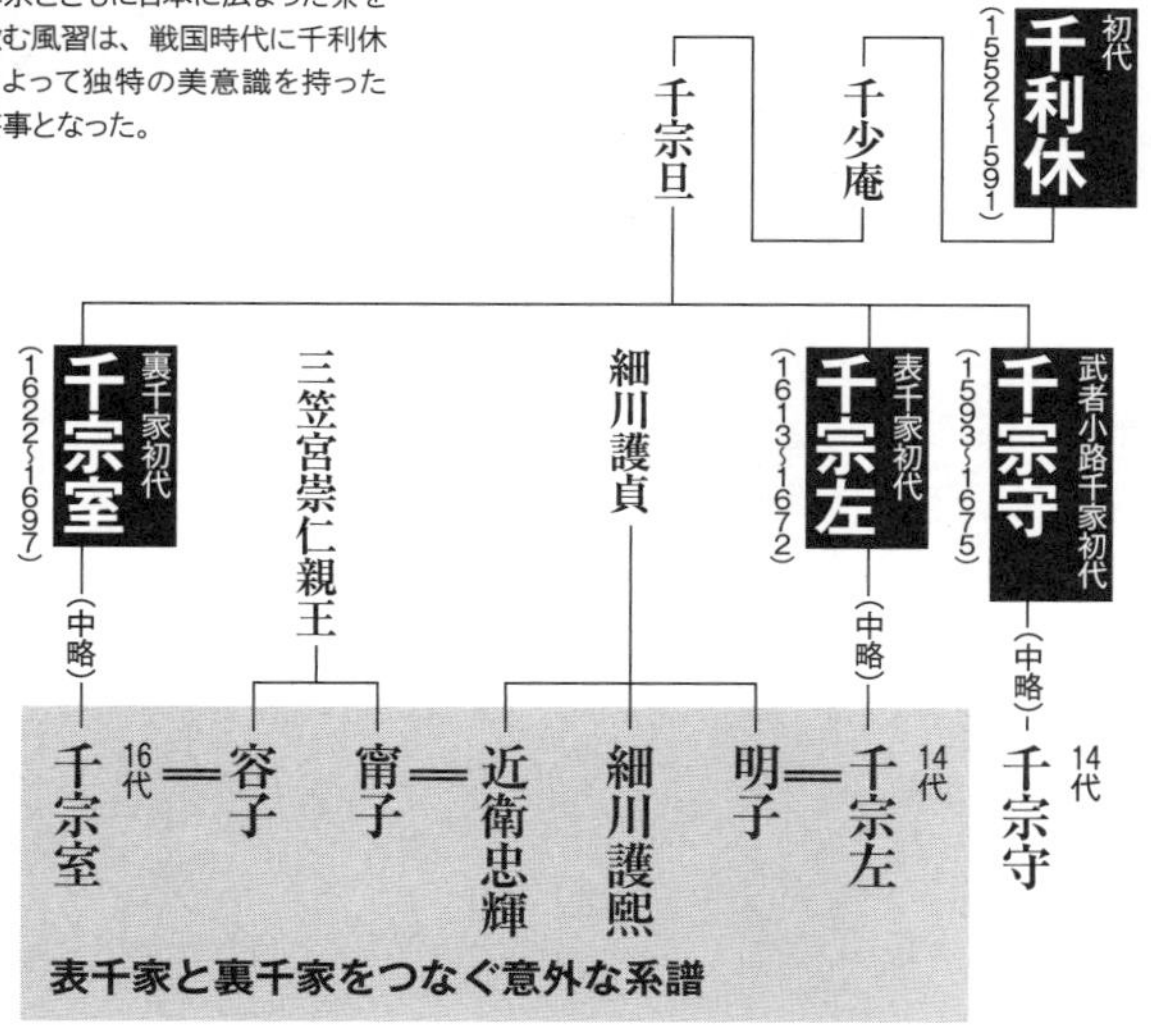
初代
千利休
（1552〜1591）
千少庵
千宗旦
武者小路千家初代
千宗守
（1593〜1675）
表千家初代
千宗左
（1613〜1672）
細川護貞
三笠宮崇仁親王
裏千家初代
千宗室
（1622〜1697）
（中略）
（中略）
（中略）
14代
千宗守
14代
千宗左
明子
細川護熙
近衛忠輝
甯子
容子
16代
千宗室
表千家と裏千家をつなぐ意外な系譜

に仕えた。この家がのちの表千家である。

　四男の宗室は、父宗旦に末子として愛され、父の今日庵を継承。父親の影響を強く受けた裏千家の祖として加賀の前田家に仕えた。このように彼らが大名たちの庇護を受けたのは、茶道は大名や身分の高い人のたしなみであったからだ。時代が下るにつれて武士から町人へと広がっていった。

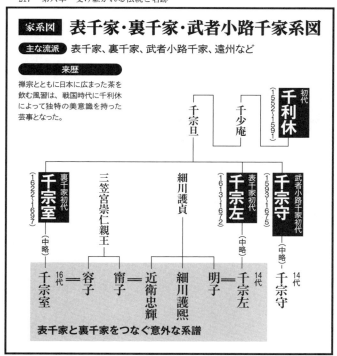

華道

池坊家のはじまりは聖徳太子ゆかりの名刹

すべてのいけばなは池坊に通じる

仏像の前に供えられる供花がいけばなの原型で、それが室町時代から宗教を離れ、花だけを観賞するようになった。室町時代中期には「立花」と呼ばれる花の形式が生まれ、この時期に、立花の名手が数多く現れた。

こうした名手のひとりが京都頂法寺（六角堂）の僧侶池坊専慶である。頂法寺は聖徳太子が創建したとされている。専慶は１４６２（寛正３）年に、金瓶に草花を挿して好評を得たといわれ、池坊以外に立花の名手はいたが、室町幕府が崩壊すると池坊に吸収されていった。専慶が基礎を固め、２代・専応は１５３７（天文６）年にそれを口伝として残した。その後、元和から万治にわたって活躍した中興の祖といわれる2代・池坊専好が現れる。彼の残した作品はいまでも立花を学ぶ者の貴重な資料となっている。彼の活躍によりいけばなは一般に広がり、『花伝書』などが出版され、「花道」という言葉が使われるようになった。この頃から僧侶や武家、公家だけでなく町

家系図　池坊家系図

主な流派　池坊、小原、草月、安達など

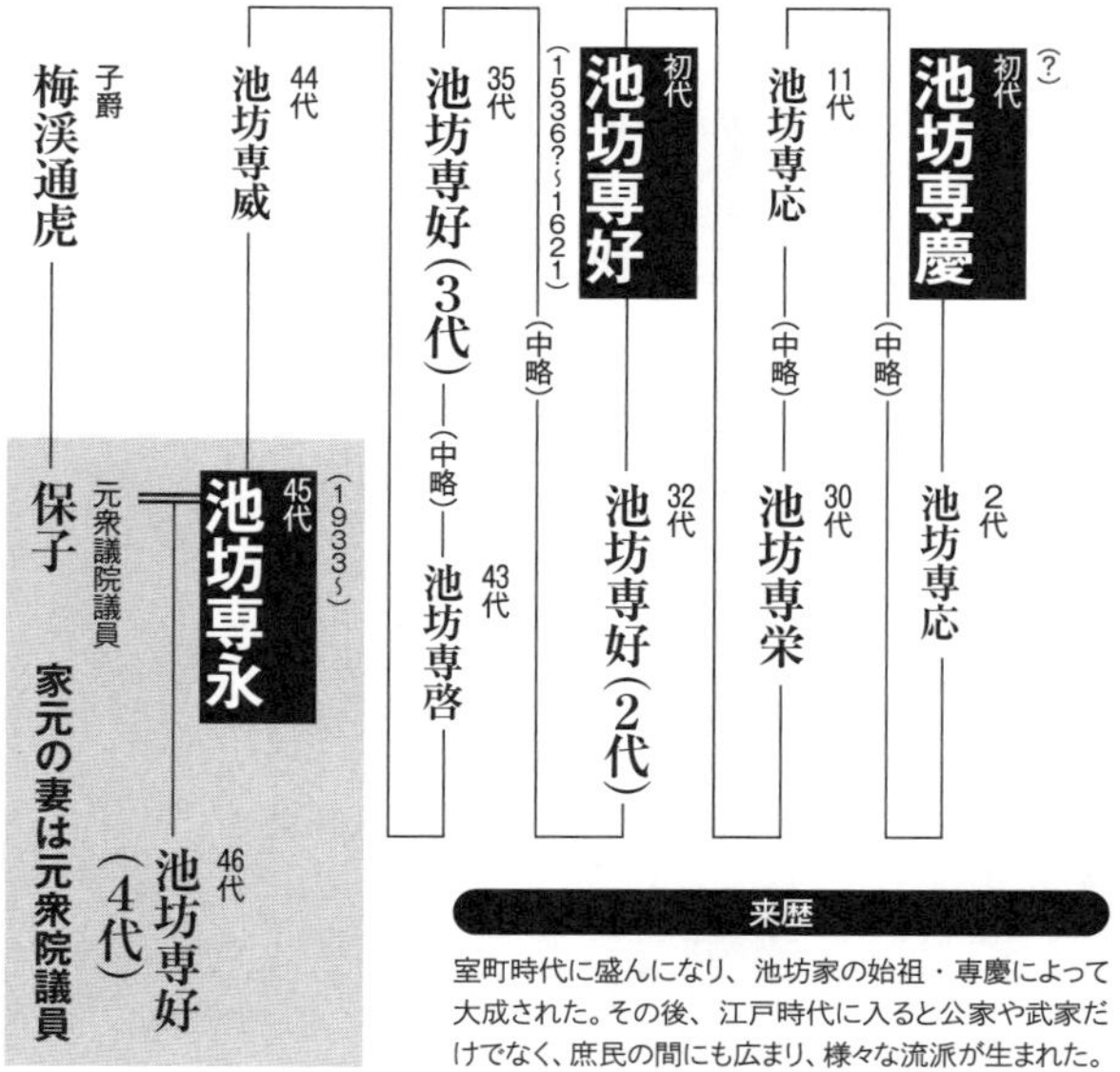

来歴

室町時代に盛んになり、池坊家の始祖・専慶によって大成された。その後、江戸時代に入ると公家や武家だけでなく、庶民の間にも広まり、様々な流派が生まれた。

人たちにもいけばなが広まっていく。町人たちは形式張った立花を好まないため、手軽に生けられる「投げ入れ」や「生花」が生まれ、池坊以外の流派も出てきた。

　明治になって女性がいけばなを習うことが流行すると、池坊は東京に進出する。また、小原流や草月流、安達流など新しいスタイルの流派が生まれた。

●編集・制作／かみゆ歴史編集部
「歴史はエンターテイメント!」をモットーに、雑誌・ウェブ媒体から専門書までの編集・制作を手がける歴史コンテンツメーカー。扱うジャンルは日本史、世界史、地政学、宗教・神話、アート・美術など幅広い。日本史関連の主な編集制作物に『テーマ別だから日本の今がしっかり見える日本近・現代史』（朝日新聞出版）、『流れが見えてくる日本史図鑑』（ナツメ社）、『まる見え!日本史超図鑑』（ワン・パブリッシング）ほか多数。

執筆協力　飯山恵美、板谷茉莉、加唐亜紀、後藤雅史、
信藤舞子、三城俊一
表紙デザイン　妹尾善史（landfish）
本文デザイン・DTP　㈱ユニオンワークス

●参考文献
霞会館華族家系大成編輯委員会『平成新修旧華族家系大成』（吉川弘文館）
小和田哲男監修『日本史諸家系図人名辞典』（講談社）
戸井田道三監修、小林保治編『能楽ハンドブック』（三省堂）
藤田洋編『歌舞伎ハンドブック』（三省堂）
小林責監修、油谷光雄編『狂言ハンドブック』（三省堂）
五代目三遊亭円楽監修、山本進編『落語ハンドブック』（三省堂）
岸田文雄『岸田ビジョン』（講談社）
石破茂『政策至上主義』（新潮社）
八幡和郎『家系図でわかる日本の上流階級』（清談社）
『名家・名門の秘密』（講談社）
『日本の名家と名門』（洋泉社）
『華族歴史大事典』（新人物往来社）
『日本の名家・名門人物系譜総覧』（新人物往来社）
『国史大辞典』吉川弘文館

※本書は小社より2014年に刊行した『別冊宝島2266号　系図でたどる名家・名門』を加筆、再編集したものです。

宝島
SUGOI
文庫

系図でたどる日本の名家・名門
（けいずでたどるにほんのめいか・めいもん）

2024年9月18日　第1刷発行

編　者　かみゆ歴史編集部
発行人　関川 誠
発行所　株式会社 宝島社
〒102-8388　東京都千代田区一番町25番地
電話：営業 03(3234)4621／編集 03(3239)0928
https://tkj.jp
印刷・製本　株式会社広済堂ネクスト

Printed in Japan
First published 2014 by Takarajimasha, Inc.
ISBN 978-4-299-05935-2